管理学概论

主　编　毛国涛　余俊波
副主编　陈国庆

经济管理出版社

图书在版编目（CIP）数据

管理学概论/毛国涛，余俊波主编. —北京：经济管理出版社，2006

ISBN 7-80207-710-9

Ⅰ.管... Ⅱ.①毛... ②余... Ⅲ.管理学—概论 Ⅳ.C93

中国版本图书馆 CIP 数据核字（2006）第 118063 号

出版发行：*经济管理出版社*

北京市海淀区北蜂窝 8 号中雅大厦 11 层

电话：(010) 51915602　　　邮编：100038

印刷：北京市银祥福利印刷厂　　　经销：新华书店

责任编辑：谭　伟

技术编辑：蒋　方

责任校对：郭红生

787mm×960mm/16　　　17 印张　　　330 千字

2006 年 10 月第 1 版　　　2006 年 10 月第 1 次印刷

定价：28.00 元

书号：ISBN 7-80207-710-9/F·585

前　言

　　人类进入了 21 世纪，21 世纪的世界是一个信息的世界，是一个知识经济的世界。为了迎接世纪的挑战、抓住机遇、寻求发展，我们制胜的法宝就是学习、学习，不断地学习。

　　管理活动是人类最基本的社会实践活动之一，管理产生于人类生产劳动活动之中，也是人类生产劳动得以延续的条件。管理无处不在，任何一个部门、组织都需要进行管理，管理对每个人都有影响。也许有人会说，我将来不准备当管理人员，学了管理又有何用？但只要你在一个组织中工作，你不是一个管理人员，就是一个受他人管理的人，研究管理将有助于你洞察上司的行为方式和组织内部运作的情况。即使你将来当一名自由职业者，在自我发展上更需采取主动，并管理好自己的行为。学习管理将提供给你新的视野和理解力，这对你的未来同样是有价值的。非管理专业的学生，应明白也许有一天你会成为你专业领域中的管理者，对管理过程的理解，将为你以后发展管理技能打下一个良好基础。

　　管理学是一门系统地研究管理活动的普遍规律和一般方法的科学。尽管各种具体的管理活动千差万别，但管理者在处理问题时，都要通过一定的计划、组织、人事、领导、控制和创新等职能来实现组织的目标。在实施这些管理职能时，其内容会有所不同，但遵循的基本原理和原则却是一样的，这就是管理的共性，也就是管理学所要研究的对象。由于管理学研究的内容包括生产力、生产关系和上层建筑三方面，它必然同许多学科如经济科学、技术科学、心理学、数学、计算机科学等相关联，吸收和运用与之有关的研究成果。因此，它是一门广泛吸收多学科知识的边缘科学，同时它又具有很强的实践性，属于应用科学。通过本课程的学习，可以使同学们掌握现代管理的基本原理、一般方法并树立科学的管理理念，为进一步学习专业课和为日后的实际管理工作奠定理论基础。

管理学是以管理活动过程作为自己的研究对象的，自从20世纪初泰罗提出科学管理理论标志着管理学作为一门学科诞生以来，管理学至今还是一门十分年轻的学科。它的许多规律和特性，特别是在市场经济条件下，具有中国特色的管理学还需要不断去认识和深入探讨。本书是我们积累多年教学经验和研究成果，融合当代管理实践与管理学最新理论发展精心编写而成的，编写时力求体现现代管理学发展的最新理论，又从中国传统优秀文化中吸取精华，突出案例教学，以形成本书的特色。本书以管理思想、管理理论的演进和管理的六大职能为主线，全书共分为十章，主要介绍了管理与管理学的理论、管理思想与理论的演进、管理与环境、管理的六大职能（计划与决策、组织工作、人力资源管理、领导工作、控制和创新），书后还附录了综合性案例分析。本书结构清晰，内容完整，注重理论研究与实际应用的关系，通俗易懂，便于同学们全面了解、掌握管理的基本原理和方法，同时每章均设计了重点概念、学习目的与要求、思考题和案例分析等，以提高学生运用所学理论去分析问题、解决问题的实际能力。

本书遵从高职教学培养规律，从管理理论基础出发，着重介绍管理职能与实践的运用，力求理论与实际相联系，加强实用训练，做到通俗易懂，学得会、有启发、用得上。所以本书适用于高职（高专）经济、管理类专业基础课的教学，同时对我国企业界中高层管理人员也有较大的参考价值。

管理学作为一门年轻的不断发展的学科，需要人们在实际工作中灵活运用并努力探索和丰富。本书的作者是毛国涛副教授、余俊波老师和陈国庆副研究员，他们分工协作，共同完成，最后由毛国涛副教授统稿和修改。由于作者的水平和知识有限，本书的编写难免存在许多不足之处，敬请读者批评指正，便于作者今后修订和完善。

作者

2006 年 6 月于南昌

目 录

第一章 管理与管理学

管理是由心智所驱使的唯一无处不在的人类活动。

——戴维·B.赫尔茨

本章重点：
△管理的概念
△管理的二重性
△管理者
△管理学概念
△管理的基本职能

学习目的与要求：
1. 通过本章的学习，着重掌握管理的基本概念及内涵
2. 掌握管理学概念以及基本特点
3. 掌握管理的基本职能及各职能之间的相互关系

导入案例：

升任公司总裁后的思考

郭宁最近被一家生产机电产品的公司聘为总裁。在他准备去接任此职位的前一天晚上，浮想联翩，回忆起他在该公司工作20多年的情况。

他在上大学时学的是工业管理，大学毕业后就到该公司工作，最初担任液压装配单位的助理监督。他当时感到真不知道如何工作，因为他对液压装配所知甚少，可是他非常认真好学，一方面仔细阅读该单位所制定的工作手册，并努力学习有关的技术知识；另一方面监督长也主动帮助他，使他渐渐摆脱了困境，胜任了工作。

经过半年多的努力，他已有能力独立担任液压装配的监督长工作。可是，当时公司没有提升他为监督长，而是直接提升他为装配部经理，负责包括液压装配在内的四个装配单位的领导工作。

在他当助理监督时，他主要关心的是每日的作业管理，技术性很强。而当他担任装配部经理时，他发现自己不能只关心当天的装配工作状况，他还得作出此后数周乃至数月的规划，还要完成许多报表和参加许多会议，他没有多少时间去从事他过去喜欢的技术工作。当上装配部经理不久，他就发现原有的装配工作手册已基本过时，因为公司已安装了许多新的设备，吸收了一些新的技术，他花了整整一年时间去修订工作手册，使之切合实际。在修订手册过程中，他发现要让装配工作与整个公司的生产作业协调起来，是需要很多讲究的。他还主动到几个工厂去访问，学到了许多新的工作方法，他把这些也吸收到修订的工作手册中去。由于该公司的生产工艺频繁发生变化，工作手册也不得不经常修订，郭宁对此都完成得很出色。他工作了几年后，不但自己学会了这些工作，而且还学会如何把这些工作交给助手去做，教他们如何做好，这样，他可以腾出更多时间用于规划工作和帮助他的下属工作得更好，以及花更多的时间去参加会议，批阅报告和完成向上级的工作汇报。

当他担任装配部经理6年之后，正好该公司负责规划工作的副总裁辞职应聘于其他公司，郭宁便主动申请担任此一职位。在同另外5名竞争者较量之后，郭宁被正式提升为规划工作副总裁。他自信拥有担任这一新职位的能力。但由于此高级职务工作的复杂性，他刚接任时仍碰到了不少麻烦。例如，他感到很难预测一年之后的产品需求情况。可是一个新工厂的开工，乃至一个新产品的投入生产，一般都需要在数年前作出准备。而且，在新的岗位上他还要不断处理市场营销、财务、人事、生产等部门之间的协调，这些他过去都不熟悉。他在新岗位上越来越感到：越是职位上升，越难以仅仅按标准的工作程序进行工作。但是，他还是渐渐适应了，并作出了成绩，以后又被提升为负责生产工作的副总裁，而这个职位通常是由该公司资历最深的、辈分最高的副总裁担任的。到现在，郭宁又被提升为总裁。他知道，一个人当上了公司最高主管职位之时，他应该自信自己有处理可能出现的任何情况的才能，但他也明白自己尚未达到这样的水平。因此，他不禁想到自己明天就要上任了，今后数月的情况会怎么样？他不免为此而担忧！

管理者是组织各个层面中从事管理工作的人员，管理层面不同，管理者的职责也就不同。彼得·德鲁克认为，管理者的职责是管理一个组织、管理管理者、管理工作和员工。郭宁升任总裁以后，主要管理职责是从事组织经营管理的战略决策。本章从人类管理实践活动着手分析管理、管理学、管理者的概念，进而分析管理的职能以及相互关系，是全书的总纲部分。

第一节 管理概述

一、人类的早期活动

管理是人类生活中最基本、最重要的活动之一。管理作为一门学科进行系统的研究，是近一二百年的事情。但是管理实践同人类文明一样，有着悠久的历史。这是因为管理存在于人类的一切生产活动之中，只要有两个或两个以上的人，为了完成一个人单独不能完成的任务，而必须把他们所拥有的全部资源有效地整合在一起，这就需要管理。管理是一种普遍的社会现象和实践活动。在社会生活的各个领域，如经济、政治、军事、宗教等，无不存在管理活动。

管理活动自古有之，可以追溯到几千年以前。公元前3500年，生活在底格里斯—幼发拉底河下游的苏美尔人就用象形文字记录当时的活动。这是人类历史上有据可考的最早的管理活动记录。

素以世界奇迹著称的埃及金字塔、巴比伦古城和中国的万里长城，其宏伟的建筑规模足以证明人类的管理能力与组织能力。埃及的齐阿普斯金字塔建于公元前2800年，用230万块巨石砌成，平均每块巨石约重两吨半。万里长城是秦始皇于公元前214年，命令大将蒙恬率兵北击匈奴时，役使40多万人把原来燕、赵、秦等国修筑的长城加以连接修建而成的，全长6700多公里。气势宏伟，蜿蜒于崇山峻岭和戈壁滩上。在当时仅凭肩挑手抬的条件下修建如此浩大的建筑工程，其困难可想而知。当时，长城的修筑不仅有严谨的工程计划，对工程所需土石、人力、畜力、材料及联络者都安排得井井有条，一环扣一环，使工期按时完成。在事先确定长城走向的前提下，分区、分段、分片同时展开，保证工程进度的一致性。这些伟大的工程不仅是人民勤劳智慧的结晶，也是历史上伟大的管理实践，其管理才能不能不令人折服。

公元前202年，汉高祖刘邦登基不久，在雒阳县（今洛阳）摆酒宴庆功时说："夫运筹帷幄之中，决胜千里之外，吾不如子房；镇国家，抚百姓，给饷馈，不绝粮道，吾不如萧何；连百万之众，战必胜，攻必取，吾不如韩信。三者皆人杰，吾能用之，此吾所以取天下者也。"一个"用"字体现了管理人事职能中的用人之长原则。

我国古代宋真宗时期，有一个叫丁谓的大臣提出的"一举三得"修建宫殿的方案，集中反映了11世纪中国管理实践的伟大活动。当时皇城失火，宏伟的皇宫被烧毁。宋真宗命令丁谓用 25 年重修皇宫。这是一个复杂的工程，任务十分艰巨。丁谓首先把皇宫前面原有的一条大街挖成沟渠，利用挖沟取出来的土烧砖。再把京城附近的汴水引入沟中。这样，运送大批建筑材料的船只就可直达宫前。最后，工程完工后，将废弃物、杂料、杂土填入沟中，就地处理建筑垃圾，复原大街。这样，就妥善地处理了取土烧砖、材料运输、废墟清理三个难题，使工程如期完成。丁谓主持的皇宫重建过程同现代系统管理思想极其吻合，体现了高超的管理智慧，是中国历史上罕见的一次伟大的管理实践。

2005 年 10 月下旬，中央电视台一套播放的十二集大型电视纪录片《故宫》中描述了明成祖朱棣修建故宫时采料的情景。保和殿后面有一块故宫中最大的丹陛石，当时仅开采这块石料就动用了 1 万多民工和 6000 多士兵。数万民工在运送石料的道路两旁修路填坑，每隔一里左右掘一口井。在隆冬严寒、滴水成冰的日子，从井里汲水泼成冰道。2 万多士兵、1000 多头骡子用了整整 28 天的时间运到京城。运回的巨石大部分被安放在故宫中轴线的御道上。

世界各国劳动人民用自己的智慧完成了一项项巨大而宏伟的工程，管理思想在管理活动中得到充分的体现。

二、管理的概念

管理自古有之，那么什么是管理呢？人们从不同的角度和背景对之进行了各种各样的解释。如果仅从字面上理解的话可以解释为"管辖"和"处理"。

下面是中外管理学家对管理所下的定义：

法约尔认为："管理是由计划、组织、指挥、协调及控制等职能为要素组成的活动过程。"

哈罗德·孔茨和海因茨·韦里克认为："管理就是设计并保持一种良好的环境，使人在群体里高效率地完成既定目标的过程。"

西蒙认为："管理就是决策。"

德鲁克认为："管理就是界定企业的使命，并激励和组织人力资源去完成这个使命，界定使命是企业家的任务，而激励与组织人力资源是领导力的范畴。二者的结合就是管理。"

斯蒂芬·P.罗宾斯和玛丽·库尔特认为："管理是一个协调工作活动的过程，以便能够有效率和有效果地同别人一起或通过别人实现组织的目标。"

杨文士认为："管理是指组织中的管理者通过实施计划、组织、人员配备、指导与领导、控制等职能来协调他人的活动，使他人同自己一起实现既定目标的活动过程。"

综上所述，我们认为所谓的管理就是指组织在特定的环境下，通过计划、组织、领导、控制、创新等职能，对组织的人、财、物、信息等相关资源进行合理分配、整合以达到组织预期目标的动态过程。这个定义包含以下几层含义：

（1）管理的最终目的是为了达到预期目标。

（2）管理的载体是组织。组织包括企业、政府、学校、医院、银行等。既有营利性组织，也有非营利性组织。

（3）管理是在特定的环境条件下进行的，是一个动态的过程。环境与管理是相互影响、相互作用的。

（4）管理的职能活动包括计划、组织、领导、控制、创新等。

（5）管理的本质是对人、财、物、信息等各种资源的协调、整合过程。

三、管理的性质

（一）管理的二重性

管理的二重性是指管理具有两种属性：一种是与生产力相联系的管理的自然属性；另一种是与生产关系相联系的管理的社会属性。

管理的二重性是马克思主义关于管理问题的基本观点，反映出管理的必要性和目的性。必要性是指管理是生产社会实践活动中固有的属性，是组织有效劳动所必需的；而目的性是指管理或多或少与生产资料所有制有关，反映生产劳动的目的。

（1）管理的自然属性。现代管理是在社会化大生产条件下产生的，它是组织进行有效生产和经营所必需的。无论是资本主义社会还是社会主义社会；无论是计划经济还是市场经济；无论谁主管一个组织，要有效利用组织的资源和实现组织的目标，都离不开科学的管理。这种属性就是管理的自然属性。

（2）管理的社会属性。指管理反映了一定的社会生产关系，是为生产资料占有者的利益服务的。资本家采用先进、科学的管理方法是为了更多地剥削工人的剩余劳动价值。而社会主义国家采用先进、科学的管理方法是为国家、为人民创造财富。

（二）管理的科学性和艺术性

（1）管理的科学性是指管理学是一门理论科学。它是人们在管理实践中总结而成的，具有客观规律的科学知识；是经过整理的条理化的知识，具备明确的概念、原理和理论框架。

（2）管理的艺术性是指一切管理活动都具有创造性。管理的本质是对人、财、物、信息等资源的协调过程。所以，它必须处理各种人际关系，这就需要领导艺术。

美国著名的管理学家德鲁克认为，管理从来就没能成为一门"精确的科学"，它首先是一门艺术。

管理具有艺术性与管理具有科学性之间并不矛盾，两者是互相补充的。管理需要科学的理论做指导，管理的艺术性的发挥必然是在科学理论指导下的艺术性发挥。

第二节　管理学概述

一、管理学概念

管理学是一门研究管理工作的基本理论和管理技术，揭示管理活动和管理过程普遍规律的科学。管理学可分为一般管理学和特殊管理学（见图 1–1）。

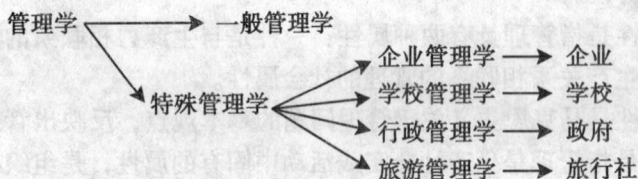

图 1–1　管理学分类示意图

二、管理学研究的对象

管理学是一门系统研究各种社会组织中管理活动的基本规律与方法的科学，是研究一般管理的科学。管理学的研究对象是一般管理，即管理活动的一般规律。不管是生产管理，还是营销管理；也不管是工商管理，还是公共管理。既然都是管理，必然存在共同的规律，这种存在于不同组织、不同职能过程中的共同性的管理活动，就是一般管理。

三、管理学的特点

管理学作为一门独立的学科，是 20 世纪初才逐渐形成的。管理学如果同"精确的"自然科学相比的话，只能算是一门"不精确的"科学，有待于不断发展、完善。它具有以下特点：

（一）实践性或者是应用性

管理学是一门应用性科学，与社会实践活动密切相关。一方面，管理的理论来源于社会实践活动的总结，并通过实践检验其正确性。另一方面，有效的管理理论是通过对实践的指导，来完善、提高管理的理论与方法。

（二）多样性或者是综合性

管理学作为一门边缘学科，广泛地运用自然科学、社会科学及其他科学技术的方法与成果。尤其在第二次世界大战后，更是吸收了各门学科中的优秀成果，如经济学、数学、政治学、社会学、人类学、心理学、哲学、信息科学等。

（三）发展性或者是历史性

管理学有其发展的过程，并且随着社会组织形式与科技的发展而不断发展、完善。各种学派、管理方法和新名词、新概念不断涌现。

（四）社会性

管理学研究的是管理活动中的各种关系及其一般规律。在管理活动中，人既是管理的主体，也是管理的客体。所以，管理学主要研究的是对人的管理。这就决定了管理学必然带有很强的社会性特征。

第三节　管理者

一、管理者角色

美国著名管理学家德鲁克于1955年提出了"管理者的角色"的概念。他认为，管理是一种无形的力量，这种力量是通过各级管理者体现出来的。所以，管理者扮演的角色大体上分三类：

1. 管理一个组织，求得组织的生存和发展。

2. 管理管理者。组织的上、中、下三个层次中，人人都是管理者，又都是被管理者。

3. 管理工人和组织的工作。因此要认识到两个假设前提：工作的性质是不断变动的，既有体力劳动，也有脑力劳动。

20世纪60年代，一些研究人员从领导的行为和管理者现实活动的角度来讨论"管理者做什么"这一问题。加拿大著名管理学者亨利·明茨伯格对5位总经理的工作进行了仔细的跟踪研究，得出了管理者角色理论。他认为，"管理者做什么可以通过考察管理者在工作中所扮演的角色来进行恰当地描述"。所谓管理角色是指特定的管理行为类型。明茨伯格将管理者的工作分成三类，把管理者角色分为十种，具体内容见表1-1。

表1-1　明茨伯格的管理者角色表

角　色	描　　述	特征活动
一、人际关系方面		
1. 挂名首脑	象征性的首脑必须履行许多法律、社会性的例行义务	迎接来访者、签署法定文件等
2. 领导者	负责动员和激励下属，负责人员配备、培训和交往的职责	实际上从事所有的有下级参与的活动
3. 联络者	维护自行发展起来的外部接触和联系网络，向人们提供信息以及恩惠	发感谢信，从事外部委员会工作，从事有外部人员参加的活动
二、信息传递方面		
4. 监听者	寻求和获取各种特定的信息，以便透彻地了解组织与环境；作为组织内部与外部的神经中枢	阅读期刊和报告，保持私人接触
5. 传播者	将从外部人员和下级那里获得的信息传递给组织的成员——有些是关于事实的信息，有些是解释和综合组织中有影响的人物的各种有价值的观点	举行各种信息交流会，用打电话的方式传达信息
6. 发言人	向外界发布有关组织的计划、政策、行动、结果等信息；作为组织所在产业方面的专家	举行董事会议，向媒体发布信息
三、决策制定方面		
7. 企业家	寻求组织和外部环境的机会，制订"改进方案"以发起变革，监督某些方案的实施	制定战略，检查会议决议执行情况，开发新项目
8. 混乱驾驭者	当组织面临重大、意外的动乱时，负责采取补救行动	制定战略，检查陷入混乱和危机的时期
9. 资源分配者	负责分配组织的各种资源，事实上是批准所有重要的组织决策	调度、询问、授权、从事涉及预算的各种活动和安排下级的工作
10. 谈判者	在主要的谈判中作为组织的代表	参与工会进行合同谈判

资料来源：［美］C. I. 巴纳德著：《经理人员的职责》，中国社会科学出版社，1997年。

二、管理者的技能

　　管理者是指在协作过程中协调他人活动，并对组织完成预期任务负有责任的人员。管理者在协调他人活动时要进行各种管理活动和工作。那么，管理者有哪些类型，他们需要拥有哪些技能呢？

（一）管理者的类型

在一个较大规模的组织中，有明确而细致的分工，因此形成各种不同的管理者。管理者可以用两种不同的方法进行分类。第一种方法是根据管理者在组织中所处的层次划分。另一种方法是按照管理者的组织工作的范围划分。

按照管理者在组织中的层次不同，可以分为高层管理者、中层管理者、基层管理者三种类型（见图1-2）。

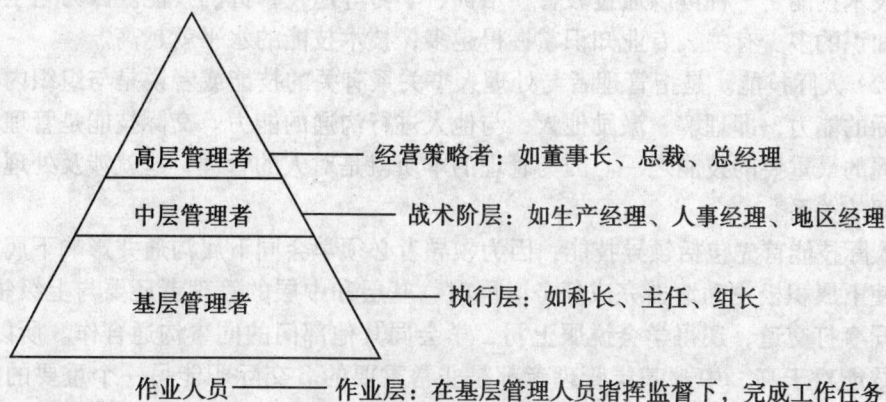

高层管理者 ——— 经营策略者：如董事长、总裁、总经理

中层管理者 ——— 战术阶层：如生产经理、人事经理、地区经理

基层管理者 ——— 执行层：如科长、主任、组长

作业人员 ——— 作业层：在基层管理人员指挥监督下，完成工作任务

图1-2　管理者的层次分工

高层管理者的主要职责是制定政策，决定组织发展的方向。中层管理者的主要职责是贯彻执行高层管理者的政策，根据政策制订行动计划。基层管理者的主要职责是监督、指挥和协调员工的活动。

按照管理者的组织工作范围不同，可以把管理者划分为一般性管理者和职能性管理者两种。一般性管理者如总裁、董事长或总经理等。而职能性管理者包括市场经理、生产经理、财务经理、人事经理等。

（二）管理者的技能

管理者的职责是变化的，管理者需要特定的技能来履行他的职责和活动。根据罗伯特·卡茨的研究，他发现不管是哪一层的管理者，也不管他们的工作有何不同，管理者都需要三种基本的技能，即技术技能、人际技能和概念技能。

（1）技术技能。是指使用某一专业领域内有关的工作程序、技术和知识完成组织任务的能力，如医院院长不能是对医疗业务一窍不通的人；学校校长不能对教学工作一无所知等。对于一个管理者来说，虽然没有必要成为精通某一领域专业技术技能的专家（他可以靠相关的专业技术人员解决专门的技术问题），但他还是要了解并初步掌握与其管理的专业领域相关的基本技能，否则管理者将很难与他所管理的领域内的专业技术人员进行有效的沟通，进而难以对自己所管辖的业务范围内的各项工作进行有效、具体的指导。试想一下，如果一个总经理连最基本的财务报表都看不懂，如何指导下一步工作；工厂的生产部门经理对生产流程都不了解，如何指导生产工作。

当然，不同层次的管理者，对于技术技能的要求程度也是不相同的。一般而言，基层管理者需要技术技能的程度较深，而高层管理者则只需要有些粗浅了解即可。技术技能是一种可以通过教育、培训、学习等途径掌握的技能。因为它主要与专业知识的多少有关，专业知识掌握得越多，技术技能的水平就越高。

（2）人际技能。是指管理者与处理人事关系有关的技能或者说是与组织内外的人交际的能力，即理解、激励他人，与他人进行沟通的能力。交际技能是管理者应当掌握的最重要的技能之一。因为管理的本质就是对人的管理，这就涉及处理人与人之间的关系。

人际技能首先包括领导技能，因为领导者必须学会同下属沟通并影响下属的行为，使下属积极主动地去完成任务。同时，基层和中层的管理者还要与上级领导、同级同事打交道，还得学会说服上司，学会同其他部门的同事沟通合作。所以说，人际技能对于高、中、基层管理者都是非常重要的。交际职能另一个重要的方面是了解多元文化，即与文化背景不同的人一起有效地合作和沟通的能力。在当今这个社会文化多元化的环境中，能用第二种语言交谈是个人的一项重要资本。

当然，决定一个人交际技能水平高低的因素不仅取决于掌握书本上的交际技能知识，关键在于一个人的性格。有些人天生性格豪放、外向，喜欢社会活动；而有些人天生性格内向，喜欢清静。虽然人的性格可以在一定程度上发生变化，但是不可能有根本性的改变，因为"江山易改，本性难移"。

（3）概念技能，也可称为思维技能。是指纵观全局、认清为什么要做某事的能力，也就是洞察企业与环境要素间相互影响和作用的能力。运用这种技能，管理者必须能够将组织看做一个整体，理解各部门之间的关系，想象组织如何适应它所处的环境。这种技能对高层管理者来说显得尤为重要。

概念技能水平的高低与一个人的知识、经验、胆识等因素相关。提高概念技能需要相当广泛的知识。通过学习、掌握相关的科学知识，能使概念技能得以提高。一般来说，一个人受教育的时间越长，掌握的知识越丰富，那么他的概念技能也就越高。

上述三项技能是各个层次管理者都需具备的，但不同层次的管理者对技能的要求程度是不同的。一般说来，技术技能的重要程度随管理层次的上升而下降；概念技能的重要程度随管理层次的升高而增大。在全部管理层次上，人际技能都是很重要的。因为不管哪一层次的管理者都必须在与上下左右进行有效沟通的基础上，相互合作，共同完成组织目标。

三、管理者的素质

管理学家认为，能力比知识重要，而素质又比能力重要。做一名合格的管理者，应具有较高的素质。

（一）管理者应具有较高的思想政治素质

（1）要有奉献精神。

（2）要有较强的责任心，对工作负责。

（3）要有科学的世界观和方法论。

（4）要有较高的品行修养，能以身作则。

（二）管理者应具有良好的心理素质

（1）意志坚强。在任何时候都不盲从，不受内外各种因素的干扰；胜不骄，败不馁。

（2）胸怀宽广。善于听取不同意见，对人尊重；敢于承认自己的缺点、错误，宽以待人。

（三）管理者应有良好的身体素质

管理活动既是脑力劳动又是体力劳动，通常要耗费大量的脑力与体力。要成为一名优秀的管理者，特别是优秀的高层管理者，必须要有健康的体魄与充沛的精力。现实中已经有很多前车之鉴，如王均瑶和陈逸飞的事例。所以，管理人员应注意身体素质，既要工作好，也要生活好。

（四）管理人员应具备的知识

（1）基础科学知识。作为管理者应具备必要的历史、哲学、文学、美学、逻辑学等基础科学知识，它们是形成一般能力的基础。

（2）专业科学知识。指与管理有关的科学知识，特别是专业知识。管理者可以不是专家，但必须是内行。

（3）管理科学知识。管理科学指管理学原理、管理心理学、组织行为学、领导科学等专门的管理理论。

一般来说，高层管理者的知识面要广、要全。而基层管理者则要求专业知识达到一定的深度。

（五）管理人员应具备一定的经验

科学管理并不是否认经验的作用。在作出正确管理决策的过程中，经验起着非常重要的作用。在艺术性的管理中，经验更是不可缺少。管理者的经验可以通过自己的实践获得，也可以通过观察、学习他人的实践活动获得。通过有意识的经验积累，可以提高对实践的认识，也可以将理论与实践有机地结合。

第四节　管理职能

管理职能的观点最早由法国的管理学家法约尔提出，他认为所有的管理者都履行着五种职能，即计划、组织、指挥、协调和控制职能。此后人们提出了各种职能论，有提三种、四种的，也有提六种、七种的。但目前普遍采用的是四职能论（计划、组织、领导和控制）或五职能论（计划、组织、人事、领导和控制），本书采用六职能论。

1. 计划职能：指确定组织的目标和提出实现这一目标途径的过程。计划职能被认为是管理的中心职能，它涉及管理者所做的任何事情，如管理者需要制订计划以有效地配置组织的人员。决策是在计划定案的过程中制定的，所以决策通常是计划的一部分。

2. 组织职能：指确定组织成员的分工与协作关系，建立科学合理的组织结构，使组织内部各部门的责、权、利相一致，并彼此协调，以保证组织目标能够顺利实现的一系列管理工作。

3. 人事职能：指人员的选拔、使用、考核、奖惩和培养等一系列管理活动，是配备和保持组织所需人力资源的过程。

4. 领导职能：指通过激励、指导、说服组织成员，使组织成员积极主动地为实现组织目标而努力工作的过程。

5. 控制职能：指按照既定计划和其他标准对组织活动进行监督、检查、发现偏差，采取纠正措施，使工作按原定计划进行，或者改变和调整计划，以达到预期目的的管理过程。

6. 创新职能：是指根据环境要求，不断整合组织资源，优化生产要素，以适应环境，谋求组织发展的过程。创新是管理活动的一个永恒主题，体现着管理活动的本质。创新包括观念创新、组织创新、制度创新、技术创新、产品创新等。

管理的各项职能是一个循环往复的过程。计划职能是管理过程的起点，经过组织职能、人事职能和领导职能、创新职能到控制职能结束。并在控制职能的基础上修订计划或制订新的计划，开始新的管理职能循环过程。虽然从严格意义上讲，创新并不是一个独立的管理职能，它没有特定的表现形式，但它总是在其他管理职能的所有活动中表现自身的存在与价值，所以它是整个管理职能体系的核心部分（见图1-3）。管理的各项职能是相互影响、相互联系、相互交叉的。比如，计划职能的工作中包含了控制职能的标准，而组织和人事工作则需要制订计划，各项职能都

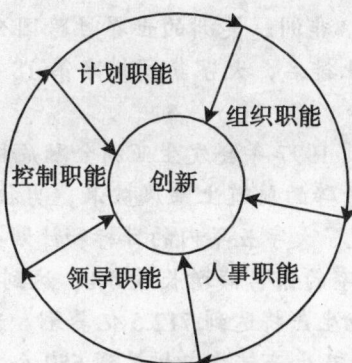

图 1-3　管理职能关系

存在计划工作和领导工作。

案例分析：

韩国大宇集团的兴衰史

　　大宇集团的创建人是集团公司董事长金宇中。1967 年金宇中 31 岁时创建了一个仅有 500 万韩元的小服装店，1968 年建成第一家纺织厂，1971 年大宇实业公司因开发新衬衫而开始向国外出口服装，并取得对美国出口的垄断权。创业者金宇中具有优秀企业家的许多特质。例如，金宇中是一个工作狂，他常说："我总是热衷于工作。如果发疯似地热衷于工作，就一定能开辟道路。"由于拼命工作，他就千方百计利用时间，早饭在上班的车内吃，胡子也是在车内刮。总经理会议早晨举行，白天洽谈工作和生意。到海外出差时，利用时差昼夜工作。金宇中还是一个勇敢的开拓者，为了拓展事业，他相继收购和兼并了一些重化学工业公司。1973 年兼并东洋投资金融公司，1976 年收购韩国机械有限公司，1978 年收购玉浦造船厂，1982 年购并大宇开发有限公司，1986 年收购比利时石油精炼厂，等等。金宇中还把大宇办成韩国的跨国企业，成为韩国企业向海外扩展的先锋。大宇成为韩国首先向投资风险大的东欧国家和中亚国家进行投资的公司，大宇集团在波兰和乌兹别克斯坦建立独资和合资企业。

　　金宇中以一生的精力，创造了大宇集团的辉煌业绩。大宇公司成为世界 500 强企业，成为拥有机械、汽车、造船、化学、家电、电子、贸易、金融等大财阀企业，成为遍布亚洲、欧洲、非洲、美洲的世界性跨国公司。1997 年美国《财富》杂志公布的全球 500 强企业排名，大宇集团排名第 18 位，销售额为 715 亿美元，资产总额为 448 亿美元。

1996 年，没有人预测到 1997 年会发生亚洲金融危机。大宇集团作为一艘巨大的"航空母舰"仍在自己开辟的航道上乘风破浪，勇往直前。1996 年大宇集团在金宇中的领导下向世人展现了大宇五年内的目标和计划：

至 2000 年，五年内大宇的销售额增长 550%，达到 1720 亿美元。其中，海外销售额包括出口及海外当地生产将达到 712.5 亿美元。为达到此目标，大宇将把目前仅有的 257 个海外办事处及生产销售者扩展到 650 个，组成庞大的全球性经营网络。具体包括 330 个贸易办事处，60 个建筑公司，100 个电子通讯办事处及生产工厂 7 家，80 个汽车办事处及法人，33 个重工业办事处及法人，47 个金融及其他法人等。

至 2000 年五年内，是大宇集团实施全球化目标的重要阶段。大宇集团计划在2000 年把目前在亚洲及太平洋地区的办事处、法人及生产工厂从 104 个增加到 194个。大宇计划在中国筹建 18 个办事处及生产工厂，经营电子、汽车、建筑、贸易及金融等；计划在缅甸兴办 8 家工厂，致力于轻工业及电子、铬镍钢业等；计划在东南亚和越南兴办电子及配件厂；计划在日本福冈发展第一产业产品的生产。

在美洲地区，大宇集团将把在当地工厂数量从 53 个增加到 126 个。大宇在美洲地区不仅销售电子、汽车，而且将把该地区视为世界贸易物资交流的中心地域。大宇正在准备扩大南美地区的电子及汽车市场；计划在中南美地区兴办电子及汽车生产工厂；在墨西哥进一步拓展家电工业园区，并加紧建设汽车及重工业生产工厂。

在欧洲及独联体国家，大宇集团已把在那里的生产厂家从 62 个增加到 180 个。大宇的计划目标是最终在全欧洲及独联体国家建成大宇集团的研究开发、生产、销售、贸易、金融等全套体系的经销网。在西欧，大宇致力于增加研究开发中心和生产厂家，进一步搞活汽车销售，建立广泛的售后服务体系；在东欧，大宇致力于收购当地现存企业，兴办金融机构；在独联体国家，大宇集团重点推进汽车生产及汽车和电子的销售。

在非洲及中东地区，大宇集团的经销网已从 38 个扩大到 150 个。在非洲，大宇主要活动在苏丹、阿尔及利亚、南非、尼日利亚、喀麦隆。大宇不仅通过贸易，而且利用非洲大陆的电子、建筑、汽车经销网，以便最终建成大宇在非洲的生产和销售网。大宇在中东地区，重点兴办贸易、建设、电子、汽车经营业务。

从以上五年计划目标中可看出，大宇集团要建成全球性跨国公司、一体化金融体系、世界级的经销商。

金宇中集一生精力创建了大宇集团的辉煌。大宇集团下属有 41 家公司，1997 年底大宇约有 26 万职工。金宇中本人不像其他韩国财阀那样，由创业者的儿子和兄弟担任有关企业的总经理，进行家族式经营，他基本上没有把自己的亲属安排到大宇集团的管理层中。他采用的是事业部制。在大宇集团内部，董事长金宇中至高无上，大权独揽，特别是有关开辟新事业、新领域、新项目、新市场以及资金筹措的重大决策，最终都由金宇中一个人说了算，董事会和总裁都得听命于他，更不用说大宇集团公司的职能部门及各事业部的首脑以及下级公司的经理们。

大宇集团的辉煌业绩，与金宇中董事长重视科技的投入有关，与他重视职工队伍的素质提高有关。1991 年大宇集团的科研投资是 21300 万美元，占总销售额的 2.44%；1994 年达到 64000 万美元，占总销售额的 3.89%。科研人员从 1994 年的 6892 人增加到 1999 年的 16840 人，增加率为 144%。

1997 年亚洲爆发了金融危机，外国银行和机构投资者开始撤走资金，大宇集团的筹资状况趋向恶化。在过去宏观经济景气条件下，韩国国内金融机构大量借入海外资金，并把这些资金贷给像大宇这样的财阀企业。大宇集团出现了资本结构放大的投资收益率。但是金融危机爆发以后，大宇集团的高负债率造成巨额债务负担，盈利的减少又造成股价的下降，投资遭受巨大的打击。为了渡过难关，大宇集团决定把下属公司从 41 家裁减到 12 家，以实现重建大宇。但是到 1999 年 8 月，大宇集团的 12 家公司的负债额超过了 86 万亿韩元（大约 800 韩元兑换 1 美元），而全部资产不足 25 万亿韩元。由于资不抵债，回天无力，自主重建大宇计划未能实现。1999 年 11 月，金宇中董事长决定辞职。大宇下属的 12 家公司的总经理也全部辞职。大宇集团的问题交给债权银行和政府来处理。至此，大宇集团这艘被誉为"不沉的航空母舰"已开始沉没，金宇中一生构筑的大宇集团发展神话已彻底破灭和终结。

为处理大宇集团的善后问题，韩国政府采取使大宇慢慢解体的办法。如果大宇集团下属公司相继破产，则不仅韩国，而且外国银行的债权都会成为不良债权，这样可能会造成金融动荡。

可以这样断言：作为韩国企业发展的典型代表之一的大宇集团的兴衰，是象征韩国式财阀经济和垄断式管理开始反思和转变的重大事件。

案例思考：

1. 金宇中作为大宇集团的创业者和最高领导者，其管理风格与一般领导者有何不同？

2. 金宇中把大宇从一个小商店创建成世界 500 强的大型跨国公司，他在管理中最注重的管理技能是什么？

练习题：

1. 什么是管理？如何理解管理的具体含义？
2. 管理包括哪些基本职能？
3. 一个合格的管理者应具备哪些素质？
4. 什么是管理学？管理学的特点有哪些？
5. 访问一个本地企业的经理，了解他某一天的工作活动，按时间顺序记录下来，然后分别按管理职能和管理角色对这些活动进行分类，并对分类结果做一比较，看看有什么发现？

第二章 管理思想的发展与演进

管理者应该以激励人的行为、调动人的积极性为根本，组织员工主动、积极、创造性地完成自己的任务，实现组织的高效益。

——乔治·埃尔顿·梅奥

本章重点：
△管理思想的发展与演进的阶段
△古代管理思想
△古典管理理论
△新古典管理理论
△现代管理理论以及管理理论的新发展

学习目的与要求：
1. 从管理学历史发展角度了解各个时期的主要管理思想的演变历程
2. 理解与掌握主流的管理理论及其产生的背景
3. 掌握管理理论未来发展的趋势

导入案例：

管理理论真能解决实际问题吗

海伦、汉克、乔、萨利四人都是美国西南金属制品公司的管理人员。海伦和乔负责产品销售，汉克和萨利负责生产。他们刚参加过在大学举办的为期两天的管理培训班学习。在培训班里主要学习了权变理论、社会系统理论和一些有关激励职工等内容。他们对所学的理论有不同的看法，现在展开激烈的争论。

乔首先说："我认为社会系统理论对于我们这样的公司是很有用的。例如，如果生产工人偷工减料，或者原材料价格上涨的话，就会影响到我们的产品销售。系统理论中讲的环境影响与我们公司的情况很相似。在目前这种经济环境中，一个公司会受到环境的极大影响。在油价暴涨时期，我们当时还能控制自己的公司。现在呢？我们要想在销售方面前进一步，都要经过艰苦的奋斗。"

萨利插话说："我们的确有过艰苦的时期，但是我不认为这与社会系统理论之间有什么必然的内在联系。我们曾在这种经济系统中受到过伤害。当然，你可以认为这与社会系统理论一致。但是，我并不认为我们就有采用社会系统理论的必要。我的意思是，如果每个东西都有一个系统的话，而所有的系统都能对一个系统产生影响的话，我们又怎样能预见到这些影响所带来的后果呢？所以，我认为权变理论更适合于我们。如果说事物都是相互依存的话，系统理论又能帮我们什么忙呢？"

海伦对他们的争论表示有不同的看法。她说："对社会系统理论我还没有很好地考虑。但是，我认为权变理论对我们是很有用的。虽然我们以前也经常采用权变理论，但是我却没有认识到自己是在运用权变理论。我每天都要面对不同的顾客，他们都有不同的需求，我每天都在运用权变理论来对付他们。为了适应形势，我经常改变方式和风格，许多销售人员都是这样做的。"

汉克显得有些激动地插话说："我不懂这些被大肆宣传的理论是什么东西。但是，关于社会系统理论和权变理论问题，我同意萨利的观点。教授们都把自己的理论吹得天花乱坠，他们的理论听起来很好，但是无助于我们的管理实际。对于培训班上讲的激励因素问题我也不同意。我认为泰罗在很久以前就对激励问题有了正确的论述。要激励工人，就是要根据他们所做的工作付给他们报酬。你们和我一样清楚，人们都是为了钱而工作，钱就是最好的激励。"

他们四个人的观点是各执一词，他们都是站在自身立场看问题，不够全面。其实我们知道管理思想产生于管理实践，而管理理论又是对管理思想的高度概括与理论上的升华，管理理论形成以后又要回到管理实践中去，以指导管理实践活动并接受管理实践的检验，在管理实践中不断丰富发展。本章从人类管理实践活动开始，阐述管理思想的发展与演进，并进一步分析管理理论在进入 21 世纪以后未来发展的趋势。

第一节　概　述

管理实践由来已久，自从有了人类活动就有了管理活动，人类历史就是管理的历史。管理思想总是随着人类的交往实践而不断地发展、丰富、变化着，管理将与人类相始终。管理是人类有意识的社会活动。人类社会有了管理活动，也就有了管理思想的萌芽。随着人类社会管理实践的发展和日益成熟，管理思想与理论也经历了从产生、发展到成熟的历程，对人类社会管理实践的指导作用也日益明显，显示出强大的生命力。本章从历史的角度对管理思想与管理理论发展历程进行详尽阐述，以便能为不同时期的管理实践提供理论基础。

一、管理实践、管理思想与管理理论

管理起源于人类的共同劳动，凡是有许多人共同劳动即协作的地方，就需要管理。随着管理实践的发展，人们对管理活动逐步产生认识，这种认识亦即人们所掌握的有关管理知识就是管理思想，将管理思想系统化和上升到理论形态，便成为管理理论。管理实践、管理思想与管理理论三者的关系是：在管理实践的基础上产生管理思想，将管理思想总结归纳上升便成为管理理论，管理理论又返回管理实践，接受管理实践检验并指导实践，如此循环往复，螺旋式上升发展（见图2-1）。

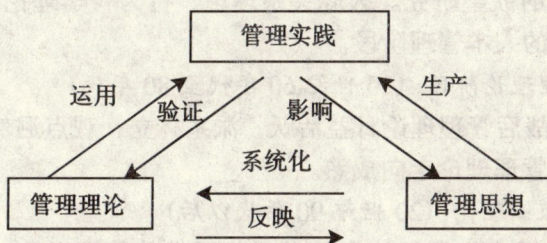

图 2-1　管理实践、管理思想与管理理论三者之间的关系

二、管理学形成与发展的阶段划分

管理学从形成至今划分为以下七个阶段（见表2-1）。

表 2-1　管理学形成与发展阶段划分

时　间	理　论	特　点
人类劳动产生至18世纪	早期管理实践与管理思想阶段	
19世纪	管理思想萌芽	工业革命、管理职能、劳动分工
20世纪初至30年代	古典管理理论	标准化、制度化，以物为本
20世纪30年代至50年代	新古典管理理论	重视人的因素，以人为本
20世纪60年代至80年代	现代管理理论丛林	全面、系统、精确
20世纪90年代以后	学习型组织	突破式改进、创新
进入21世纪	管理理论发展的新趋势	战略管理、跨文化管理、人本管理、知识管理、信息管理、全面质量管理、创新管理

（一）早期生产实践与管理思想阶段（人类劳动产生至 18 世纪）

早期生产实践产生管理思想，对管理产生某些片面的见解，例如在如何组织生产、用人、用兵、为将等方面。

（二）管理学产生的萌芽阶段（19 世纪）

随着工业革命的开展，生产规模也在不断地扩大，人们开始有意识地观察和分析管理活动和管理，并对管理的作用有了一定的认识，但是这个阶段还没有形成系统的理论。

（三）古典管理理论阶段（20 世纪初至 30 年代）

古典管理理论的三个代表人物：泰罗的科学管理理论的产生：科学合理地组织生产，提高了生产效率，以物为中心的管理和对人的需求的忽视；法约尔——"过程理论之父"；韦伯——"组织理论之父"。

（四）新古典管理理论阶段（20 世纪 30 年代至 60 年代）

梅奥及其霍桑实验，从合理组织生产到生产劳动中人与人之间的关系、人的内心活动和社会需求的欲望研究。人际关系理论、行为科学理论的形成和发展阶段，开创了以人为中心的人本管理阶段。

（五）现代管理理论阶段（20 世纪 60 年代至 80 年代）

第二次世界大战后管理理论日益活跃，派系林立，观点迥然不同，出现现代管理"丛林"阶段，管理理论走向成熟。

（六）学习型组织理论（20 世纪 90 年代以后）

1990 年以后，适应知识经济和信息时代要求的管理理论——以学习型组织为代表的新理论出现，并形成许多有效的理论和方法，如六西格玛管理、业务流程再造等。

（七）21 世纪管理理论展望

"丛林"之后的管理理论包括：战略管理、跨文化管理、人本管理、知识管理、信息管理以及创新管理。

以上管理学形成与发展过程的阶段划分，基本上可以把握住管理学产生、形成和发展的全过程，做到历史与逻辑的统一。

第二节　古代管理思想

一、中国古代管理思想

中国作为一个文明古国，有着璀璨的历史遗产，包括丰富多彩的管理思想。由于受当时生产力发展水平的限制，这些管理思想零星分散，至今未能形成独立的科学体系，但许多管理思想的精华对今天的管理实践仍然具有借鉴作用。当然，对于传统的管理思想，我们必须坚持"汲取其精华，剔除其糟粕"的原则。

中国古代的管理思想在许多著作中得到记载和论述，《孙子兵法》阐述"为将之道"、"用兵之道"、"用人之道"以及在各种极其错综复杂的环境中为取胜所采取的各种战略、策略，充满着辩证法思想，堪称人类智慧的结晶。《孙子兵法》对我们各项管理工作，特别是对于处在激烈竞争环境中的企业，具有重大的现实意义。日本、美国的许多大公司把《孙子兵法》作为经理培训的必读教材。

战国时期的《周礼》对封建国家管理体制进行了理想化设计，内容包括政治、经济、财政、教育、军事、司法等各个方面，特别是对封建国家的经济管理方面的论述和设计都达到相当高的水平。

孙膑的田忌赛马是古代运筹学和对策论思想的成功典范，这可以说是现代博弈论在中国古代的成功运用。

田忌	齐王	田忌	齐王
上	上	下	上
中	中	上	中
下	下	中	下
0 ：	3	2 ：	1

《三国演义》中的智谋，成为各国工商管理专业的必修课程，蕴藏着丰富管理思想，成为今天政治家、外交官和企业家必备之书。李嘉诚认为，三国时代的历史其实是最佳管理学的教材。曹操、诸葛亮等历史人物的成功经验都很值得现代人，尤其是企业管理人员参考。如曹操"挟天子以令诸侯"，用汉献帝当金字招牌开拓市场，发挥古代"品牌学"，成为三国的最大霸主；诸葛亮规划《隆中对》，告诫刘

备不要和曹操硬碰硬，而要和孙权结盟，结果短短一年，便协助足无寸土的刘备夺得荆州，独霸一方。这就像一些中、小企业以互相结盟的方式在市场中站稳阵脚，然后再图扩张。事实上许多西方管理理论都可以在中国古代管理思想中找到相似的论述，不仅是东方，也包括西方的许多企业都在主动运用中国古代管理思想来指导企业管理。只是在管理作为一门学科诞生和发展的一百多年来，由于漫长的封建社会阻碍了生产社会化的提高和社会生产力的发展，抑制了科学管理思想的形成，中国对现代管理理论的贡献没有像古代那样辉煌。因此，我们既不能妄自菲薄，也不要妄自尊大，而应在努力学习引进西方管理的同时，充分挖掘中国古代管理思想宝库，这就是我们对中西方管理思想应有的态度。日本学者村山孚曾经说过："我希望中国朋友在实现中国企业管理现代化的道路上，千万不要以为只有外国的新奇概念和奥妙的数学公式才是科学，中华民族几千年来积累的文化同样是实现中国企业管理现代化的宏大源泉。"

儒家思想是中国传统文化的主流，博大精深，它不仅对中国古代、现代管理思想乃至整个"黄色人种"都产生着巨大的影响，是东方文化的主要渊源之一。日本的崛起号称"经济奇迹"，究其主要原因就是日本企业家们纷纷在中国儒家文化中寻找到精神的利器，作为日本企业文化和新的"团队精神"。正是儒家家族伦理理念在企业中的运用，所以日本资本主义也被称为"儒家资本主义"。20世纪90年代，韩国在经济高速增长的同时，也兴起了空前的"中国热"，"礼、义、仁、智、信"成为企业家们的道德信条。最近热播的韩国连续剧《大长今》深受中国观众喜爱，剧中贯穿了儒家传统思想。孔子以及后来的孟子思想，一直是中国文化的主要流派。孔子的管理思想大部分是与治理国家或社会的主张紧密联系在一起，是同其伦理思想交织在一起的。《论语》是儒家思想的集大成者，《论语》所论，一是"为政"，即管理国家（治国与平天下）；二是"修德"，即伦理道德的修养和完善（修身）。在当今中国大批学者在学习西方管理理论的同时，也把目光转向研究中国传统儒家管理思想，较有成就的有中国人民大学杨先举教授的《孔子管理学》和北京师范大学唐任伍教授的《儒家文化与现代经济管理》，值得大家一读。

以儒家思想为代表的中国古代管理思想主要内容包括：

（1）集体的人本：人本管理思想重视人的因素，提倡"德治"和"仁政"。孔子极力主张"行仁德之政，因民之所利而利之"，"使天下民归心"。儒家的人本主义又称民本、群体本位，重视团体利益，而这正是当代企业文化中值得发扬的内容。

（2）中庸：通权达变的管理艺术。中庸是孔子和儒家管理思想的基础，中庸的意思是不偏不倚、折中和调和。中庸思想体现孔子认识事物之三分法，"过、中、不及"，"过与不及"为两个极端，中庸则启发人们认识和把握管理中之"度"的问题，用财有度，用人有度，奖罚有度，处理人际关系有度等，这一观念对管理活动具有启发意义和现实意义。

（3）追求稳定：孔子的管理目标。所谓本固邦宁，稳定是压倒一切的首要目标。

（4）德治：言传身教的管理路线。为政以德，德治的主要形式是言传身教。政者，正也。

（5）举贤育才：孔子的用人管理思想，德才兼备的人才标准。要建立学习的习惯，认识学习的重要性。

（6）正名：孔子的组织管理思想，权力结构与组织结构相符合。名即名分，是人的身份、地位、权力和财富的标志，表现着社会尊卑以及不同价值观念和行为方式。

（7）人和：礼之用，和为贵，成为几千年来处理人际关系、民族关系、社会关系的传统原则。用求大同、存小异的方法，协调各部分人的利益，达到整体的协调、和睦。

（8）家族人治而非法治：家庭观念中父为子纲、夫为妻纲、家庭和睦，既包含集体感、骨肉情，又包含家长意志和服从意志。

（9）重义轻利：重义轻利的义利观，也是儒家传统思想之一。孔子说："君子喻于义，小人喻于利。"重义轻利提倡在物质利益面前要"克己"、"寡欲"，"见利思义"，义而后取，不取"不义之财"，有一定积极意义。但在中国几千年历史中，与重义轻利共生的，是"重农抑商"的经济思想，这种轻利轻商的思想至今犹存，对企业管理有一定消极影响。

二、西方传统管理思想

（一）西方早期管理思想

西方文化起源于古代希腊、罗马、埃及、巴比伦等文明古国，这些古国在国家管理、生产、军事、法律等方面也都曾有过许多辉煌的实践和管理思想。在古巴比伦，不但建造有"空中花园"等伟大而精美的建筑工程，而且还出现了世界上第一部完整的法律文件——《汉穆拉比法典》，该法典共有282条法规，涉及经济法、家庭法、民法、刑法等方面，对信贷、最低工资保障都有具体规定，对推动人类司法制度的建设起到主要作用。

公元284年，罗马皇帝戴克利先的改革采取连接授权制。《圣经》旧约全书的《出埃及记》中就体现了管理的公权原则、授权原则和例外管理等管理思想。

1513年，佛罗伦萨城的马基雅维利撰写了《君主论》一书，论述君主如何成功地进行统治的理论和谋略。马基雅维利还提出了许多管理思想，具有较大影响的是其管理四原则：

（1）群众认可。所有政府的持续存在必须依赖群众支持、群众认可，政府的权威来自群众。

（2）内聚力。组织要能够长期存在，必须要有内聚力，使人民确信自己的君主是值得信赖的，也知道君主期待他们的是什么，有明确的责任心。

（3）领导方式。掌权者必须努力学习掌握领导方法，要学会以身作则，要能鼓舞自己的人民，要能与各个集团打成一片，又要处处维护尊严。要公正对待公民，能明智地利用各种机会，能顺应时代潮流，要具有领导的能力。

（4）生存意识。要有强烈的求生存的意志，在困难的时候能坚忍不拔，为国家生存而奋斗。在顺利的时候要居安思危，不放松警惕。

（二）西方管理理论的萌芽

1. 工业革命与管理理论产生。资本主义经历了简单协作、工场手工业和机器大工业三个阶段。从 18 世纪到 19 世纪的工业革命，是资本主义的机器大工业代替手工技术为基础的工场手工业的革命，既是生产技术上的又是生产关系上的重大变革，使以机器为主的现代意义上的工厂成为现实。而工厂制度的发展，促使了人们对管理的关注。17 世纪，瓦特改良了蒸汽机，火车、轮船等交通运输工具的出现，工厂制度的产生，时代呼唤着规范化的管理的出现。

2. 有关管理问题的主要论点。随着工业革命以及工厂制度的发展，工厂以及公司的管理越来越突出。许多理论家特别是经济学家，在其著作中越来越多地涉及有关管理方面的问题。这一时期的著作，大体上有两类：一类偏重于理论的研究，即关于管理职能和原则的研究；另一类偏重于管理技术和方法的研究。体现在以下几个方面：

（1）关于企业所有权和管理权的关系问题。第一个明确地把管理作为生产的第四个要素而且同土地、劳动力和资本相并列的是法国资产阶级庸俗经济学的创始人——萨伊。英国古典经济学家亚当·斯密在《国富论》中认为，企业的所有权和管理权一般是分开的，特别是当赚钱的时候。

（2）关于管理的职能。经济学家们各自都特别强调不同的管理职能。萨伊强调计划职能的重要性。鲍克认为管理人员的主要职能是组织和指挥。人事职能中的职工培训和管理人员教育，受到了当时一些经济学家的重视。组织职能受到这些经济学家广泛的注意。在控制职能方面，这些经济学家从防止盗窃方面的控制转到防止浪费方面的控制。

（3）关于管理人员所应具备的品质，经济学家们提法各不相同。

（4）关于专业化和劳动分工。经济学家做了较详细的阐述，将这个问题分为三个层次来处理：国家和地区之间的劳动分工，形成国家和地区的专业化；组织的劳动分工，形成公司的专业化；职业上的劳动分工，形成个人在工作上的专业化。亚当·斯密认为分工可以使工人的技能熟练并得到发展，分工节约时间，分工使劳动简单化。

（5）关于动作和工时研究。亚当·斯密在 1776 年的《国富论》第一章中进行了有关动作和工时的初步考察。

（6）关于生产自动化和使工人摆脱繁重的体力劳动。

（7）关于工资和激励。这一时期的经济学家对工资和激励问题有较多的论述。德·拉维勒认为，凡是能实行的地方，计件工资最能提高生产率。而穆勒认为可采取多种工资形式。

总体来说，这一时期有关管理问题的论述，还未能建立起管理理论。但它们已经区分了管理职能与企业职能，意识到管理将会发展成一门具有独立完整体系的科学，预见到管理的地位将不断提高，为管理学的形成奠定了坚实的基础。

三、中外管理思想比较

（一）中外管理思想简述

（1）一种源于古希腊文化传统的西方管理思想，在近代资本主义的条件下演变为具有一定科学形态的管理理论，从 20 世纪泰罗开始已发展成为科学化的理论体系。

（2）一种源于华夏文化传统的中国管理思想，它具有极为丰富的内容和东方文化特色，并曾产生出灿烂的古代物质文明和精神文明。由于历史条件的限制，中国古代管理思想在近代没有能够与产业革命即资本主义企业经营相结合，以致今天一般人认为科学管理的观念和方法都来自西方。亚洲"四小龙"经济的飞速发展，使人们开始研究中国古代管理思想在当代社会中的重要意义。

（二）中外管理思想比较

1. 由于地理环境不同产生的差异。

（1）中国：一面临海，三面大陆，对外交通极为不便而内部回旋余地有相当广阔的自然环境，形成了大陆民族的管理模式。

●向心：一方面讲集中、求统一的思想，管理活动以加强中央集权展开，以整体性的宏观管理为主。另一方面又造成中国人民强烈的民族意识和眷恋国土的情怀，中国的管理是建立在思想感情和心理因素的强大向心力的基础上的。

●求同：中国的地理环境使得管理活动获得一个完备的天然的隔离机制，一方面是思想上的融合能力，另一方面是中国管理思想强调统一，主张协调，追求和谐的境界。在管理活动中重视人与人、人与自然协调平衡是中国管理思想的一大特色。

●重人：血缘宗法关系非常紧密，管理活动的中心在人。以伦理关系为基础，以道德和教育为轴心，是一种人文主义型的管理。

（2）古希腊：漫长海岸线，内陆交通极不发达，只能向外扩张以求发展，所以商业和航海业发展较早，形成了海洋民族的管理模式。

●外向：海上交通发达，人员交流频繁造就一种外向型的民族心理。

●求异：对知识和智慧有着标新立异的追求，形成了求异的科学方法；在社会管理方面进行过多种形式的实验——城邦制的奴隶制民主管理制度。

●重功利：重利益、讲功效，追求现实的成功。

2. 由于物质生产方式不同产生差异。

（1）中国"以农立国"，形成以农业生产为基础的社会生活和社会结构。

●在管理体制上是专制与民主相互依存的思想：这种民主与专制的思想既相互依存，又相互补充，构成农业社会管理的基础。

●在管理方法上是经验与理性相互补充的思想：农业社会孕育出来的经验理性方法，一方面在管理方式上保持着一种清醒的理性态度，另一方面不重言论，不重思辨，而注重在实际经验基础上的切实领悟，注重于实际行动本身。

●在管理规范上避免过与不及而力争保持适中状态的思想。

（2）西方管理思想在商品经济的社会中发展，即围绕工商业主和资本家获得更大利润而展开。

●西方的管理在相当长的一个时期内，重物不重人，重经济利益不重道德教育。

●在管理方法上，西方管理善于思辨，重视逻辑推理，依靠科学实验。

●西方管理在市场经济土壤的培育下，既有严密的形式又具有创新精神。

3. 由于社会组织形态不同而产生的差异。

（1）中国漫长的封建社会始终保持一种封建的宗法制度。宗法血缘关系渗透到社会生活的各个方面和各个层次，并积淀成为一种极为强固的文化结构、心理力量和组织形式。

●家族式管理组织：天下一家是中国历代社会组织的基本目标。中国传统管理思想的中心是礼治，礼的核心是仁。礼治实际上就是一种家族式管理。

●伦理型的管理机制：把"齐家"的原理扩展到各种管理组织的行为中，以"父严、母慈、兄友、弟恭、子孝"作为经纬，从纵横两个方面把血缘关系与管理制度联系起来。

●心理型的管理方式：中国传统管理者以"求善"、"求治"为目标，非常强调心理的作用，依靠领导者榜样的力量和道德感召力来调动和团结全体群众，达到管理目标。

（2）西方社会血缘关系瓦解，使得西方管理是以利益为纽带进行组织的。欧洲中世纪依靠的是神圣上帝的旨意进行分权治理。近代工业文明兴起后，这时一切以金钱、利润为目的。因此，西方管理法律条文强于道德教化，实际利益重于心理情感，责任分解重于整体效益。

（三）中外管理思想的优缺点

1. 中国管理思想的优缺点。

（1）优点：重视发挥人在管理中的能动作用，注意各种管理因素的协调平衡，努力在管理的过程中建立和谐的人际关系、倡导群体凝聚的精神、培育高尚道德情操，在具体管理活动中产生系统工程思想、运筹学思想、信息思想、综合治理思想。

（2）缺点：缺乏与近代工业生产和科学技术的有机联系；缺乏与市场经济的紧密联系。人本观既把人放在管理的中心地位，却又不重视人的价值和独立的人格；整体观——科学地把管理要素及过程作为一个有机整体，却又可能失去活力、缺少个性，束缚生产发展；协和观——正确对待自然、社会的各种辩证关系，又可能成为反对变革、摒弃竞争、害怕风险的强大心理惯性；经权观辩证地处理了管理活动的变与不变，运动与静止的对立统一关系，但"天不变，道亦不变"，万古不变的经久可能成为社会进步、组织更新、模式变革的极大障碍。

2. 西方管理思想的优缺点。

（1）优点：善于运用科学技术的最新成果，在实验和逻辑分析基础上进行严格的控制和严密的管理，注意引进竞争机制，提高整个管理活动的效率，不断根据管理实践的结果来变革管理模式和创新管理理论，重视发挥人的能力和专长，充分利用法律和契约在管理中的作用。

（2）缺点：重视对管理的理性分析，但这种过于重视理性的传统却造成缺乏人的主观能动性，无视人的心理情感，这就可能导致管理活动的失败。各种管理理论对管理中的某一要素进行了深入的科学逻辑分析，总结出某一管理方面的规律，但却往往把局部的规律看成是整个管理活动的普遍法则。

第三节　古典管理理论

一、泰罗与科学管理理论

泰罗出生于美国，被后人称为"科学管理之父"，既有从事科学研究和发明的才能，又有从事社会活动和领导工作的才能。他在管理方面的主要著作有：《计件工资制》、《车间管理》、《科学管理原理》等。

（一）泰罗创立科学管理理论的指导思想

（1）劳资双方职责不明。他认为由于双方的职责不明，导致管理混乱，工人的工作积极性只发挥了1/3，工人的大部分潜能没有发挥出来。

（2）劳资双方关系处于矛盾冲突之中。他认为工人与资本家之间的关系是零和关系，劳资双方都存在心理障碍，所以双方都要展开"心理革命"。

（3）缓和阶级矛盾，维护资产阶级的统治。从泰罗的科学管理原理理论来看，他的主要目的是缓和十分尖锐的阶级矛盾，代表资产阶级的根本利益，以维护资产阶级的统治。

（二）主要内容

（1）制定科学的工作方法，以提高劳动生产率为中心。根据搬运生铁块的实验，提出工作定额原理。

（2）制定培训工人的科学方法，必须培训一流的工人。

（3）实行差别计件工资制，实行激励性的报酬制度。

（4）工时研究和操作方法标准化。最佳工作方法作为标准化操作方法。

（5）计划职能和执行职能分开，变原来的经验工作方法为科学工作方法。计划职能归企业管理当局，并设立专门的计划部门来承担；而现场的工人，则从事执行职能。

（6）实行职能工长制。把管理工作细分，使每个工长只承担一种职能。这种思想为以后职能部门的建立和管理专业化提供了基础。

（7）遵循例外原理。上级管理者把一般的日常事务授权给下级管理者去处理，而自己只保留对例外事项的决策和监督权。

（8）劳资双方进行一场心理革命。双方不再敌视而是以友好合作代替对抗斗争，就能使盈利增加达到双赢效果。

（三）对科学管理理论的评价

（1）冲破了传统的落后的经验管理方法，将科学理论引入管理领域。

（2）提高了劳动生产率3~4倍，工人的工作积极性得到提高，出现了高效率、低成本、高工资、高利润的局面。

（3）导致了专职管理人员的产生。

（4）把工人看成会说话的机器，认为追求高工资是工人的唯一追求，忽视了人的社会需求和欲望，充分体现了经济人的假设观点。

二、法约尔与一般管理理论

法约尔出生于法国，大学毕业后在一家煤矿公司工作直至退休。在漫长而卓有成绩的管理生涯中，他一直从事管理工作。他对组织管理进行了系统、独创的研究，特别是关于管理组织和管理过程的职能划分理论，对后来的管理理论研究具有深远影响。他还是一位概括和阐述一般管理理论的先驱者，是伟大的管理教育家，被后人称为"管理过程理论之父"，其代表作是《工业管理和一般管理》。法约尔的管理过程理论的要点是：

（一）　企业职能不同于管理职能，任何企业都有六种基本活动或职能，管理活动只是其中之一

在各类企业中，下属人员的主要能力是具有企业特点的职业能力；而较上层人员的主要能力是管理能力，并且随着地位的上升，管理越重要（见图 2-2）。

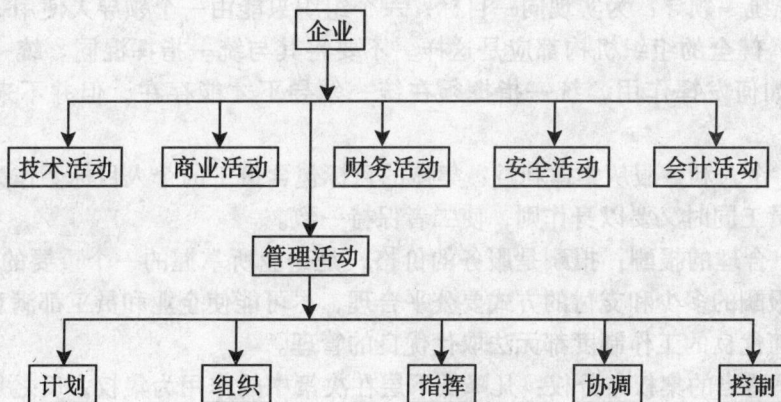

图 2-2　企业职能与管理职能

（1）技术活动：生产、制造、加工。

（2）商业活动：购买、销售、交换。

（3）财务活动：资本筹集、使用。

（4）安全活动：财产、人身安全。

（5）会计活动：成本、统计。

（6）管理活动：五大职能——计划、组织、指挥、协调、控制。

（二）　管理教育的必要性和可能性

企业对管理知识的需要是普遍的，而单一的技术教育适应不了企业的一般需要。应尽快建立管理理论，并在学校中进行管理教育。

（三）　管理的十四条原则

（1）劳动分工：劳动的专业化分工是提高劳动生产力的有效方法。劳动分工不仅适用于技术工作，而且适用于管理工作。

（2）权力和责任：权力和责任好比一对孪生兄弟，凡行使权力的地方，就有责任，二者必须相等。而管理人员的权力又可划分为职权和个人权力。前者是由职位

决定的，而后者是管理者个人智慧、知识、经验、品德及指挥才能的综合，好的领导者应以后者补充前者。

（3）纪律：纪律是对组织协定的尊重及服从，即遵守组织的各项规章制度。纪律对企业的发展是必需的。法约尔认为，纪律是领导人造就的，而制定和维持纪律的最有效的办法是：①各级好的领导。②尽可能明确而又公平的协定。③合理执行惩罚。

（4）统一指挥：无论什么时候，一个下属只应接受一个领导者的命令。双重或多头领导必然会影响权力、纪律、秩序的稳定。

（5）统一领导：为实现同一目标，一个组织只能由一个领导人使用一个计划指导工作，健全的组织机构都应是这样。不要将其与统一指挥混同。统一指挥取决于人员如何发挥作用，统一指挥须在统一领导下才能存在，但并不来源于统一领导。

（6）个人利益服从集体利益：集体的目标包含员工的个人目标。作为领导，必须监督员工同时又要以身作则，使二者保持一致。

（7）合理的报酬：报酬是服务的价格，是企业所掌握的一个重要的诱导因素。因此，报酬的多少和支付的方式要公平合理，尽可能使企业和员工都满意。他还认为，任何优良的工作制度都无法取代优良的管理。

（8）适当的集权与分权：凡降低下层在决策中的作用为集权，反之是分权。权力集散的程度应视企业的规模、条件、工作性质、领导和下属的能力而定。

（9）跳板原则：企业管理中的等级制度表明了权力路线和信息沟通渠道。

（10）秩序：各有其位，各就其位。此原则既适用于物质资源，也适用于人力资源，如设备、工具要排列有序，人员要有自己确定的位置且在岗位上发挥作用。

（11）公平：作为领导，在对待下属时，应特别注意他们希望公正和平等的愿望，要努力使公平感深入人心。

（12）保持人员稳定：一个人要做到有效、熟练地从事某项工作，需要相当长的时间，特别是经理人员任职期的稳定。人员的频繁流动，必然造成人、财、物的浪费，也是企业管理不善的原因和结果。

（13）首创精神：发明、建议与执行的主动性就是首创精神。而领导及全体人员的首创精神对企业而言，是一股巨大的力量。因此，管理部门应允许所有的企业人员以某种方式显示其首创精神。高明的领导可以牺牲自己的虚荣心以激发下级的创造力。

（14）集体精神：团结就是力量，企业的领导人员要鼓励职工紧密团结和发扬集体精神。有效的方法是加强意见沟通，协调企业内部的各种力量，激发人员的热情，发挥每个人的才能，奖励每个人的功绩，树立、保持和巩固企业人员间的和谐关系。

（四）管理要素

它是由五个管理职能组成的：计划、组织、指挥、协调和控制。计划是管理职能中一个重要的要素。

三、马克思·韦伯的行政组织理论

韦伯出生于德国，对社会学、宗教学、经济学和政治学有广泛的兴趣，并发表过著作。他在管理思想方面的贡献是在《社会和经济理论》一书中提出了理想行政组织体系理论，由此被人们称为"组织理论之父"。

韦伯指出，任何组织都必须以某种形式的权力作为基础，才能实现目标。只有合法的权力才能作为理想组织体系的基础。

韦伯理想行政组织体系的特点是：

（1）明确的分工。每个职位的权力和责任都应有明确的规定。

（2）自上而下的等级系统。组织内的每个职位，按照等级原则进行法定安排，形成自上而下的等级系统。

（3）人员的考评和教育。人员的任用完全根据职务的要求，通过正式考评和教育训练来进行。

（4）职业管理人员。管理者有固定的薪金和明文规定的升迁制度，是一种职业管理人员。

（5）遵守规则和纪律。管理者必须严格遵守组织中规定的规则和纪律。

（6）组织中人员之间的关系。组织中人员之间的关系完全以理性准则为指导，不受个人情感的影响。

第四节　人际关系学说和行为科学

一、梅奥以及霍桑试验

（一）梅奥进行霍桑试验的背景

泰罗的科学管理理论并不能缓和阶级矛盾，被列宁称为"血汗工资制度"的泰罗制引起了工人阶级的激烈反抗斗争。

经济发展和经济危机爆发以及科技之发展和应用，单纯的古典管理理论也不能有效地控制工人。于是，有学者开始从另一个角度，从生理、心理、性格、照明、色彩、个人欲望等方面研究管理的效率问题。

梅奥于 1926 年在哈佛大学工商管理研究院工业研究室任教，参与策划了霍桑试验。有关霍桑试验的总结主要集中在他的两本书中：《工业文明的人类问题》和《工业文明的社会问题》。霍桑试验于 1924~1932 年，由美国国家研究委员会和西方电气公司合作，在西方电气公司的霍桑工厂进行的一项研究试验。梅奥（1880~1949），美籍澳大利亚人，人际关系理论创始人，1924~1932 年在美国西方电气公司霍桑（Hawthorne）进行了长达九年的实验研究，试验的初衷是想通过改变工作条件和环境，找出提高生产率的途径。试验分照明、继电器装配小组、大规模访谈和电话线圈装配工试验四个阶段，但试验结果却出乎意料，并由此诞生了人际关系学说。

（二）霍桑试验分四个阶段

（1）工场照明试验。研究人员希望由此推测出照明强度变化后所产生的影响，得出的结论是：工场照明只是影响员工产量的因素之一，而且是不太重要的因素。

（2）继电器装配室试验。试验结果表明，由于督导方法的变更，使员工的态度改善，因而产量增加。

（3）大规模的访问与普查。研究者得出的结论是：任何一位员工的工作成绩，都要受到周围环境的影响。

（4）电话线圈装配工试验。这次实验选了 14 名女工，其中 9 名绕线工，每 3 人一组分成 3 组，每一组再配 1 名焊接工，其余的 2 名为检验工。这是正式的情况，工人的工资报酬是按小组计划计算的，即以小组的总产量为基础付酬给每一个工人，强调他们在工作中要协作，以便共同提高产量和报酬。但是通过试验研究者发现，女工们自己定了非正式产量定额，团体的压力迫使每个人都要遵守，每个人每天均匀上报产量，以免露出生产得太快或太慢的迹象；团体制定了一套措施来使不遵守团体定额的人就范；在正式结构中存在着两个小团体即非正式组织。

梅奥以及助手们通过这些试验发现：

（1）照明对生产效率的影响微不足道。

（2）生产小组的行为规范：不要干得太多否则就是"害人精"；不要干得太少否则就是"懒惰鬼"；不要告诉监工同伴的事否则就是"告密者"；不要试图对别人保持距离或多管闲事；不要过分喧哗或自以为是。

（3）原因：一怕定额提高，二怕失业，三要保护同伴。

（三）霍桑试验的结论

（1）职工是"社会人"。古典管理理论把人视为"经济人"，认为金钱是刺激工作积极性的唯一动力，生产效率主要受到工作方法和工作条件的制约。霍桑试验表明，职工不仅受金钱的影响，还受社会和心理的影响，生产效率主要取决于职工的积极性，还取决于职工的家庭和社会生活以及企业中人与人的关系。

（2）企业中存在着"非正式组织"。它通过不成文的规范左右着成员的感情倾向和行为。

（3）新型的领导能力在于提高职工的满足度。企业中的主管人员要同时具有技术—经济技能和人际关系的技能，要学会了解人们的逻辑行为和非逻辑行为，学会通过交谈来了解人们感情的技巧，要使正式组织的经济需要与非正式组织的社会需要取得平衡。

（四）人际关系理论对管理理论的伟大意义

（1）开辟了管理理论发展的新领域，重视人的因素，对影响人际关系行为的社会环境加以研究。

（2）对人的心理和行为方式的研究以及哲学、心理学、社会心理学等理论和方法，形成行为主义的研究方法。

（3）对现代管理发展的启示：以工作效率为中心转变为以人为中心的管理。

二、有关行为科学的理论

行为科学是一个独立的研究领域，不同于管理学，但同管理学的研究内容互相渗透。行为科学的研究基本上可分为两个时期：前期的研究称为人际关系学说，从霍桑试验开始；后期是 1947 年首次提出"行为科学"这一名称，1953 年正式定名为行为科学。60 年代，为避免同广义的行为科学相混淆，出现了"组织行为学"这一名称，专指管理学中的行为科学。组织行为学实质上是包括早期行为科学——人际关系学说在内的狭义行为科学。

行为科学的研究对象和所涉及的范围主要分为三个层次：

（1）有关个体行为的理论。主要包括两方面：一是有关人的需要、动机和激励理论，又可分为激励内容理论、激励过程理论和激励强化理论三大类；二是有关企业中的人性理论。

（2）有关团体行为的理论。主要包括团体动力、信息交流、团体及成员的相互关系三个方面。

（3）有关组织行为的理论。主要包括有关领导理论、组织变革和发展理论。有关领导理论又包括领导性格理论、领导行为理论和领导权变理论三大类。

第五节　现代西方管理理论丛林

第二次世界大战后，管理热潮在西方国家兴起，人们从不同角度研究管理，出现了管理学界的百花齐放、百家争鸣的局面。

1961年孔茨教授在《现代管理理论丛林》将一现象定义为"丛林"。1980年孔茨在《再论现代管理理论丛林》进一步阐述"丛林"。

一、现代管理理论学派

现代管理理论学派主要有八个。

（一）管理过程学派

以法约尔、孔茨为代表，主要研究管理过程和职能。主要观点有：

（1）管理是一个过程，即让别人同自己去实现既定的目标。

（2）管理过程有五大职能：计划、组织、人员、指挥、控制。

（3）管理职能具有普遍性，即各级管理人员都执行着管理职能。

（4）管理具有灵活性，要因地制宜灵活运用。

（二）经验主义或案例学派

以现代著名管理大师德鲁克为代表，主张从管理者的实际经验寻求管理活动的一般规律和共性，并使之系统化、理论化，以指导人们的管理活动。德鲁克的著作有《管理的实践》、《有效的管理者》、《管理的创新》、《21世纪管理的挑战》。

（1）关于管理的性质和任务：管理不是科学，人的管理技能活动和知识是一个独立的领域。

（2）目标管理：结合泰罗的科学管理理论和行为科学在实践中提出了目标管理，也就是结合以工作为中心和以人为中心的管理技术和方法。

（三）人际关系学派——群体行为学派

以梅奥—霍桑试验为创立，以马斯洛、赫斯伯格、麦格雷戈为代表，通过对人的心理与行为的研究，满足人的合理需要和建立良好的人际关系以提高职工的工作积极性。1949年行为科学诞生。

（1）马斯洛的需要层次理论。马斯洛在其《人的动机理论》提出了人的需要有五个层次（见图2-3）。

（2）赫斯伯格的双因素理论。①保健因素是指薪金、工作条件、生活条件、职业安全、人际关系等。②激励因素是指工作成就感、工作成就认可、工作本身的挑

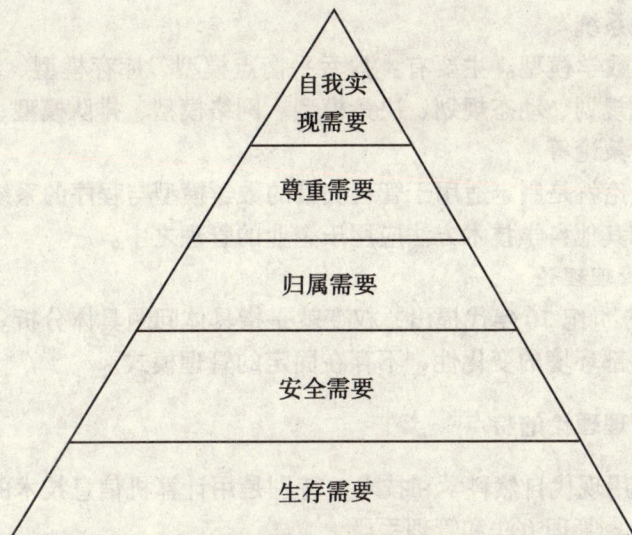

图 2-3　马斯洛的需要层次

战和兴趣、个人的晋升机会、工作中的成长和责任感。

（3）麦格雷戈的 X—Y 理论和人性假设理论。

（四）社会合作系统学派

以贝尔公司总经理巴纳德为代表的社会合作系统学派，以社会学为基础研究管理问题。这一学派认为，人的互相关系就是一个社会系统，它是人们在力量、愿望以及思想等方面的合作关系。

（五）决策理论学派

以西蒙为代表，他是 1978 年诺贝尔奖的获得者。他认为管理就是决策，决策是一个复杂的过程，贯穿于整个管理过程。

（六）沟通（信息）中心学派

主张把管理人员看成一个信息中心，并围绕这一概念来形成管理理论——强调计算机技术在管理活动和决策中的应用，强调计算机科学同管理思想和行为的结合。代表人物是李斯特、纽曼、香农和韦弗。

（七）管理科学学派

又称为数学学派，以英国的伯法为代表，主张运用数理工具和运筹学建立各种数学模型和决策程序，以增加决策的科学性。其内容包括以下几方面：

（1）运筹学。它是管理科学理论的基础，是二战中英国科学家为解决雷达的合理布置而发展起来的数学分析和计算技术。

（2）系统分析。这个概念是由美国兰德公司在 1949 年首先提出的，认为事物是极其复杂的"系统"。

（3）常用的数学模型。主要有：盈亏平衡点模型、库存模型、线性规划模型、目标规划、整数规划、动态规划、决策模型、网络模型、排队模型、模拟模型、马尔柯夫过程、对策论等。

管理科学理论就是制定适用于管理决策的数学模型与程序的系统，并把它们通过电子计算机和其他科学技术方法应用于企业的管理之中。

（八）权变管理理论

卢桑斯在20世纪70年代提出，权变就是指具体问题具体分析。强调管理工作复杂性和企业外部环境的变化性，不存在固定的管理模式。

二、现代管理理论的特点

（1）广泛运用现代自然科学和技术，特别是用计算机信息技术的最新成果来发展现代管理理论、管理方法和管理手段。

（2）更加重视人的因素：从研究个体行为发展到研究群体行为乃至整个企业文化，以人为中心已成为现代管理者的共识。

（3）由于环境变化的不断加快，系统理论和权变理论得到广泛的运用和发展。

第六节　新经济与管理思想的新发展

一、新经济、新时代

（一）新技术革命

以电子技术、生物工程、材料科学、生命科学、航天技术为代表，其中占主导地位的是信息技术，包括计算机技术、通信技术、微电子技术、自动化技术、光电子技术、光导技术、人工智能技术，形成一个信息产业。信息技术特别是网络技术的运用，产生新的经营服务方式。

（二）信息技术革命使知识经济时代到来

1996年联合国经合组织第一次使用并与之定义：知识经济是建立在知识和信息基础上的经济，以知识和信息的生产、分配和使用为直接依据的经济。其基础是：①网络技术和网络设施的建设。②国家对知识经济严格规范和有效管理。③经济一体化。④信息成为生产要素的核心并成为主要资源。

二、西方管理思想的新发展

（一）企业文化

（1）企业文化的兴起。20 世纪 70 年代在日本兴起，80 年代由美国学者提出。通过对美日企业管理比较，美国独特的历史文化背景下，人们特别注重社会契约化、法制化和理性主义，在管理技术上特别注意企业的组织结构、战略计划等硬件，而对人的传统、习惯、情感、观念等软件重视不够。日本企业则普遍对这些软件给予高度重视，注重解决人的价值观念、人际关系、人的情感，形成了自己独特的管理模式——职工对企业的忠诚性、献身精神和认同感，企业主与员工之间"充满人情味的关系"，使企业充满活力和激情，从而取得长足进步。美国人将这种造成企业间凝聚力和竞争力的因素称之为企业文化。

（2）企业文化及其特征。企业文化是指一个组织的行为规范和共同的价值观，企业文化的核心是企业拥有共同的价值观——组织成员共同遵守的行为指南。①企业文化是一种人本文化，重视人的价值，依靠人、关心人、使用人、发展人。②企业文化是一种软性的管理方式——组织内部合作、友爱、奋斗的文化心理环境以及协调和谐的人际关系，内化为成员的主体文化，转化为自觉行动。③企业文化的任务是增强凝聚力。

美国人谢恩在《企业文化与领导》一书中提出了六种定义：①企业文化是员工相互作用时共同遵循的行为规范。②企业文化是在工作团体中逐渐形成的规范。③企业文化是为一个企业所信奉的主要价值观。④企业文化是指导企业制定职工和顾客政策的宗旨。⑤企业文化是在企业中寻求生存的竞争原则，是新职工要为企业所录用而必须掌握的内在规则。⑥企业文化是企业内通过物体布局所传达的感觉或气氛，以及企业成员交往的方式。

（3）企业文化的要素构成：企业文化由表层文化、里层文化和核心文化构成（见图 2-4）。①表层文化：厂容厂貌、厂歌厂旗、产品形象、职工风貌。②里层文化：规章制度、组织结构。③核心文化：沉淀于企业及职工心里的意识形态，包括理想信念、道德规范、价值取向和行为准则。

（4）企业文化的功能。日本人认为企业文化有三方面作用和功能：①对企业战略运筹和决策具有较大的影响作用。②有益于消除矛盾和冲突，促进企业内部协调一致。③在企业内部的一致同意及企业行动方面起着引导作用。

（二）企业再造

（1）所谓企业再造，就是对企业的业务流程、组织结构和文化进行根本性的再思考和彻底的再设计，从而获得在成本、质量、服务和速度等方面业绩的根本改善。

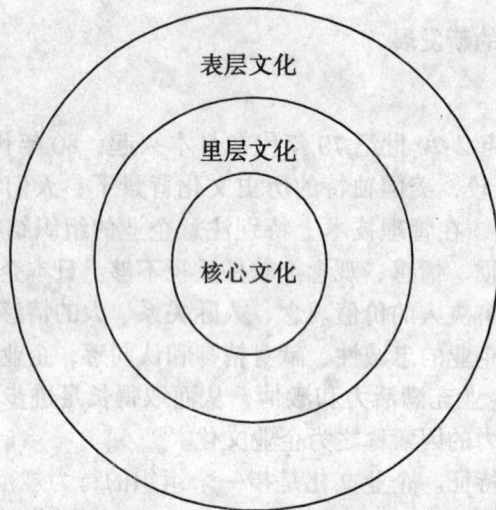

图 2-4　企业文化构成要素

（2）需要进行企业再造的企业有三类：①深陷困境、走投无路的，试图通过企业再造获得新生。②当前情况尚可但是未雨绸缪，在走下坡路之前进行再造的企业。③正处于巅峰时期，领导者不安于现状，急于进取的企业。

（三）学习型组织

1990 年，美国麻省理工斯隆管理学院的彼得·圣吉教授在《第五项修炼——学习型组织的艺术与实务》一书中指出：学习型组织是指通过营造整个组织的学习气氛，充分发挥员工的创造性思维能力而建立起来的有机的、高度柔性的、分享网络型的、符合人性的、能持续发展的组织。

学习型组织的特征见图 2-5。

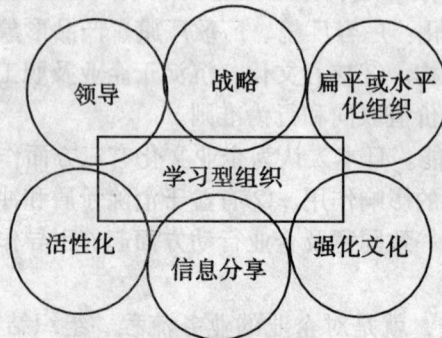

图 2-5　学习型组织的特征

资料来源：李晓光：《管理学原理》，中国财政经济出版社，2004 年。

要达成这样的学习型组织，必须具有以下五项修炼的扎实基础：

（1）自我超越。指突破极限的自我实现或技巧的精熟，这是五项修炼的基础。

（2）改善心智模式。心智模式是根深蒂固于人们心中，并影响人们如何了解世界，以及如何采取行动的许多假设、成见、思维方式。

（3）建立共同愿景。共同愿景是指能够鼓舞组织成员共同努力的愿望和远景，或者说是共同的目标和理想，包括三个要素：共同的目标、价值观和使命感。

（4）团队思考。这是第五项修炼的核心，强调把各个独立的、片断的实践联系起来看，已发现其内在习性，组织化的学习或交互式的学习是组织中沟通和思考的对话工具。

（5）系统的互动关系。

（四）跨文化管理

由于世界观、价值观、法律、伦理道德的不同，思维方式、行为方式、情感态度的不同，不同文明碰撞融合势在必行，跨文化管理成为知识经济时代管理的必然选择（在第三章第三节有专门阐述）。

（五）虚拟经营

（1）虚拟企业：1992年美国学者戴维陶和马隆在《虚拟公司》一书中提出虚拟公司的概念。虚拟企业是指借用外部力量，整合外部资源的一种策略。虚拟企业的组织形式，突破了企业的有形形态，借用外部资源整合运作，包括生产、设计、销售、服务、广告等功能，虚拟企业只是企业间暂时的联盟形式，共同目标实现，虚拟公司宣告解散。组织结构见图2-6。

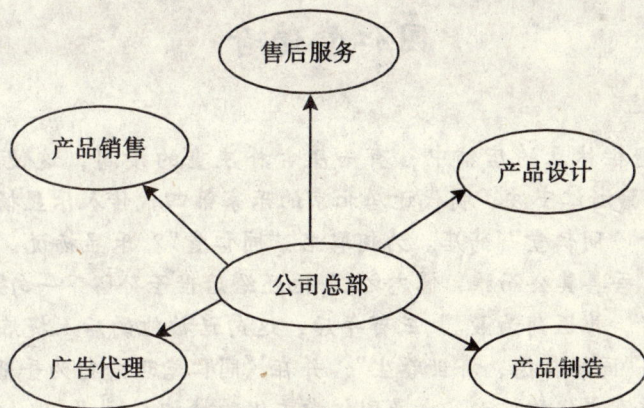

图 2-6　虚拟公司组织构成

（2）虚拟企业具有的特点。①以技术联盟为核心：企业的竞争以技术的竞争为核心，技术联盟可以在竞争中取得主动地位。②组织结构松散：可按发展需要采取任何形式，它具备法人资格，但不履行法律手段。③经营上的灵活性：每个企业自主进行经营管理。④经营风险和收益的共享性。

（3）虚拟经营战略联盟：①企业之间成为新型伙伴关系，各自企业的核心资源结合起来集中使用，才能实现优势互补。它不仅可以大大降低成本，缩短开发周期，而且可以把有限的资源集中使用于已经建立优势的领域，从而对新技术发展和市场变化作出及时的反应。②虚拟技术开发策略：技术创新是企业的活力和源泉，对企业生存与发展具有至关重要的作用。一个企业单单靠从外部引进和购买技术是远远不够的。技术知识是企业的无形资产，是企业核心能力的重要组成部分，它必须通过长期的知识积累，必须依靠内部研究开发。在科技发展迅速的今天，单靠企业本身的技术力量是难以胜任的，应努力与大学、研究机构合作，与其他企业研究力量合作，采取多种方式，进行科研合作。③虚拟生产策略：虚拟生产就是借势生产，对内部、外部资源进行整合，最有效地利用企业有限资源。在虚拟生产模式下，一个公司可以将资源集中在高附加值的功能上，而低附加值的功能则通过外包加工等生产方式生产。④虚拟销售策略：是指采用委托、购买、联合等各种方式借用外力，以整合企业外部的销售力量或销售网络等为己所用，以扩大或完善自身的销售网络，实现销售方面的突破。

案例分析：

同仁堂传奇

在北京大栅栏林立的店铺中，有一座古朴庄重的楼阁，这便是清康熙八年（1669 年）由祖籍浙江宁波、明代迁居北京的乐家第四代传人乐显扬创建的、享誉海内外的老字号"同仁堂"药店。为何取名"同仁堂"？乐显扬说："'同仁'二字可以命名堂名，吾善其公而雅，儒志之。"他还给后世子孙留下一句名言："可以养生、可以济世者，惟医药为最。"三百年后，这句话被他的后人提炼成北京同仁堂的企业精神——"同修仁德，济世养生"，并在《同仁堂理念行为手册》中做如下解释："'仁'是儒家文化的核心，也是同仁堂文化的精神支柱。"

在坎坷的岁月中，在市场经济大潮的冲刷下，同仁堂非但没有消逝，反而日见辉煌——由新中国成立前的三间小门脸发展到今天营业面积为 4600 平方米的大楼；从过去"供奉御药"的中药房发展为总资产 18 亿元、拥有 6000 多名员工的现代集团企业，并成为医药界为数不多的上市企业。其店名更成为企业德、诚、信的化身。

同仁堂经营不少名贵药——成百上千元的人参鹿茸，同时廉价药品也十分丰富：一元一张的狗皮膏、几角钱一瓶的眼药水……他们做大生意，但也不放过小买卖，"只要能方便顾客就行"。同仁堂以"济世养生"为己任，从不为不义之财所动。前几年我国南方一些城市流行肝炎，特效药板蓝根冲剂供不应求，到同仁堂拉板蓝根的汽车排起了长队。同仁堂的职工昼夜奋战，生产高质量的板蓝根。有人提出药品需求量这么大，况且配料之一白糖库存没有了，用的是高价糖，如果按原价出厂不划算，应提高价格。但同仁堂将治病救人视做自己的天职，岂能乘人之危发难民财，药品一律按原价出厂。

同仁堂"德、诚、信"这一服务宗旨更是体现在药品质量上。同仁堂的药质和药效让人倍感神奇，殊不知它的采购和制作是何等的考究。同仁堂一向不惜以高价购买上品参茸；对于不按时令采集的劣等药材，尽管市场价格便宜，也绝不购买。对黄酒、蜂蜜等附加料的选择也是极为重视。在制作成药过程中，同仁堂严格地按照祖训"炮制虽繁，必不敢省人工；品味虽贵，必不敢减物力"行事。如今，"质量第一"的宗旨不变，店内所有药品都从主渠道进货，"产非其地，采非其时"的药材被拒之门外。店内的中成药，从购进原料、炮制加工到包装上柜，要经过上百道工序，每道工序都有严格的标准。所售饮片，均需经过再加工，除去杂质方可销售。

三百多个春秋过去了，同仁堂药店大了，名气大了，但它的追求——"质量第一"却丝毫未变。

为了让每一位顾客都能买到放心药，药店采取各种措施，杜绝假冒伪劣商品进店。药店建立了从采购、验收、保管到销售，一环紧扣一环，层层把关的质量检验制度。在收购野山参、鹿茸、冬虫夏草、牛黄等名贵药材时，要派经验丰富的中药专家亲临产地，看货选样。俗话说"丸散膏丹，神仙难辨"。传统的中药生产鉴别所凭借的经验，是对药物的眼看、手摸、鼻闻、口尝的感性认识。但鉴于现今假冒伪劣药品充斥市场，同仁堂的产品除了传统的鉴别方法外，要由质检科送权威检测部门检验，合格后方可销售。

过去的同仁堂就很注重宣传自己：每当京城会试期间，同仁堂都要向举子们馈赠牛黄清心、羚翘解毒等审时度势之药，以此为同仁堂传名。每当阴历二月开沟时，同仁堂便制造写有同仁堂字样的大红灯笼，夜晚置于开沟之地，以防行人落入沟中。同仁堂时常还做些舍粥、舍棺材的义举……这一切都使同仁堂美名流传。

在市场经济中，同仁堂人更没有放弃对自己的宣传。媒体的宣传是其中的一小部分，大部分的宣传手段靠的是"真诚的服务"。

　　中药里，汤剂的比重较大，熬制汤药费工费时。同仁堂坚持为顾客熬制汤药，只收取极低的工本费。此外，他们还长期代客加工中成药，加工的丸、散、膏、丹等保持了传统的制作工艺，用料细，做工精，有效成分保持得好，因而许多国际友人和海外华侨托人或专程来同仁堂配药。代客邮寄药品业务也是赔本的买卖，可邮寄部始终做到"有信必答，有求必应"。顾客寄来的钱剩余的多，便为顾客寄回；如果只剩下块八毛的，就买成邮票同药一起寄回。他们这种"计较"的态度令顾客感动不已。

　　药店还安排专人夜间售药，设立患者和客户急需药品登记簿，为残疾人送药上门，增设 ATM 取款机、磁卡电话、助听器测试仪以及外币兑换业务，目前已可兑换 21 个国家的货币。1996 年，同仁堂又本着"社会效益第一，一心为病患者服务"的指导思想，创办了医馆，聘请 26 名有丰富临床经验的北京市名老中医坐堂应诊，为百姓解决了看专家号难的问题。由于医馆专家的医术精湛，疗效显著，国内外各阶层人士纷纷慕名而来。这些便民、利民的服务胜过了千言万语的文字宣传，因为它深入民心。

　　同仁堂"德、诚、信"的声誉的确来之不易。

　　虽说从前门闹市中轰轰烈烈地杀到了国际市场这个大舞台，同仁堂却像往昔一样平淡：热情的服务，一流的质量。而新扩建的同仁堂又增添了许多中国古老的中医药文化的气息，还有门口那两只经过细心选择的、寓示着祥瑞之意的可爱的麒麟……

案例思考：

1. 为什么说同仁堂文化是"以儒立本"？
2. 中国传统管理思想对现代企业管理有何启示作用？

练习题：

1. 泰罗科学管理理论的内容是什么？你认为该理论在现代社会还有实际的价值吗？
2. 试述管理实践、管理思想、管理理论之间的关系。
3. 现代管理理论有哪些特点？
4. 企业文化是什么？简述企业文化的组成和功能。
5. 什么是虚拟企业？试分析虚拟经营策略。
6. 讨论题：结合从科学管理到人际关系理论的演变，讨论行为科学与古典管理理论相比有什么新发展？对现代管理有何启示？

第三章　管理与环境

企业的社会责任是认真考虑企业行为对社会的影响。

——约索夫·M.普蒂

本章重点：
△管理环境
△企业家的社会责任
△管理道德
△企业伦理

学习目的与要求：
1. 了解管理与外部环境的关系
2. 理解掌握管理者应承担的社会责任与管理道德
3. 掌握全球化背景下的跨文化管理及其策略

导入案例：

　　某建筑公司经过几十年的发展，已经成为当地知名的建筑龙头企业。总结企业成功的经验，许多管理人员归结为天时、地利、人和，如国家经济持续发展，与当地政府、银行关系良好，几十年形成的固定客户和良好的信誉，良好的员工素质等。在 2008 年北京奥运会带来的奥运景气鼓舞下，公司确定了打破地区界限，成为全国乃至世界知名企业的远景和使命。但企业树立这样的远景和使命并为之努力时，发现曾经作为优势的"天时、地利、人和"似乎不再。例如，就在前不久，日本一家建筑企业在与公司谈判时，让公司在两天内给出一个项目报价。由于公司没有精通建筑专业又精通日语的人员，没有能够及时报价，很遗憾地没有抓住这一项目。

　　案例表明，管理活动不是单个组织独立活动的，任何组织的管理活动必须在社会系统范围内，受组织内外环境的影响与制约，管理必须考虑组织内外部环境。本章主要分析组织面临的各种环境以及对组织管理活动的影响。

组织作为一个与外界保持密切联系的开放系统，需要与外界环境不断地进行各种资源和信息的交换，其运行和发展不可避免地受到种种环境力量的影响。那么，什么是管理环境？环境对企业管理活动的影响如何？

第一节　管理环境介绍

一、管理环境的概念

组织受环境的制约和影响，环境是任何管理者在任何时刻都必须面对的现实。

（一）环境的构成

环境是指组织所面临的各种外部条件，是组织系统之外一切条件和影响因素的总称，即对组织的绩效产生影响的外部机构或力量。环境既为组织活动提供必要条件，又对组织活动起着制约作用。环境分为一般环境和特定环境（见图3-1）。一般环境影响某一特定社会中的所有组织，而特定环境则是更直接地影响着某个具体组织。

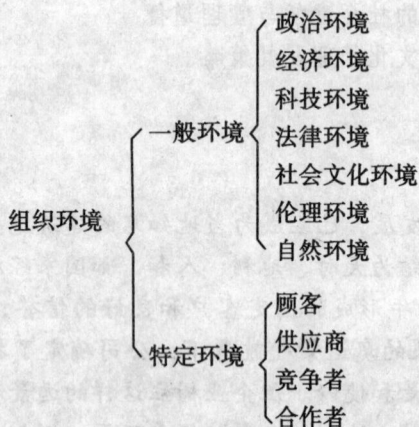

```
                        ┌ 政治环境
                        │ 经济环境
                        │ 科技环境
              ┌ 一般环境 ┤ 法律环境
              │         │ 社会文化环境
              │         │ 伦理环境
组织环境 ┤         └ 自然环境
              │         ┌ 顾客
              │         │ 供应商
              └ 特定环境 ┤ 竞争者
                        └ 合作者
```

图3-1　组织环境的构成

1. 一般环境。也称宏观环境或社会大环境，是指在一定时空内存在于社会中的各种组织均面对的环境，但在一般情况下其对组织的影响是间接的。虽然一般环境不直接影响组织的经营决策，并且从总体上说，它对组织的影响较特定环境因素较少，但这并不意味着组织可以忽视这些因素。有时，一般环境因素的改变关系着组织的生死存亡。

（1）政治环境。包括一个国家的社会制度、政治制度、执政党的性质、政治性团体、政府的路线方针政策等。政治环境的变化，组织一般难以预测，但带来的影响可以预测分析，与国家的路线方针必须一致以保证组织的利益。由于政治环境对组织影响往往是根本性的，组织必须对政治环境变化予以充分的关注，要及时了解国家鼓励做什么，允许做什么，禁止做什么。只有这样，才能使组织的活动符合国家和社会的利益，才能把握有利时机，赢得政府支持与保护。国家政局的稳定，有利于组织管理部门增强投资信心，制定长期发展目标和计划；反之，则会动摇投资信心，使得管理人员只重视眼前短期利益。

（2）经济环境。是指构成组织生存和发展的社会经济状况及国家经济政策，包括消费者的购买力、利息率、通货膨胀率、失业率、社会总体价格水平的范畴。经济环境对所有类型的组织，包括营利性组织和非营利性组织。任何组织的有效运转都必须有足够的资金来源，或称之为资本。利息率和通货膨胀率会影响到资本的成本和可获利性。消费者购买力、社会总体价格水平则会影响到对组织所提供产品或服务的需求。失业率、劳动力价格等会影响到组织所需劳动力的可获得性及其成本。

（3）法律环境。是指与组织相关的社会法制系统及其运行状态。法律对组织的影响方式是具有法的强制性、法律约束特征。法律体系完备，执法严明，企业将处于公平竞争的环境中，而企业可以制定其长期发展战略，不断推进企业的改革发展；反之是无人敢去投资的，本地企业的经营管理往往会处于不正常的状态中。

（4）科技环境。管理的外部环境中最为活跃的因素之一就是科学技术，科学技术是管理活动中组织外部环境的最普遍因素。科学提供系统化的知识，是潜在的生产力；技术是运用知识，是现实的生产力。主管人员的工作，不论是计划工作，还是控制工作，无不受到科学技术的影响。就科学技术和管理二者的关系来看，科学技术是第一生产力，是社会发展的原动力；而管理为科学技术的充分发挥和进一步发展提供了保证，管理水平是与科学技术水平相适应的，管理为科技的发挥和进一步发展提供了保证。

科技环境对组织的影响表现在生产工具、生产手段的进步上，表现在新产品的开发上，也表现在对人的素质和技能的更高要求上。世界进入知识经济时代，产品和服务中的科技含量日益提高，科技环境对组织的影响也越来越大。

（5）社会文化环境。指生活在一定社会中的人口因素（包括人口的地理分布、人口密度、年龄结构、受教育程度）以及相应的人们的态度、要求、期望、才智、信念和习惯等。一些社会习惯和整个社会所持有的价值观以及为人们所普遍接受和实际实行的行为准则，构成了组织的道德环境。这些内容如果以法律条文形式规定下来，就具有法律的效力。社会文化是通过作用于组织成员及其他社会成员对组织产生影响的。

（6）全球化环境。"地球村"、"全球经济一体化"，这些说法反映出当今世界发展的主要趋势。管理者的思维必须超越国界，不论是进行全球化运作的企业还是将自己的经营范围局限于国内市场的企业，不论是国内一流的大学还是一流的医院，每一个组织都面临着改进自己的产品和服务的竞争。事实上，全球化环境对组织的影响是多方面的，因为"全球一体化"不仅仅反映在经济方面，而且表现在政治、社会文化、科技等诸方面，全球化环境使我们面临着挑战与机会。组织如果要想取得长远的成功，其管理者必须更多地从这一层面上来思考问题。

（7）自然环境。指组织所在地区的地理位置、气候条件、资源状况等。对于组织来说，自然环境是影响其生产经营活动的直观主要的因素。"天时、地利、人和"中的"地利"就是指组织所面临的自然环境。组织所在地区的地理位置决定了其可能获得的交通运输条件、通信条件、人力资源条件、政策优惠条件等，从而影响组织的生产经营成本、人员素质、信息获取和社会负担等。气候条件对那些受气候影响较大的组织如旅游企业、农业企业等尤为重要。资源状况是一些组织生存和发展的必要条件。

2. 特定环境（具体环境）。也称为产业环境或行业环境，是指对具体组织产生特殊影响的环境因素，是那些对管理者的决策和行动产生直接影响并与实现组织目标直接相关的因素。具体环境对每一个组织而言都是不同的，并随着条件的改变而变化，其中主要包括消费者、供应商、竞争者以及其他一些具体环境因素。

（1）消费者。是指企业产品或服务的购买者或消费者。消费者对企业的影响主要表现在两个方面：消费者的需求水平决定了企业的市场状况；消费者的讨价还价能力影响企业的盈利能力。在现代市场经济条件下，消费者对企业的影响是决定性的，企业必须以顾客为中心，通过为顾客创造价值来获得生存和发展。

（2）供应商。企业正常生产经营活动所需要的各种资源（人、财、物、技术、信息等）的供应组织。供应商对企业的影响也表现在两个方面：一是供应商能否按企业需求按时、按质、按量地提供各种资源，这就决定了企业生产经营活动能否正常进行；二是供应商的讨价还价能力，这决定了企业生产经营成本并进一步影响着企业的盈利水平。

（3）竞争者。指所有与本组织企业争夺市场或资源的企业。从争夺市场来看，竞争者是那些生产相同或相似功能产品的企业（包括生产替代品的企业）；从争夺资源来看，竞争者是那些使用相同资源的企业。一般来说竞争者主要是指前者。由于一定时期、一定区域内的市场容量和资源供应总量总是有限的，所以竞争对手对企业发展有重大影响。

（4）合作者。不同组织之间既有竞争关系，也有合作关系，合作实现双赢的效果，所以组织在进行决策时，必须对合作者进行研究分析。随着内外环境变化，企业与合作者的关系具有可变性和复杂性，即现在的合作者有可能变成竞争者，现在的竞争者有可能变成合作者。因此，企业要对合作者现状、发展趋势及其特点进行分析。

（5）其他特殊环境因素。企业的生产经营活动，还有政府部门的干预、调控的影响和制约、监督，除此之外还有新闻媒体机构、金融机构、财税部门、企业所在的社区机构等。组织必须与这些环境因素保持良好的关系，否则就可能因小失大，给企业生产经营活动带来不利影响。

（二）环境系统对企业管理的影响

（1）环境对企业经营管理的作用。现代社会的发展变化，使得企业组织的环境变化不仅越来越快，而且越来越复杂。外部环境的变化，要求企业组织及时作出反应，采取相应的举措去适应环境的变化。变幻无常的市场环境和社会环境，要求企业不断改进自己的经营管理，不断调整自己的发展战略，不断开发新的产品与新的领域，以求在激烈竞争中生存与发展。

（2）环境对管理者的选择作用。企业组织管理者，无论是高层管理者还是基层管理者，都必须在一定的社会环境和具体环境中活动，环境与企业系统之间的输入、输出，也必须由管理者的共同努力去实现。因此，管理者对其所处的环境是否了解，是否与所处的环境相适应，直接关系到他的管理工作成效的高低，更关系到企业经营管理效率的高低。显然，环境对管理者具有选择作用。

（3）环境对管理职能的发挥的影响作用。企业经营管理活动要通过计划、组织、领导、控制和创新等职能活动去发挥作用。管理职能的效率，也将受到环境因素的影响与制约。企业组织所处的环境不但各不相同，而且环境本身也处于不断变化之中。

二、组织与环境的关系

组织环境不确定性的特征，影响着组织的管理者。所谓环境不确定性是指组织环境的复杂程度和变化程度。组织环境中的要素数量以及组织所拥有的与这些要素相关的知识广度构成环境的复杂性。我们依据环境的复杂程度和变化程度，可以将组织环境划分为四种情况（见图3-2）。

（1）简单和稳定的环境：例如，容器制造商、软饮料生产企业和啤酒经销商处于这种不确定性很低的环境中。

（2）复杂和稳定的环境：环境的不确定性随着所面临环境要素的增加而升高，如医院、大学、保险公司和汽车制造商就处于这种环境中。

（3）简单和动态的环境：由于环境中某些要素发生动荡变化，使得环境的不确

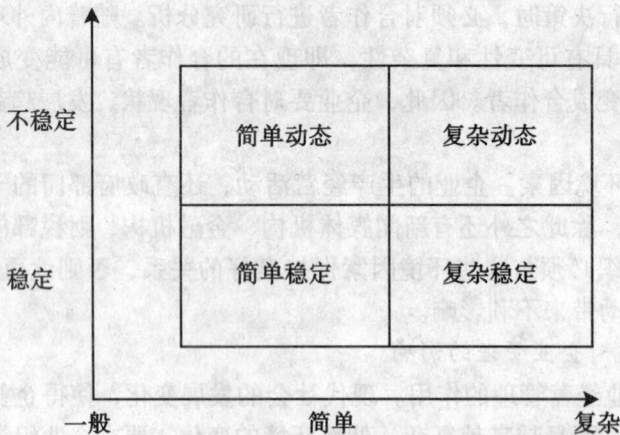

图 3-2　组织外部环境的类型

定性明显升高，如唱片公司、玩具制造商和时装加工企业。

（4）复杂和动态的环境：不确定性最高，对组织管理者的挑战最大。如电子企业、计算机软件公司、电子仪器公司就面临这种最难以对付的环境。

第二节　管理的社会责任与管理道德

伦理道德，是人们共同遵守的行为准则、价值标准和取向。企业不仅是一个经济的实体，追求利润最大化，而且是一个伦理道德的实体，承担社会责任，成为社会的公器而不是社会的公害。

一、企业管理者的社会责任

企业组织既是一定社会环境内运行的社会经济组织，又是一定社会环境的有机组成部分，社会的发展和进步与企业息息相关，企业管理者必然要承担相应的社会责任。

（一）社会责任的含义

各类组织都有社会赋予它们的使命。如工商企业的使命是生产、销售商品和服务，学校的使命是教书育人。因此，组织的主管人员有解决各种社会问题的社会责任。一个社会的成就取决于组织基本使命的完成情况。社会责任是指组织在遵守、维护和改善社会秩序、保护增加社会福利方面所承担的责任和义务。

（二）社会责任的实质和内容

1953年美国学者霍华德·鲍恩出版了《企业家的社会责任》一书，认为企业管理者应当考虑其决策的含义，并提出现代企业管理者的社会责任观念，推动人们对社会责任的探讨。

企业管理者所承担的社会责任，要求企业合理地处理好其内外关系，对内处理好企业与股东与员工之间的关系，对外处理好企业与消费者、社区、政府、自然环境之间的关系。企业是否合理地处理了上述内外关系，反映了企业承担社会责任的状况，社会公众也正是从企业的这些表现去评价企业的。

企业追求目标最大化，参与社会活动，承担社会责任，做到顾客满意、社会满意、员工满意、股东满意的四满意原则，对企业、社会都是有益的。

（1）两种社会责任观。①古典观（纯经济观）：企业管理者的唯一目标就是追求利润最大化，就是为出资人（股东）谋求最大的投资回报。社会责任行为会增加企业成本，这些成本会转嫁给消费者或股东，或是减少员工工资和福利。主要依据是：违反企业利润最大化原则、淡化企业的使命、提高成本。②社会经济观：反对企业是一个只对股东负责的经济实体，认为企业必须把一切经济活动融入社会大系统，确保生存是企业的首要问题，其次才是利润。因此，企业要对创造和支持它们的社会承担责任。主要依据是：公众的期望、长期利润、公众形象、更好的环境、减少政府调节、责任与权力的平衡、股东利益、资源占有。

（2）社会责任的具体体现。①企业对环境的影响：保护环境、保护资源。②企业对员工的责任：不歧视员工、培训员工、创造一个良好的工作条件。③企业对顾客的责任：提供安全的产品、提供正确的产品信息、提供售后服务、提供必要的指导、赋予顾客自主选择的权力。④企业对竞争对手的责任：竞争是一种有序的竞争，在竞争中合作，在合作中竞争。⑤企业对股东的责任：为投资者带来有吸引力的投资回报。⑥企业对所在社区的责任：为所在社区提供就业机会和创造财富，为社区作出贡献，一部分利润回报社区。

（3）社会义务和社会责任。①社会义务是对企业的最基本的要求，是企业参与社会的基础。社会义务型企业只愿意承担法律明文规定的义务和政府的一些明文规定，对一些模棱两可的社会责任往往采取冷漠的态度。②社会责任型企业的一切经营活动和经营决策着眼于企业的长期利益，高度重视企业经营道德自律和道德自觉。社会责任概念对企业发展来说，具有更为重要的意义。

（4）形成社会责任的良性机制。①企业经营管理者的思想道德修养，这是企业经营管理者解决的基本问题：个人利益与他人利益、个人利益与群体利益、个人利益与社会利益之间的关系问题，约束个体行为，形成内心信念。②外部社会评价企业的影响标准，既包括利润方面，又包括社会责任方面的标准。

二、管理道德

1. 什么是管理道德？一是指管理者的道德，二是指管理实体的道德。管理道德既包括管理者行为和品质的道德，又包括管理组织的理念与价值的道德、管理机制与原理的道德、组织行为与个体行为的道德。

2. 管理道德的影响因素。①个人特征：一个成熟的人一般都具有相对稳定的价值准则。②组织结构变化：模糊性最小的设计有助于促进管理者的道德行为。③组织文化：影响对组织中的冲突、风险的态度及解决方式的解决。④问题的强度、问题的大小等也会对管理者的道德行为产生影响。

3. 改善管理道德行为的有效途径。①将道德作为人才选拔和任用的标准之一。②制定和完善严格的企业道德准则。③建立科学的目标管理机制和业绩评价体系。④独立的社会审计和监督。

三、企业伦理及其演变

1. 企业伦理。管理与伦理相结合的产物，企业处理内外关系时使用的伦理原则、道德规范以及伦理实践的总和。

2. 企业伦理的兴起。亚当·斯密的《国富论》提出"经济人"思想，形成西方的拜金主义价值观、利益最大化。马克思·韦伯在《新教伦理与资本主义精神》一书中把追求金钱作为人的天职，人生追求的目标，产生拜金主义、功利主义、个人主义、使用主义等西方价值观，对西方产生深远影响。

梅奥教授通过霍桑试验，提出社会人思想——人际关系理论、行为科学，产生以人为本的管理思想，承担社会责任、企业文化建设的价值观形成。

20世纪70年代兴起企业伦理学。1974年美国堪萨斯大学召开的第一届年会，宣告了企业伦理学的形成。研究企业经营活动中道德现象与道德关系、企业道德准则或伦理准则，直到管理者进行伦理决策。

3. 企业伦理学兴起的原因。①随着社会经济发展，社会公众渴望得到有更清洁的自然环境、更安全的工作场所，更好的产品及服务，更多的尊重，希望企业承担更多的社会责任，同时也要求企业遵守社会公德，承担起相应的道德责任。②信息传播广泛，舆论监督的力度加大，社会压力、法制的健全。③主观方面：市场竞争激烈，企业管理者只有与伦理道德相结合，提高自身的道德素质，才能在竞争中生存与发展。

案例分析（一）：

向科的困惑

　　苏北某市是江苏最贫困的市之一。该市只有极个别的具有高技术含量的企业，科创公司就是其中之一。它原是一家国有企业，主要生产变压器，但经营不佳，亏损严重。为了加快经济发展，市政府决定以比较低的价格让民营企业家向科买断其产权，组建股份有限公司。买断的条件是在原有的四百多个工人中，保留一百多人。向科是一位十分精明能干且具有比较优良素质的企业家，受过高等教育，在特区搞过经营。接受后，他进行两项改革：一是提高科技开发的投入比重；二是提高销售成本比例。前者由1%提高5%，后者由3%提高到12%。两项措施都比较有力地推动了企业的经营。不过，这些高比例的销售费用中相当一部分被产品推销人员用来作为回扣或向有关人员送礼打开市场。向科认为，现在该企业的产品虽然在同行业中市场占有率不算最高，但前景很乐观。另外，在改制后的第二年，他解雇了原企业留下的部分工人。估计不需要多长时间，保留的一百多个工人中相当多的工人都要被解雇。

　　向科认为，他已陷入经济与道德、企业自身发展与履行社会责任的困境中。首先，作为本地的窗口企业，它的发展必将推动地域经济的发展，然而，提高销售成本会滋长企业经营中的一些不道德现象，形成不正当的竞争。其次，低价买断产权时，承诺接受一百多名工人，实践证明，相当一部分人难以达到他的管理要求。于是，要么花大量经费培训这些工人，要么解雇他们。这样做，一方面不能履行改制时的承诺，另一方面会导致新的社会问题。为了本企业的发展，向科选择了后者。

案例思考：

　　1. 你认为，在这种困境中，经营者应当如何抉择？
　　2. 能否存在两全其美的措施？如果不行，选择解决问题的侧重点应在哪里？

案例分析（二）：

南京冠生园事件

一、良心的"霉变"

通过央视 2001 年 9 月 3 日的节目，观众有幸看到以下画面：卖不出去的月饼拉回厂里，刮皮去馅、搅拌、炒制，入库冷藏，来年重新出库解冻搅拌，再送上月饼生产线……

年年出炉新月饼，周而复始陈馅料。在月饼生产企业（特别是中小企业）中，这是个公开的秘密。据从事质监工作的人后来说，对厂家的此等下作之事早就见怪不怪，央视的报道还能让他感受震惊，无非是此回的坑人者竟是南京冠生园。

冠生园是一家百年老店，素以童叟无欺、货真价实作为经商的理念。其原本所生产的各类食品、糕点不但享誉中华，而且在整个东南亚、日、韩等国都很有口碑。

如今，南京广东路的一条小巷里，冠生园厂区已经是人去楼空。小巷居民也是一声叹息："效益好的时候，提货的车一辆接一辆。如今，说败也就这么败了……"

曝光之后，不只是月饼，其他产品如元宵、糕点等也销不动了。南京冠生园向法院提出破产申请的理由是"经营不善，管理混乱，资不抵债"。

使用陈年馅做月饼的隐情被揭露后，冠生园受到巨大的市场冲击。工商部门进厂调查，卫生防疫部门再三检测，"南冠"月饼在全国范围内被撤柜。南京分布最广的连锁商业零售企业——苏果超市的营销人士介绍说，虽然撤柜后商家又接到通知说"南冠"的月饼陈馅在菌群卫生指标方面均为合格，可以恢复面市，但当时顾客一听说是"南冠"的产品，避之唯恐不及。

二、"南京冠生园事件"对月饼市场的影响

"南京冠生园事件"影响了六成多消费者 2001 年购买月饼的意愿，有 14% 的消费者表示今年不会买月饼。这是中国社会调查事务所进行的一次问卷调查透露的信息。并有学者提出，要警惕短视的商业行为对中国传统节日文化的负面影响。

"应景调查"表明，31% 的消费者表示，听说"南京冠生园事件"后十分气愤。他们认为相关月饼厂家实在是太可恶了，应当受到法律的严惩；40% 的消费者认为政府应当规范月饼市场；25% 的消费者表示，这种事时下太多了，对他们来说无所

谓，大不了以后不买月饼就是了。

现在，月饼在中国人心目中的地位已经发生了变化。调查表明，近5%的消费者不再认为"月饼是中秋节不可分割的一部分"。表示"今年不会买月饼"的人群中，有一半的人想找一些新的方式去过节。任何对传统文化的破坏，恢复起来就很艰难。

附：冠生园资料

● 冠生园品牌创始人是1918年到上海经商的广东人冼冠生，最早经营粤式茶食、蜜饯、糖果。1934年，其品牌月饼即聘影后胡蝶为形象代言人，打出广告词"唯中国有此明星，唯冠生园有此月饼"，产品一时名动大江南北。

● 1925年前后，上海冠生园在天津、汉口、杭州、南京、重庆、昆明、贵阳、成都开设分店，在武汉、重庆投资设厂。其南京分店即是现"南京冠生园"前身。

● 1956年，冠生园进行公私合营。冼氏控股的冠生园股份有限公司解体，上海总部"一分为三"，各地分店企业都隶属地方，与上海冠生园再无关系。

● 目前，重庆、南京等近十家冠生园均有冼冠生的历史痕迹。在上海也有工业冠生园和商业冠生园之分，1996年在上海市经委支持下，上海工业冠生园与商业冠生园合并，实现上海冠生园字号的统一，成立冠生园（集团）有限公司。但在全国范围，仍有多家冠生园未统一字号。

● 合资之前，南京冠生园因大幅亏损面临倒闭。成立中外合资南京冠生园食品有限公司后第二年转亏为盈，利润连年递增，累计上缴利税1560万元，由小型企业发展为南京市政府核定的240家大中型企业之一。

● 2001年9月3日，中央电视台报道"南京冠生园大量使用霉变及退回馅料生产月饼"的消息，举国震惊。当年，各地冠以"冠生园"的企业更深受连累，减产量均在50%以上。其中，上海冠生园所受影响最大。

● 2002年春节刚过，南京冠生园食品有限公司向南京市中级法院申请破产。

案例思考：

1. 如何看待管理伦理在企业发展中的作用？

2. 如何理解企业不符合伦理的行为可能造成的危害？

第三节　全球化与跨文化管理

彼得·德鲁克在《趋势管理》中指出："一个企业——不论大小，要想在任何一个发达国家中维持领导地位，就更需要在全世界的发达国家市场中，取得并维系领导地位于不坠之地。它必须能在全球每个发达国家之中研究、设计、开发及制造，且能从任何发达国家自由地出口商品，企业必须跨国化。"

一、全球化趋势

(一) 经济全球化

经济全球化是一种有着多方面和多层次内容的复杂的社会经济现象。它的本质属性包含两方面内容：一方面，它是人类社会生产力发展的必然结果和客观要求，是商品和生产跨越国界发展的结果。另一方面，也是各国谋取超额利润、发展本国经济、提高国际地位而采取的制度行为。经济全球化这两方面的动力决定经济全球化趋势。

经济全球化包含以下现象：①全球市场加速形成，商品、服务、资本、劳动力等生产要素市场超出国家和地区的界限在全球范围内迅猛扩大，加速流通。发展速度与规模史无前例，贸易和投资自由化已经成为全球市场难以逆转的发展趋势。②跨国公司高度发展，全世界5万多家跨国公司已控制世界生产的40%和世界贸易的60%，跨国公司的国际生产和经营正在实现全球范围内最佳的资源配置和生产要素组合。③科技进步、尤其是以电子计算机和互联网络等为主的信息技术使生产力发展出现新的飞跃，国际分工进一步深化，世界范围的生产和流通已被联结成一个不可分割的整体。④世界各国和各地区之间的经济相互依赖空前强化，几乎所有国家都不同程度地卷入国际性或区域性经济合作组织之中，建立开放性经济体制已成为各国政府发展本国经济必须选择的政策原则。

(二) 管理呈现全球化趋势

全球化是当今世界的一场革命，全球化贸易与全球化投资正在改变着原来的经济发展格局，现在的资金、技术、设备等都以前所未有的速度在全球范围内流动和转让，世界已成为一个全球市场。在这种大背景下，管理不再局限于国家的边界。企业要生存和发展，就必须适应这种新的客观环境，取决于它的应变能力，取决于它是否能跟上外界环境变化的规模与速度，取决于它是否以全球战略眼光来进行全球资源整合。而有效的管理者需要适应不同的文化、不同的制度和不同的技术。

二、跨文化管理

"以大象为题作文，德国人写的是《大象的思维》，法国人写的是《大象的爱情》，俄国人写的是《俄罗斯大象是世界上最伟大的大象》。"

"一幢各国人群居的大楼起火，犹太人背出来的是钱袋，法国人背出来的是情人，中国人背出来的是母亲。"

这两个例子生动地说明了不同民族文化是有不同差异的，而文化的差异必然会导致管理的方法和手段的不同。随着经济全球化的不断深入，随着跨国公司的蓬勃发展，随着国际国内市场竞争的日趋激烈，任何一个国家都必须学习和借鉴其他国家先进的管理思想与管理方法。因此，了解、分析、比较不同国家的管理文化有特别重要的意义，跨文化管理成为一种新的管理方式。

(一)跨文化管理

跨文化管理也称交叉文化管理，是指涉及不同文化背景的人、物、事的管理，就是在跨国经营中，对不同种族、不同文化类型、不同文化发展阶段的子公司所在国的文化采取包容的管理方法，其研究的是在跨文化条件下如何克服异质文化的冲突，并据此创造出公司的独特文化，从而形成卓越有效的管理过程。其目的在于如何在不同形态的文化氛围中，设计出切实可行的组织结构和管理机制，在管理过程中寻找超越文化冲突的公司目标，以维系不同文化背景的员工共同的行为准则，从而最大限度地控制和利用企业的潜力与价值。20世纪70年代，美国到泰国去推销油炸鸡和汉堡包，结果以失败告终。究其原因是因为泰国人喜欢推车小贩叫卖的或在铺子里卖的具有辛辣香味的传统食物，而油炸鸡和汉堡包不合他们的口味，所以无人问津。由此可见，企业跨国经营必须了解当地文化，并实施针对性的跨文化管理。在国内各地企业间的合作也需要跨文化管理。

跨文化管理产生的根源在于：随着科学技术的进步，世界经济迅速发展，出现国际化趋势，生产的社会化已超越国界，分工协作从企业内部、国内各地区之间发展到各国之间，企业要从事跨国经营，这正是跨文化管理的根源。正如彼得·德鲁克所说，跨国经营的企业是一种"多文化结构"，其经营管理根本上就是把一个在政治上、文化上的多样性结合起来而进行统一管理的问题。跨国经营的企业面临的是一个在诸多差异之间进行生产经营活动的经营环境，企业经营环境的跨文化差异是跨文化管理的基本前提。

国外管理学家的经验表明，大约有35%~45%的跨国企业是以失败而告终的，其中约有30%是由于技术、资金和政策方面的原因引起的，有70%是由于文化差异引起的。另有调查显示：目前有1/3的著名跨国企业因为跨文化管理不力而面临内部关系紧张的状况。如 1994 年投资的广州标致，由于中法两国管理人员融合艰难，文化观念冲突难以消除，到 1997 年时累积亏损达 29 亿元人民币。美国肯德基公司在我国经营的巨大成功可谓是运用跨文化优势，实现跨文化管理成功的典范。2000 年，我国政府评选该年度中国经营最成功的食品公司时，获得第一名的不是任何中国籍企业，而是来自美国的肯德基公司。虽然中美之间在政治制度、文化传统、信仰习惯等方面差距很大，然而跨文化优势在于巨大的文化差异使得两种不同的文化之间有着极强的互补性，一种文化的存在可以充分地弥补另外一种文化的许多不足及其单一性。

跨国经营不可避免地要遇到文化碰撞与文化冲突，但是也存在一种巨大的潜在优势。在不同的文化背景下，不同的社会文化习俗、信仰传统、市场状况、技术水平和人力资源都能给国际企业创造丰富的市场机会和丰厚的利润回报。只要充分重视跨文化管理，便能发挥跨文化优势，使跨国生产经营步入正确的市场运行轨道，形成良性的循环，取得预期的商业目标。

（二）跨文化管理有效的策略

随着经济全球化，跨国经营是企业发展过程中的必然结果。要成功地经营跨国企业，实现预期的商业目标，跨国企业应实施以下跨文化管理策略：

（1）识别文化差异，发展文化认同。文化可以分为三个范畴：正式规范、非正式规范和技术规范。正式规范是人的基本价值观、判断是非的标准，它能抵制来自外部企业改变它的强制力量，同时引起的摩擦不易改变。非正式规范是人们的生活习惯和风俗等，因此引起的文化摩擦可以通过较长时间的文化交流克服。技术规范则可通过人们对技术知识的学习而获得，很容易改变。

不同规范的文化所造成的文化差异和文化摩擦的程度和类型是不同的，其被改变的可能性与程度也不一样。只有首先识别文化差异，才能有的放矢，采取针对性的措施，并尊重对方文化，发展文化认同。

（2）通过跨文化培训，达成跨文化理解。要在其他文化里建立有效的组织，并不是一味适应本地文化和妥协，更不可能刻意去改变本地人的文化和行为。一个企业跨出国界经营，要实现商业目标必须融合三种文化，即自己国家的文化、目标市场国家的文化和企业文化。所以企业在跨国经营中，在东道国的文化环境里，要面临两者不同的适应策略：追随文化策略（被改变）和创新文化策略（改变人）。世界上大多数跨国公司更多地选择了追随文化策略，也叫学习策略。对我国企业的跨国经营而言，其实力和管理经验远不能与西方大公司相比拟，学习策略应该是友好而且有效的方式。

企业跨文化教育与培训应包括三方面内容：①针对本国人员外派任职的培训。②针对东道国人员的培训。③针对多元化文化团队的组织与训练。

（3）加强文化融合，发展与提高跨文化沟通能力。沟通是管理领导过程中很重要的环节，沟通能力是成功领导者的关键能力之一。当团队中有不同文化的成员时，这种沟通过程就变得更加复杂、更加重要。良好的跨文化沟通有助于企业更好地理解文化差异，化解文化冲突。相反，因不知如何是好而害怕沟通，因为害怕沟通而缺乏沟通，这样有可能在多元文化的组织成员之间出现沟通中断、过度保守、员工之间的非理性反应和怀恨心理等诸多不良后果，并形成恶性循环，矛盾加深，对立与冲突加剧，最后因为一系列的误解而导致企业投资行为的失败。

因此，在跨国经营中，必须了解东道国的诸多言语与非言语沟通的差异，并建立起各种正式或非正式的、有形或无形的跨文化沟通组织与渠道，针对既存的文化差异和文化障碍，建立起良好的相互理解与信任的协调机制和沟通机制，以便及时有效地化解文化障碍。

（4）建立共同经营观，树立人本主义管理思想。通过对文化差异的识别，通过敏感性的训练及其他方面的培训，通过良好、有效的沟通，公司职员提高了对文化的鉴别与适应能力。这时，跨国公司应在文化共性认识的基础上，根据环境的要求和公司战略的需求建立起公司的共同经营观，建立起以公司价值观为核心的强有力的企业文化。新兴的企业文化既要有足够的包容性，又要有创新性。要做到这一点，就必须充分了解东道国的文化，同时克服和抛弃"民族文化优越感"，克服自己的偏见，使自身的文化特征具有足够的包容性和可塑性。这样，方能减少文化摩擦，使得每个职员能够主动地把自己的思想与行为同公司的经营业务与经营宗旨结合起来，在企业建立起一种和谐的氛围。"完美的和谐存在于那些企业与其每一个利益相关者的主要目的一致或至少是相容的地方。"

跨文化管理的主体和客体都是人，所以应树立人本主义管理思想。人最大的特点就是认同或抗阻。认同，便与管理者合作，企业就能成功，就能取得好的效益；抗阻，便难与管理者合作，企业就难以成功，难以取得较好的效益。因此，只有建设"合金"文化，树立人本主义管理思想才是跨国经营成功的关键所在。

案例分析：

摩托罗拉跨文化管理中的本土化

精诚公正、以人为本、跨文化管理中的本土化——摩托罗拉三位一体的核心理念。

　　摩托罗拉把"精诚为本与公正"确定为自己的企业理念，也是公司对自己数十年经营历史和成功经验的总结。摩托罗拉公司现有员工数万人，业务遍及世界各地。在过去60多年的历史中，摩托罗拉率先研制、生产了众多的电子产品，成为年销售额近百亿美元的大企业，从而跻身于世界驰名电子公司的行列。

　　摩托罗拉之所以能创造这样的业绩，根本原因就在于公司倡导的精诚为本的企业责任感。公司始终以这种企业责任感教育每一位员工。

　　该公司的企业伦理顾问爱罗斯在布拉格第十届国际企业伦理研讨会上，用一个案例来说明企业家应该在确保产品安全品质卓越方面承担起道德义务。并常年用这个案例来教育和提高摩托罗拉公司的每一个经理和每一个员工。

　　1992年，EIAI公司的货机在阿姆斯特丹遭遇空难，该公司的一架747货机在斯希普霍尔机场徐徐升空之际，一台引擎脱落下来，接着又撞掉了另一个引擎。机组人员虽然知道出了事故，但却看不到。因为他们猜想右翼两台引擎已经停止工作。随后几分钟，全体机组人员全部遇难，阿姆斯特丹郊区的50名居民也死于这场灾难。

　　尽管造成这场灾难的原因有许多，但灾难报告却表明，主要是引擎螺栓的设计问题。作为飞机制造厂商应该为自己的设计错误和迟迟没有发现而承担企业责任。这件案例可以让企业从中接受一条教训：即企业要改善设计，认真对待产品反馈信息。

　　摩托罗拉的质量技术培训不是出于对不幸事件的恐惧，而是增强企业家和企业员工的道德关切和企业责任感。每个人和每个企业必须在反复的做事和学习中来提高自己的技能。尽管环境变化无常，人的行为不可能至善至美，然而人们追求生活的理想和目标是没有穷尽的，因此人们追求技术和产品质量的不断完善也是无穷无尽的。

　　摩托罗拉的CI手册中印着这样一段话，"诚信不渝——在与客户、供应商、雇员、政府以及社会大众的交往中，保持诚实、公正的最高道德标准，依照所在国家和地区的法律开展经营。无论到世界的哪个地方进行贸易或投资，必须为顾客提供最佳的服务。"确保公司拥有最能干、最讲究工作效率的劳动力；尊重资深员工的劳动；以工资、福利、物质鼓励对员工的劳动作出相应的回报；以能力为依据；贯彻普遍公认的、向员工提供均等发展机会的政策。摩托罗拉的这种公司价值观为每个员工创造了一种健康积极的文化氛围。

　　摩托罗拉把人本主义作为全球文化战略的基点。摩托罗拉作为跨国公司，面对多元的文化，在制定自己的战略时既不固执于自己的文化，也不盲从他国的文化，公司始终认为，多元化是一种积极的工具，将企业伦理的见解应用于国际商务管理，其中的关键就是要妥善处理文化的多样性。这种能力可以通过培训而获得，并成为企业文化的一部分。对于跨国经营来说，对当地文化的认识不同，结果也会有巨大差异，熟悉外域文化，可以促进个人的成长，而更广泛地看，可以学到处理问题的不同方法，学会更多地尊重外域文化，建立真正的跨国公司。在这种跨国公司里，每一种民族文化都可能为国际问题的解决提出见解、作出贡献，而这一组织则有可能、有能力吸收每一种文化之中的精华。

摩托罗拉在中国的事业发展越来越大，其中国公司总裁对中西文化理解颇深，他提出了在华投资的四大策略：

（1）加大在中国的投资规模。

（2）全面实现人员本土化，包括中高级管理人员，而且要使用中国籍人员。

（3）要加快本土采购。

（4）扩大合资企业，带动国内企业包括中西部企业共同发展。

这位总裁认为，世界文化可以在不同文化背景、不同价值观、不同方法的基础上进行整合。人本主义强调的就是爱护人、尊重人，从这个理念出发，人类不同文化可以整合，国际化结构使我们有可能综合一切文化精华，剔除各种文化中的极端和糟粕，用和平、人道、人本主义的理念进行跨国经营。

摩托罗拉跨文化管理战略中，本土化、当地化是核心战略。摩托罗拉在华投资取得成功的一个重要原因就是向中国转让世界领先技术，并且积极推进技术研究和开发的本土化和当地化。摩托罗拉在华投资的七个合资企业和设在天津的生产基地均引进了摩托罗拉的先进技术和一流产品。

摩托罗拉公司在中国开展了一系列技术合作项目，在这一系列合作中，跨文化交流与融合对企业的发展起到巨大的推动作用，使跨国合作的势头生气勃勃、蒸蒸日上。

建立研究机构和开设工厂，从事合作项目研究和研制，既有利于中国研究机构和企业学习国际先进的研究开发程序，接触国际新的技术潮流，也有利于摩托罗拉公司在电子计算机和软件研究、开发方面得到中国技术人员的协助，更有利于两国技术人员、两种文化的交融，促进双方深入世界前沿的信息技术和将科研成果市场化。

摩托罗拉公司的企业价值观是：尊重每一个员工的人格尊严，开诚布公，让每位员工直接参与对话，使他们有机会与公司同心同德，发挥出各自最大的潜能；让每位员工都有受培训和获得发展的机会。

案例思考：

1. 分析摩托罗拉公司在跨文化管理中的本土化策略。

2. 摩托罗拉公司跨文化管理中成功经验有哪些?

练习题:

1. 什么是管理环境? 研究环境对管理有何重要意义?

2. 什么是一般环境、具体环境?

3. 企业家社会责任的内涵是什么? 社会责任具体表现在哪些方面?

4. 分析组织与环境的关系。

5. 管理道德的影响因素是什么?

6. 改善管理道德行为的有效途径是什么?

7. 什么是经济全球化? 什么是跨文化管理? 分析跨文化管理的必要性。

8. 跨文化管理的有效策略是什么?

第四章 管理的基本原理与方法

管理的基本原则是一定的人对所管的一定的工作完全负责。

——列宁

本章重点：
△管理的基本原理
△管理的基本方法

学习目的与要求：
1. 了解管理的基本原理
2. 掌握管理的基本方法

导入案例：

海尔的用人理念——赛马制

企业管理主要管理四个方面：人、物、财、信息。后三者又都由人去管理和操作，人是行为的主体，可以说，对人的管理是企业管理的核心。因此，现代企业总是把人力资源开发放在相当重要的位置，每个企业都有自己的一套用人理念。海尔当然也不例外。

古人曰："用人不疑，疑人不用。"韩愈曰："世有伯乐，然后有千里马。"而作为中国家电行业排头兵的海尔集团在市场经济形势下，却明确提出：所谓"用人不疑，疑人不用"是对市场经济的反对，主张"人人是人才，相马不如赛马"，为海尔人提供公平竞争的机会和环境，尽量避免"伯乐"相马过程中的主观局限性和片面性。

海尔总裁张瑞敏针对干部必须接受监督制约指出：所谓"用人不疑，疑人不用"在市场经济条件下是一种逆反理论，是导致干部放纵自己的理论温床。他认为，企业领导者的主要任务不是去发现人才，而是去建立一个可以出人才的机制，并维持这个机制使其健康持久地运行。这种人才机制应该给每个人相同的竞争机会，把静态变为动态，把相马变为赛马，充分挖掘每个人的潜质，并且每个层次的人才都应接受竞争，压力与动力并存，方能适应市场的需要。在以上思路的指导下，海尔建立了一系列的赛马规则，包括三工并存、动态转换制度；在位监控制度；届满轮流制度；海豚式升迁制度；竞争上岗制度和较完善的激励机制等。

海尔具有先进的管理理念。在用人方面始终认为，人力资源是组织的第一资源，管理必须遵循以人为本的原理。人本管理不仅具有深远的历史渊源，也是未来管理活动发展的趋势。管理本身兼有科学性和艺术性。作为科学性，说明管理活动完全是有章可循。而管理原理正是管理活动的高度抽象和实践经验的升华，是指导一切管理活动的行为准则。管理方法是管理的自然延伸与具体化，是管理目标的途径和重要手段，也是从事管理活动不可缺少的中介和桥梁。

第一节　管理的基本原理

管理原理是对管理实践经过长期理论总结后形成的带有一定规律性的认识，是管理实践的理论抽象；是对各种成功管理实践和方法的高度综合与概括，对人们做好管理工作具有普遍的指导意义。管理的基本原理包括系统原理、效益原理、人本原理、责任原理和权变原理。

一、系统原理

（一）系统的概念

系统是指由若干相互联系、相互作用的部分构成，具有特定功能的有机整体。具有三个条件：一是具有两个以上的系统要素。二是要素之间、要素与整体之间、整体与环境之间相互作用。三是系统整体具有特定功能。系统按其组成要素的性质的不同可划分自然系统和人造系统。自然系统如太阳系、生态系统等，是由自然物组成的系统；人造系统如卫生系统、生产系统、交通系统等，是由人组成的系统。

（二）系统的基本特征

（1）集合性。管理同世界上一切事物一样都呈现着系统形态，又都是由相关的众多要素通过相互联系、相互作用、相互制约、有机结合而构成系统集合体，也称"复合体"。没有要素或单个要素无从复合，则不能构成系统。如许多工业企业系统通常是由生产子系统、财务子系统、销售子系统、人事子系统等子系统组成的。集合性是系统的最基本特征。

（2）层次性。指构成系统的子系统或子子系统分别处于不同的地位，并且系统和子系统又是相对的（见图4-1）。如一个公司的财务部相对公司来说是子系统，而对财务部下面所属的各个科室来说又是母系统，下属的各个科室是财务部的子系统。

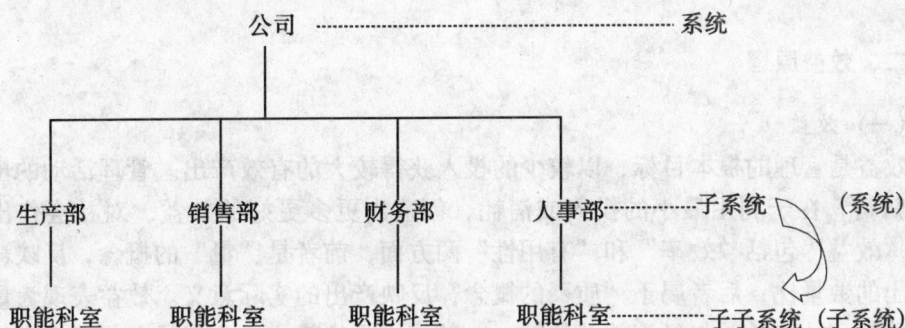

图4-1 系统的层次构成示意图

（3）相关性。指系统内各子系统及系统与外部环境之间相互联系，相互制约。一方面，它表现为子系统和系统之间的关系，如各职能部门和公司之间的关系。另一方面，它表现为系统和外部环境之间的关系。

（4）目的性。凡系统都有自己特定的目的，即目标，它在系统中发挥启动、导向、激励、聚合和衡量作用。没有目的，各要素是一盘散沙，系统就不能存在和运转。每个系统只能有一个总的目的，如在幼儿园管理系统中即指教育目标。系统内的各部分（子系统）都要围绕总目标统筹运动，确定或调整子系统的具体目标必须服从总目标。

（5）全局性。每个系统都是一个相对独立的整体，它要求立足全局，对诸要素进行科学组合，形成合理的结构，使各局部性能融合为全局性能，从而发挥系统的最佳整体效应。

（三）系统原理的内容

（1）整体性原理。系统整体的功能不是各子系统的简单相加，而往往是大于各个子系统功能的总和。作为管理者应把握系统的整体性，当局部和整体发生矛盾冲突时，局部必须服从整体，从而实现系统整体效果的最优化。

（2）开放原理。不管是自然系统还是人造系统，都必须与外界不断交流能量、物质和信息等，并使系统从外部获得的能量大于系统内部消耗散失的能量，系统才能不断地发展壮大。如果把系统和外界隔绝，则系统肯定存活不久。清朝的闭关锁国就是采取封闭措施，结果导致中国的落后。

（3）匹配原理也叫适应原理。适应原理是指系统与周围环境相互依存、相互制约，并与环境相匹配。环境是不断变化的，系统与环境要进行物质、信息和能量的交流，就必须能够保持最佳适应状态。作为管理者可以采取积极、主动的措施去改善、影响环境，从而为系统与环境的匹配创造好的条件，使系统尽快适应新的环境。

二、效益原理

（一）效益

效益是管理的根本目标，以较少的投入获得较大的有效产出。管理活动的出发点和归宿，在于利用最小的投入或消耗，创造出更多更好的效益，对社会作出贡献。"效益"包括"效率"和"有用性"两方面，前者是"量"的概念，反映耗费与产出的数量比；后者属于"质"的概念，反映产出的实际意义。效益表现为量与质的综合，社会效益与经济效益的统一，其核心是价值。企业就是必须把提高经济效益摆在管理工作的中心位置。

效益原理是指在整个管理系统和管理过程中，必须以最少的投入，获得最佳的效益产出。

（二）效益的构成

包括经济效益、社会效益、生态效益和心理效益。经济效益：企业和非营利性组织都必须讲求经济效益。企业以经济效益为中心，利润是企业存在和发展的生命线。对于非营利性组织，无论是科研机构，还是医院、学校、政府机关及社区，都有一个投入与产出比较，也必须讲求经济效益，也就是以较少的开支、办更多的实事，完成自己的社会职责。

（三）生产率、效率、效果、效益的联系和区别

（1）生产率。是指一定时期内，在顾及质量的前提下，投入与产出的比率。即生产率＝产出量/投入量，这个公式表明，要提高生产率有三种方法：一是增加产出量但投入量不变；二是减少投入量但产出量不变；三是增加产出量同时减少投入量。

（2）效果。是指投入的资源经转换为产出的成果，即取得预定的有效成果。其中有的是有效益的成果，也有无效益的成果。如同样投入100万元生产，甲企业生产出1万个产品，单位成本为100元；而乙企业只生产出5000个产品，单位成本为200元。应该说两个企业都是有效果的，都生产出了产品，但相对而言，甲企业的效果更高。

（3）效率。是指单位时间内所取得效果的数量。反映的是劳动时间的利用状

况，是以最少的资源达到目标。

（4）效益。是指有效产出与资源投入的比率。可从两个不同角度来理解：经济效益和社会效益。管理者通过最少的资源投入，取得最大产出即收入，这就是管理的效益原理。管理者在追求经济效益最大化的同时，要考虑社会效益。因为经济效益是社会效益的基础，但社会效益是提高经济效益的重要条件。所以，管理应把经济效益和社会效益两者相统一起来。

效益是管理的根本目的，管理就是追求效益的最大化。企业追求长期稳定的高效益，不仅要遵循局部效益与全局效益协调一致的原则，还要遵循价值原则。价值原则是指以最少的投入，创造最大的经济效益和社会效益。

（四）效益原理的基本思想

（1）树立正确的战略管理思想。

（2）企业必须把提高效益摆在管理工作的中心地位，这就要增强企业竞争和抗风险的能力。

（3）正确处理效益内部的各种矛盾：宏观经济效益与微观经济效益、长远经济效益与眼前经济效益、直接经济效益与间接经济效益、全局效益与局部效益。

（4）提高效益与经济增长方式的转变：由粗放型增长方式向集约化增长方式的转变。

三、人本原理

（一）人本管理原理

什么是人本管理原理？就是以人为本，即以人为中心的管理。以人为本的管理，把人视为管理的重要对象和企业的重要资源，尊重员工的个人价值，全面开发企业人力资源，通过企业文化的建设，培育员工共同的价值观，运用各种激励手段，充分发挥员工的积极性和创造性，依靠员工的共同努力去实现企业的目标。具体来说，人本管理就是指：①尊重人：尊重员工的个人价值，全面开发人力资源，培养员工的价值观。②激励人：以各种激励手段调动员工的积极性、主动性和创造性。③为了人：一切为了员工，以人的需求的满足作为出发点和归宿点。④依靠人：依靠员工，实现组织的目标。⑤发展人：不断培训，不断发展。

人本管理由低到高分为五个层次。

（1）情感管理。情感交流，激发员工的积极性，消除员工的消极情绪，以实现有效的管理。

（2）民主管理。民主管理就是满足员工参与管理需求的有效途径。在情感管理的基础上实行民主管理，会进一步提高劳动生产率。民主管理的基本形式是职工代表大会。

（3）自主管理。员工根据企业发展目标与战略自主制订计划，实施控制，自觉实现目标，个人意志与企业目标结合起来。自主管理即是自己管理自己，它可以把个人意志与企业意志结合起来。同时，自主管理可以激发各级人员自觉学习管理知识和科学技术知识的主动性，提高自身素质，培养出一批优秀的人才。

（4）人才管理。人力资源是企业最为重要的资源，人才管理是人本管理的重要内容。人才管理的基本任务就是发现人才，培育人才，合理使用人才，使企业的人力资源真正得到开发和利用。

（5）文化管理。是最高层次的人本管理，是指企业自身的文化建设和对员工的有效管理。文化管理是人本管理的最高层次。企业应该通过建设富有特色的强有力的企业文化，实现对人的最有效的管理。

与人本原理相关联的是"能级原理"和"动力原理"。能级原理认为，人和其他要素的能量都有大小和等级，并会随着一定条件而发展变化。它强调知人善任，调动各种积极因素，把人的能量发挥在与管理活动相适应的岗位上。动力原理则强调正确地、综合地运用管理的三大基本动力，即物质动力、精神动力和信息动力，以充分调动人在管理活动中的积极性、主动性和创造性。它还强调要处理好个人动力与集体动力的关系，使管理运动持续而有效地进行下去。这两条原理补充了人本原理。

（二）人本管理原理的基本思想

（1）以人为中心的价值观。即员工是企业的主体，员工的发展成为企业发展的标志和目的，以人为中心，人的发展是企业发展的动力。

（2）员工参与管理的自觉意识形成制度化、法制化。

（3）使人性完善发展的管理宗旨。

（4）服务顾客的企业宗旨。消费者为企业实现利润，要千方百计为消费者服务，顾客就是上帝。

四、责任原理

（一）什么是责任原理

是指在企业的生产经营活动中，必须合理分工，明确责任，做到责、权、利相结合。管理中应注意：①确定责任必须以合理分工为基础。②责任必须明确、具体，落实到人。③要建立责任制度，并有检查和监督。

（二）基本观点

（1）分工明确，职责分明。

（2）在合理分工的基础上要制定具体完成的任务。

（3）责、权、利、能一致。核心是职责，要在数量、质量、效率、速度上做明确的规定。权力是完成任务的保证。能力是完成任务的基础，包括实践经验、科学知识、管理技巧等。

（4）奖罚分明、公正及时。奖罚是对人的工作职责及其业绩客观公正的评价，能调动人的积极性，挖掘人的潜力。

五、权变原理

"变是大势所趋，顺者昌，逆者亡。"世上唯一不能变的原则就是"变"。组织是在不断运动和变化的，在对组织的管理过程中，要保证管理工作的高效率，当管理要素的组织环境、管理主体、管理客体和组织目的四者任何之一发生变化时，管理行为的手段和方式也应该发生变化，这就是权变原理。

管理活动是动态的，时时处处都在不断地运动着、变化着，由此要求管理的方式方法必须随机应变。管理工作实质上就是针对管理对象运动变化的情况而实施动态管理的过程。它强调对目标、计划的内容，采取组织、指挥、督导、控制、评估的方式方法，及时不断地作出调节，以保证管理系统正常运转并发挥整体功能。

由于管理的要素、过程及管理环境都具有复杂多变的特点，人们的认识往往不能百分之百地把握它们，而且人本身又是最复杂的自变因素，常常存在力所不及和顾此失彼的现象。所以，管理必须留有余地，把握其伸缩性，注重随时调节，这称为"弹性原理"。系列的管理活动必然产生效能（效果和效率），评析其因果关系或者进行调控，主要都根据反馈信息。反馈能在因果之间、控制者与被控制对象之间，建起联系的桥梁。只有经常、及时、准确地掌握反馈信息，才能不断调控管理过程，获得理想的管理效能，这称为"反馈原理"。"弹性原理"与"反馈原理"一起补充了"权变原理"。

案例分析：

人为本、争第一、零起点

广西玉柴机器集团公司是国内最大的内燃机制造基地。它的前身是广西玉林柴油机厂，1984 年，2000 人的工厂，1000 台柴油机的产量，年利税 96 万元，是当时玉柴的"历史最高水平"。当时玉柴在国内同行中排名第 173 位。

1985 年，玉柴出炉了玉柴人称之为"灵魂"的玉柴精神："顽强进取、刻意求实、竭诚服务、致力文明。"当年实现了 3010 台的生产计划，完成了玉柴历史上的一次大跳跃。

当年年底，玉柴"跳"过了"在国内拿第一"的目标，直接提出要"跻身国际内燃机强手之林"。伴随着目标追求，诞生了危机哲学：零起点！1994年公司在纽约上市，美国的投资银行、律师事务所在撰写募股说明书时，问及玉柴的管理哲学，董事长王建明回答了9个字："人为本、争第一、零起点"。

1985年玉柴突破3000台大关时，告诫自己"零起点"；10年后，玉柴在中国内燃机行业的主要经济技术指标排名终于跃居第一位时，仍然提"零起点"；进入21世纪，2002年玉柴已经月生产2万台发动机，还是告诫自己"零起点"。当视质量为生命的玉柴实现了柴油机可靠性运行目标达到3万公里不出故障时，是"零起点"；达到10万公里不出故障时，是"零起点"；达到国际标准30万公里不出故障时，还是"零起点"。2002年玉柴正式提出：5年内玉柴要打入国际前4强，闯进半决赛！要想争第一，就永远是"零起点"！

永远"零起点"的玉柴需要不寻常的人才。玉柴的育人方针是：为每一个岗位的发展创造机会，为每一个层级的攀登创造条件。玉柴的用人方针是：尊重、爱护、发挥、发展。

玉柴的人本思想体现为："人本方针"，侧重的是育人、用人；"人本保障"侧重的是对责任的公正分配。具体落实为干部的"十字"要求——民主、开朗、顽强、竭诚、约束和干部的"六项基本功"。

"干部六项基本功"是：①要对职工说清楚要求——目标机制。②要使绝大多数职工愿意达到要求——民主机制。③要使每一个岗位的职工懂得如何达到要求——教育机制。④使每一个岗位的职工能够达到要求——投入机制。⑤使每一个岗位的职工必须达到要求——责任分配机制。⑥集思广益、反复检讨、周而复始、完善要求——反馈机制。

今天，玉柴已经成为中国最大的内燃机生产基地，其内燃机生产能力在世界上排名第二位。

案例思考：

1. 玉柴集团的管理中体现出了管理的哪些原理？
2. 结合案例谈谈你对人本原理和责任原理的理解。

第二节 管理的基本方法

　　管理方法是保证组织各项管理活动顺利进行，使组织目标得以实现的各种措施、手段的总和。管理方法按适用程度可以分为一般管理方法、具体管理方法和管理方法论。管理的一般方法是指导所有管理工作的普遍性方法，如行政方法、法律方法、经济方法和思想教育方法；而管理的具体方法是指特定管理工作的方法，如计划方法、人事管理方法、领导方法、控制方法等。我们重点学习管理的一般方法。管理方法论是从哲学的管理思维、管理社会论、管理行为等理论层次对管理方法进行论证与分析的理性思维。

一、行政方法

（一）什么是行政方法

　　行政方法是指在一定的组织内部，依靠行政组织和管理者的权力，运用各种行政手段（如命令、规定、指示、指令、决定、通知等），按照行政隶属关系来指挥下属的管理方法。行政方法的特点是：

（1）强制性。行政方法是以组织的行政权力为基础，以下级服从上级为原则。

（2）具体性。行政方法只能在行政权力所能够管辖的范围内起作用。

（3）时效性。行政方法只对某一特定时间内的特定对象起作用。

（二）行政方法的作用

（1）有利于管理系统的集中统一。

（2）有利于管理职能的发挥，强化管理作用。

（3）有利于灵活地处理各种特殊问题。

（三）行政方法的正确运用

（1）注意将统一领导与分级管理结合起来。

（2）注意提高管理的行政效能。

（3）必须贯彻依法行政的基本原则。

（4）必须注意被管理者的经济利益要求。

二、法律方法

（一）什么是法律方法

　　法律方法是指运用各种规章制度等进行管理的方法。组织可以通过制定和实施组织内部的各种规章制度、准则等，对组织成员的行为和各种管理活动进行规范、约束和控制，以保证组织目标的实现。法律方法的主要特点有：①强制性。组织的各种规章制度一经制定和公布，就具有严肃性和稳定性，必须强制执行。任何人、任何组织必须依法办事。②规范性。组织的规章制度都是由含义准确的语言组成，每一条款都只能有一种意义的解释。

（二）法律方法的作用

（1）维持正常的管理秩序。

（2）调节各种管理因素之间的关系。

（3）促进民主建设和民主管理。

（三）法律方法的正确运用

（1）大力提高人们的法制观念和依法办事的能力，树立和维护法律的权威，才能使法律的方法真正发挥它的作用。

（2）注意对各种法律法规的综合运用。

三、经济方法

（一）什么是经济方法

经济方法是指按照客观经济规律的要求，运用各种经济手段来执行管理职能，调节不同经济利益之间的关系，实现管理目标的方法。经济手段主要指价格、税收、信贷、利润、工资、奖金、罚款等。价格、税收和信贷等主要用于宏观经济的管理；利润、工资、奖金和罚款等主要用于微观经济的管理。

（1）价格。发挥价格作用是经济规律自觉运用价值规律的方法。价值规律在市场上发挥调节作用，主要是通过价格变化影响商品生产者的经济利益，进而影响他们的经济活动来实现的。

（2）税收。国家根据宏观调控的需要，合理制定不同的税种和税率来调节生产和流通，调节一部分企业的利润水平，控制消费的过快增长，使社会经济内部结构、发展趋势、活动规模趋于合理。

（3）信贷。信贷是最灵活、最有效的经济杠杆。以吸收存款和储蓄的形式，集中社会闲散资金，以贷款形式发放给生产经营单位，满足其资金需要，达到管理社会经济活动的目的。

（4）工资。是实现按劳分配原则的一种劳动报酬形式。

（5）奖金。是超额劳动的报酬。

（6）罚款。是对违规行为的惩罚。

（二）经济方法的特点

与其他方法相比较，经济方法具有如下特点：

（1）利益性。经济方法主要是利用人们对经济利益的追求来引导被管理者行为的一种管理方法。

（2）平等性。经济方法承认被管理的组织或个人在获得经济利益上的权力是平等的，各种经济手段对相同情况的组织或个人起同样的作用。

（3）关联性。经济方法的使用范围十分广泛，一种手段的运用或变更会引起社会各个方面的连锁反应。

（4）调节性。在宏观管理中调节生产的数量和质量；在微观管理上调节组织成员的活动。

（5）灵活性。经济方法适用于不同部门、不同地区、不同时间、不同工种等不同管理活动，针对不同的管理对象。

（6）有偿性。遵循等价交换原则，实行有偿交换、相互计价，严格内部的成本核算。

（三）经济方法的作用

（1）便于分权。

（2）充分调动组织成员的积极性和主动性。

（3）有利于提高经济效益和管理效率。

（四）经济方法的正确运用

（1）应该注意按经济规律办事。

（2）应该加强思想教育和精神方面的激励。

（3）注意对经济手段的不断改进与完善。

四、思想教育方法

（一）什么是思想教育方法

思想教育方法是指通过精神、道德、信仰的宣传、教育、引导、激发人们的干劲儿，改变人们的行为，使之为实现组织目标而努力。通过宣传使人们对已制定的各种法令、方针、政策、规章制度等能加深理解，通过思想教育来激发人的积极性和创造性。

（二）思想教育方法的特点

（1）多样性。具体方法有学习、讨论、岗位培训、角色扮演等。

（2）长期性。这是一项长期的工作，"十年树木，百年树人"，教育工作应长抓不懈。

（3）启发性。思想教育方法的对象是人，是启发人们自觉地为了共同的目标而采取的行动，说服教育，以理服人，引导人们自己认识到"应该怎样想、怎样做"。

（4）针对性、灵活性。人的思想感情千差万别，在外界环境变化时，反应也各不相同。因此，思想教育方法应针对不同问题、不同的人，采取灵活的方式方法，不可"一刀切"。

（三）思想教育工作的基本方法

（1）说服教育、以理服人的方法。说服教育，就是摆事实讲道理，对事实既不夸大，也不缩小，不存偏见。只有把事实真相弄清楚了，才能提供说理的基础。以理服人，必须抓住事物的真谛，分析要恰如其分，结论要客观，符合情理。只有这样，才能使人心悦诚服。

（2）言传身教、典型示范的方法。身教重于言教，做思想教育工作，不仅仅是看你讲得怎样，更重要的是看你自己做得怎样，是否言行一致、身体力行。同时，采用典型示范的方法进行教育，也是一种重要的方法。

（3）正面教育的方法。如学习、讨论以及听报告、参观访问、现场调研等。

（4）注意思想动向、把工作做在前头的方法。要进行深入实际的调查研究，了解人们的一切需要及其动机和行为之间的内在联系，掌握思想活动的规律，预测思想动向和行为，使思想工作有预见性和针对性，就能把各种思想问题解决于萌芽状态之中，做到防患未然。

在实际工作中运用思想教育方法，要注意精神鼓励与物质鼓励相结合，解决思想问题与解决实际问题相结合。思想工作要渗透到各项具体业务工作中去，避免形式主义和空谈。同时，要注意思想工作与其他管理方法相结合，对说而不服、屡教不改者要采取适当的行政、法律及经济方法来约束。

案例分析：

西安杨森的人性化管理

西安杨森制药有限公司成立于1985年10月。合资中方以陕西省医药工业公司为代表，外方为美国强生公司的成员比利时杨森制药有限公司。总投资1.9亿元人民币，注册资本比例为外方占52%，中方占48%，合资期限50年。

一、严格管理，注重激励

合资企业的工人和中层管理人员是由几家中方合资单位提供的。起初，他们在管理意识上比较涣散，不适应严格的生产要求。有鉴于此，合资企业在管理上严格遵循杨森公司的标准，制定了严格的劳动纪律，使员工逐步适应新的管理模式。

通过调查研究发现，中国员工尤其是较高层次的员工中，价值取向表现为对高报酬和工作成功的双重追求。优厚的待遇是西安杨森吸引和招聘人才的重要手段，而不断丰富的工作意义，增加工作的挑战性和成功的机会则是公司善于使用人才的关键所在。在创建初期，公司主要依靠销售代表的个人能力，四处撒网孤军奋战，对员工采用的是个人激励。从"人员—职位—组织"匹配原则出发，选用那些具有冒险精神、勇于探索、争强好胜又认同企业哲学对企业负责的人作为企业的销售代表，主要是医药大学应届毕业生和已有若干年工作经验的医药代表。此时，西安杨森大力宣传以"鹰"为代表形象的企业文化。"鹰是强壮的，鹰是果敢的，鹰是敢于向山巅和天空挑战的，它们总是敢于伸出自己的颈项独立作战。在我们的队伍中，鼓励出头鸟，并且不仅要做出头鸟，还要做搏击长空的雄鹰。作为企业，我们要成为全世界优秀公司中的雄鹰。"

二、注重团队建设

在 1996 年底的销售会议中，杨森公司集中学习并讨论了"雁的启示"："……当每只雁展翅高飞时，也为后面的队友提供了'向上之风'。由于组成 V 字队形，可以增加雁群71%的飞行范围。""当某只雁离队时，它立即感到孤独飞行的困难和阻力。它会立即飞回队伍，善用前面同伴提供的'向上之风'继续前进。"

三、充满人情味的工作环境

每当逢年过节，总裁即使在外出差、休假，也不会忘记邮寄贺卡，捎给员工一份祝福。在员工过生日的时候，总会得到公司领导的问候。员工生病休息，部门负责人甚至总裁都会亲自前去看望，或写信问候。员工结婚或生小孩，公司都会把这视为自己家庭的喜事而给予热烈祝贺，公司还曾举办过集体婚礼。公司的有些活动，还邀请员工家属参加，一起分享大家庭的快乐。公司的内部刊物名字就叫《我们的家》，以此作为沟通信息、联络感情、相互关怀的桥梁。

经过公司的中外方高层领导之间几年的磨合，终于达成共识：职工个人待业、就业、退休保险、人身保险由公司承担，由部门专门负责；员工的医疗费用可以全部报销。在住房上，他们借鉴新加坡的做法，并结合中国房改政策，员工每月按工资支出 25%，公司相应支出 35%，建立职工购房基金。

四、加强爱国主义的传统教育

1996 年 11 月 22 日，西安杨森的 90 多名高级管理人员和销售骨干，与来自中央和地方新闻单位的记者及中国扶贫基金会的代表一起由江西省宁冈县茅坪镇向井冈山所在地的茨坪镇挺进，进行了"西安杨森领导健康新长征"活动。他们每走

3.08 公里，公司就拿出 308 元人民币捐献给井冈山地区的人民，除此以外个人也进行了捐赠。公司还向井冈山地区的人民医院赠送了价值 10 万元的药品。

1996 年冬天的一个早晨，北京天安门广场上出现了一支身穿"我爱中国"红蓝色大衣的 30 多人的队伍，中国人、外国人都有，连续许多天进行长跑，然后观看庄严肃穆的升国旗仪式，高唱国歌。这是西安杨森爱国主义教育的又一项活动。

公司前任美籍总裁罗健瑞说："我们重视爱国主义教育，使员工具备吃苦耐劳的精神，使我们企业更有凝聚力。因为很难想象，一个不热爱祖国的人怎能热爱公司？而且我也爱中国！"

案例思考：

1. 西安杨森的管理实践中用到了哪些管理方法？
2. 失去员工认同的经营理念会成功得到贯彻吗？
3. 你认为在企业管理中应该如何正确运用教育方法？

练习题：

1. 什么是管理的效益原理？
2. 什么是管理的人本原理？
3. 管理的基本方法有哪些，它们各自的特点是什么？

第五章　计划与决策

管理就是决策。

——赫伯特·A.西蒙

本章重点：
△计划、决策的概念
△计划、决策的种类
△计划、决策的程序
△计划、决策的方法

学习目的与要求：
1. 通过本章的学习，了解计划和决策的基本概念、种类和程序
2. 重点掌握计划和决策的方法

导入案例：

澳柯玛的发展

从负债 2700 多万元，前后 37 次被告上法庭，到总资产 63 亿元，中国家电企业七强之一，澳柯玛集团九年间经历了两次创业，为集团达到世界先进水平打下了坚实的基础。1990 年，澳柯玛集团在进行详细的市场调查的基础上，果断地提出内部挖潜改造、自我约束、量力而行、走低成本扩张道路的经营战略目标。通过企业的产品调整、技术创新和管理创新相结合，设计和开发出 BD-150 型顶式家用小冰柜，填补了我国家用小冰柜市场的空白。1996 年，澳柯玛集团开始了第二次创业，他们针对内外环境的变化，调整了经营战略，确立了建立国际化大型企业集团的战略目标，制定了规模化、多元化、集团化的经营方式，树立了"大、强、新"

的经营思路，从而使集团在更高的起点上再次获得了飞跃发展。

目前，澳柯玛集团已成为一家以家电产业为基础、以高科技产业为方向、以金融投资产业为推动、以房地产业为补充的国家特大型企业集团，辖属高科技上市企业——澳柯玛股份有限公司，以及包括数十家全资子公司在内的16大事业部、19家国内国外合资控股、参股公司；已具备年产电冰柜、电冰箱、展示柜300万台的能力，拥有全球最大的无氟冰柜生产基地，冰柜已连续十年获得国内同类产品产销量第一名；在冰箱、展示柜产品方面，接连开发出双绿生态冰箱、恒温泡菜冰箱、厨具冰箱、冷暖靓星展示柜、饮水冷藏多功能展示柜等一系列个性化产品，澳柯玛冰箱、展示柜已跃居国内同行前列；澳柯玛空调也在品牌林立的同行中脱颖而出，产品包括壁挂式、窗式、柜式及中央空调等多个门类，并运用了变频技术、无氟技术和抑菌技术，空调已进入国内十强；眼下，小家电孕育着大市场，澳柯玛在小家电产品上异军突起，产品市场占有率急剧攀升，目前净水器在国内市场占有率居第一，浴霸、饮水机等产品的市场占有率也名列前茅。此外，其他如多功能制冰机、超大屏幕多媒体数字投影机、智能网络自动售货机、环保型电动自行车等高新技术产品正在不断涌现。

针对行业和国际发展新形势，澳柯玛集团制定了以高科技产业为核心的高科技发展战略。目前已涉足的高科技产业有新能源、海洋生物、光电子等，高科技产品有锂离子电池、海洋生物产品、超高亮度发光二极管外延芯片等。锂离子电芯年产3000万只项目已经成功达产，2004年底年产4000万只的二期工程也已投产，产品已广泛运用到移动通讯、便携式电器产品及电动车等领域。经专家鉴定，产品电芯容量、循环寿命、内阻等主要性能指标处于国际领先水平，被评为国家"火炬计划"高新技术产品。产品除畅销在国内市场外，还出口到美国、韩国、东南亚、西亚、南非等国家和地区。

在海洋生物项目上，通过从海洋中提取活性物质，开发出共轭亚油酸（CLA）、高度不饱和酸（PUFA）等产品，是多种保健品、化妆品原料和食品、饲料添加剂，用途十分广泛，其中共轭亚油酸（CLA）产品已获得国家保健食品批号，制备技术达到了世界领先水平，产品除畅销国内市场外，还部分出口。

在超高亮度发光二极管外延芯片项目上，澳柯玛引进在国外有多年研究和生产实践经验的高级人才，作为技术带头人，实现高强度发光二极管外延芯片的规模生产，产品可广泛用于光纤通讯、光电转换、仪器仪表等方面，也可取代普通灯泡作为照明，发展前景十分看好。

澳柯玛实施的多元化战略，使企业经营范围除了家电产业和高科技产业外，还涉足金融投资产业和房地产业。澳柯玛通过控股光大银行、烟台商业银行等进入金融服务业。澳柯玛还在胶州湾青岛、黄岛、烟台等地经营房地产业。澳柯玛已形成多产业并举、群体拉动的发展态势。

澳柯玛现有临港工业园、光电城工业园、外协配套工业园、胶州工业园、海洋生物科技产业园、沂南电动车工业园、潍坊太阳能工业园、浙江电器工业园、宜昌工业园、北京工业园、越南工业园等。

澳柯玛科研机构包括澳柯玛国家级企业技术中心，3个国家重点实验室，青岛家电研究所，以及与清华大学、上海交通大学、国防科技大学等重点大学和中国家电研究所、国家海洋局等科研机构建立的产学研联合体。

通过实施国际化战略，澳柯玛的国际化进程步伐在明显加快。一方面，产品出口增长迅猛，截至目前，澳柯玛共有30多个系列、200多种规格型号的产品出口到了包括北美、欧洲、日本在内的一百多个国家和地区，产品出口额连年翻番。另一方面，澳柯玛与国际跨国知名企业合作不断加强，在诸多领域开展广泛的合作；为了进一步整合全球资源，真正融入世界经济大洋中去，澳柯玛开始在海外直接投资建厂。在越南投资建设冰柜生产项目基本投入运营，将对整个东南亚市场的开拓产生重要的意义。另外，澳柯玛还在北美地区设立了澳柯玛北美公司。澳柯玛在海外直接投资建厂的启动，预示着澳柯玛开始跨国经营，进入全球跨国公司行列。

在全国家用电器产品市场占有率统计中，澳柯玛洗碗机、电冰柜分列同行业第一名，微波炉列第二名，电热水器列第三名，澳柯玛电冰箱已跻身同行业产销量前十名。另外，澳柯玛集团已分别在俄罗斯、新加坡、中国香港等国家和地区设立了澳柯玛系列产品经贸公司。许多产品已远销南美、中东、南非等国家和地区。澳柯玛集团与美国阿凡提公司签订的2万台电冰箱出口合同已经启动。

澳柯玛集团的案例给了我们一个重要启示：要确立明确、合理的企业发展目标，并严格实行目标管理，是企业飞速发展、跻身领先地位的重要原因。

第一节　计　划

一、计划的概念与特点

(一) 计划的概念

在管理学中，计划具有两种含义：一种是指计划，另一种是指计划工作即计划职能，是管理的五大职能之一。计划是指行动的方案或蓝图，是对未来行动的说明。而计划职能是指计划的制订、决策和计划的执行。广义的计划工作是指制订计划、执行计划和检查计划的执行情况三个阶段的工作过程。而狭义的计划工作则是指制订计划。

一般所说的计划工作概念是从狭义上讲的，就是根据组织内外部的实际情况，权衡客观需要的主观可能，通过科学的预测，提出在未来一定时期内组织所要达到的目标以及实现目标的方法。计划工作就是预先决定做什么（What）、讨论为什么做（Why）、确定何时做（When）、何地做（Where）、何人做（Who）及如何做（How），即通常所说的 5W1H。

（1）做什么（What）：要明确组织的使命、战略、目标以及行动计划的具体任务和要求，明确一个时期的中心任务和工作重点。

（2）为什么做（Why）：要论证组织的使命、战略、目标以及行动计划的可能性和可行性，提供制定的依据。

（3）何时做（When）：规定计划中各项工作的开始和完成的进度，以便进行有效的控制和对能力及资源进行平衡。

（4）何地做（Where）：规定计划的实施地点或场所，了解计划实施的环境条件和限制，以便合理安排计划实施的空间组织和布局。

（5）何人做（Who）：规定由哪个部门、哪个人负责。

（6）怎么做（How）：制定实现计划的措施以及相应的政策和规则，对资源进行合理分配和集中使用，对人力、生产能力进行平衡，对各种派生计划进行综合平衡。

（二）计划的特点

计划的特点概括起来有先导性、目的性、普遍性和效率性。

（1）先导性。计划与未来有关，是对未来的谋划，处于其他管理职能之首。

（2）目的性。各种计划都是为了有效地实现组织或企业的目标。管理者应根据组织的总目标，制订各部门工作计划，以保证组织总目标的实现。

（3）普遍性。首先，组织中的各项工作均需要计划，计划涉及组织的各个部门及全体员工。其次，所有的管理人员都必须履行计划职能。

（4）效率性。我们知道，制订和执行计划需要人力、财力、物力和时间的投入。而衡量一个计划的效率，就是看这个计划对目标的贡献。计划的效率性是指实现计划所获得的收益与制订、执行计划所需费用的比率。

（三）计划工作的意义

计划工作是指导性、科学性和预见性很强的管理活动，对组织的经营管理活动起着直接的指导作用，但这种作用可能是积极的，也可能是消极的。计划工作的重要性主要表现在以下几方面：

（1）弥补不肯定性和变化带来的问题。

（2）有利于管理者把注意力集中于目标。

（3）有利于更经济地进行管理。

（4）有利于控制。计划是控制的标准，是控制的基础。

二、计划的类型

计划的种类多种多样，按照不同的标准，可将计划分为不同的类型。

（1）按计划涉及时间的长短，计划可以分为长期计划、中期计划和短期计划。长期计划一般是指时间跨度在 5 年以上的计划。中期计划是指计划期限为 1~5 年的计划。短期计划是指计划期限为 1 年以内的计划。不过，这种区分也是相对的，因为不同规模的组织，其时间划分的标准是不一样的。长期计划起主导作用，中期计划、短期计划是以长期计划为基础的。

（2）按计划内容的明确性，计划可分为具体计划和指导性计划。具体计划指具有明确的目标、步骤和执行方案的计划。而指导性计划只是规定一般方针，指出重点或方向的计划。

（3）按计划制订涉及管理层次的不同，可以分为战略计划和作业计划。战略计划是应用于整个组织，是组织总的纲领性计划，通常由组织的高层管理者制订，涉及时间为 5 年甚至更长时间。作业计划是具体的、详细的计划，如周计划、日计划就属于作业计划。

（4）按计划所涉及的范围分类可分为：上层管理计划、中层管理计划、基层管理计划。

（5）按计划的内容可分为：专项计划和综合计划。

三、计划工作的原理

计划工作是一个科学性、指导性、预见性很强的管理活动，但同时又是一项复杂而又困难的任务，为了发挥计划工作的职能，必须遵循以下基本原理。

（一）限定因素原理

限定因素是指妨碍目标得以实现的因素。在其他因素不变的情况下，抓住这些因素，就能实现期望的目标。限定因素原理是指在计划工作中，越是能够了解和找到对达到所要求目标起限制性和决定性作用的因素，就越是能准确地、客观地选择可行的方案。

限定因素原理是决策的精髓。决策的关键就是解决选择方案所提出的问题，即尽可能地找出和解决限定性的或策略性的因素。否则，如果对问题面面俱到地检查，不仅会浪费时间和费用，而且还可能把注意力转移到决策的非关键性问题上，从而影响目标的预期实现。

（二）许诺原理

是指任何一项计划都是对完成某项工作所作出的许诺，许诺越大，所需的时间越长，实现目标的可能性就越小。一般来说，承担者的任务越多，计划工作的期限就越长，反之就会越短。这就是我们所说的许诺原理。企业中常用的投资回报率就是这个原理的具体运用。

（三）灵活性原理

是指计划工作中体现的灵活性越大，则由于未来意外事件引起的损失的危险性就越小。要求制订计划时要有灵活性，即留有余地。对于主管人员来说，灵活性原理是计划工作中最主要的原理。当在承担的任务重、目标期限长的情况下，灵活性便显示出它的作用。在国外，现在也多强调实行所谓的"弹性计划"，即能适应变化的计划。

（四）改变航道原理

是指计划工作为将来承诺得越多，主管人员为保证所要达到的目标，根据情况的变化而重新制订计划就越重要。

计划制订出来后，计划工作者就要管理计划，促使计划的实施，必要时可根据当时的实际情况做必要的检查和修订。改变航道原理与灵活性原理不同，灵活性原理是使计划本身具有适应性，而改变航道原理是使计划执行过程具有应变能力。

四、计划的基本程序

一个完整的计划过程包括计划、决策和行动。计划的工作步骤如图 5-1 所示。

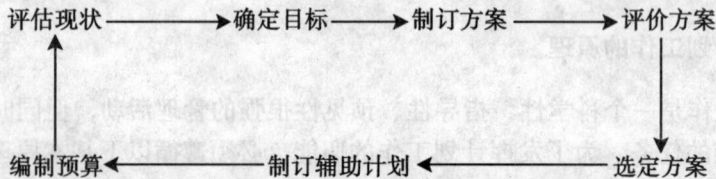

评估现状 ——→ 确定目标 ——→ 制订方案 ——→ 评价方案

编制预算 ←—— 制订辅助计划 ←—— 选定方案

图 5-1　计划工作程序

（一）评估现状

通过对组织内外部环境的综合分析，弄清楚组织所处的位置，做到心中有数。现状评估是确定目标的前提，是一项十分重要的工作。通过科学的评估方法，如常用的 SWOT 分析法，掌握全面、详尽的信息。

（二）确定目标

目标是组织行动的方向和努力的标准，确定目标是计划的主要工作。组织的目标可以分多个层次：先是组织的总体目标，然后是各个层次的分目标，也包括员工的个人目标，从而形成组织的目标体系。各目标之间应相辅相成。

（三）制订方案

组织目标确定之后，计划工作的第三步就要围绕组织目标制订可供选择的方案。由于同一目标的实现途径和方法多种多样，因此应尽可能地制订多种方案。

（四）评价方案

制订出各种备选方案之后，就要根据组织目标和组织的情况对各方案进行评价，比较各个方案的利弊。通常需分析以下几方面：一是妨碍目标实现的因素的多寡、难易。二是各方案需投入的资金量及回收速度。总之，要多方面、全方位地对方案进行详尽评析。

（五）选订方案

选定方案是指在备选方案中选择最优或最令人满意的方案。如果有两个或两个以上的方案比较适合，应把其他几个方案作为后备方案。这样可以加大计划工作的弹性，使组织能更好地适应环境的变化。

（六）制订辅助计划

组织总计划确定后，就要制订辅助计划。只有各种辅助计划完成了，总计划才能完成。如各职能部门制订的计划就是辅助计划，如销售计划、财务计划、生产计划等。

（七）编制预算

这是计划工作的最后一步，即把计划转化为预算，使之数字化，通过数字来反映整个计划。编制预算不仅可以使计划的指标体系更加明确，而且能够对计划的执行进行有效的控制。因此，预算也是衡量计划完成进度的重要标准。

五、目标

（一）目标的定义、作用和性质

1. 目标的定义。

目标是根据组织的使命而提出的组织在一定时期内所要达到的预期成果。目标是使命的具体化，是一个组织在一定的时间内奋力争取达到的所希望的未来状况。以下几类组织的目标为：

（1）企业——通过向社会提供产品和服务来获取利润。

（2）政府——为社会服务，促进社会经济发展。

（3）学校——培养不同层次的适用人才。

（4）医院——救死扶伤和建立社会安全健康体系。

2. 目标的作用。

（1）引导行动。目标是为组织指明前进方向的，一个组织如果没有明确的目标，就没有前进的方向，也就无法有效地协调资源。因此，每个组织都必须有自己明确的目标，并使组织成员为目标而共同努力、奋斗。

（2）激发动机。组织目标的实现必须依靠全体成员的共同努力。当组织目标的实现能够满足人们对个人目标的追求时，组织目标就会成为最有力的激励因素，激励员工最大限度地发挥主观能动作用，为实现目标作出贡献。

（3）评价的标准。目标的第三个作用就是它可以作为衡量和评价工作绩效的标准。管理的目的在于促进组织成员取得最大的工作绩效，而没有目标就无法衡量工作是否取得了绩效及绩效的大小。

（4）管理的基础。为避免组织内部之间的冲突和矛盾，组织成员往往需要了解其他成员的工作计划是什么，通过了解组织目标，组织成员就可相互了解，以实现彼此之间的协作配合，减少工作中的冲突和矛盾。因此，通过目标管理就能帮助我们克服和避免管理上的混乱。

3. 目标的性质。

（1）层次性。从组织结构的角度来看，从广泛的社会经济目标到特定的个人目标都有一个层次体系。组织的目标层次体系如图 5-2 所示。

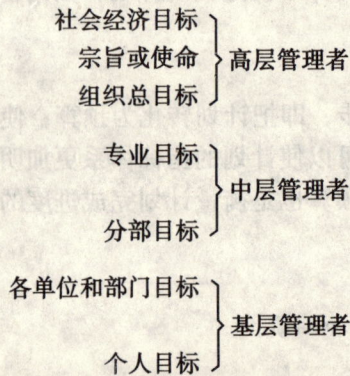

社会经济目标
宗旨或使命 } 高层管理者
组织总目标

专业目标 } 中层管理者
分部目标

各单位和部门目标 } 基层管理者
个人目标

图 5-2 目标层次体系

（2）多样性。组织的管理活动是多种多样的，所以组织的目标具有多样性。如企业在人、财、物、事、信息等各方面都有它们各自的目标；而企业的各个部门如销售部、科研部、财务部、生产部等也有自己的目标。这就涉及主次目标的问题，只有了解目标的多样性，管理者才能正确确定目标并充分发挥目标的作用。一个组织目标具有多样性，即使是组织的次要目标，一般也是多种多样的。如市场定位、生产率、利润率、管理人员的绩效和发展以及社会责任等。

（3）网络性。组织的目标通常是通过各种活动的相互联系、相互促进来实现的，所以目标和具体的计划通常构成一个网络。只有使各个目标互相连接，彼此协调，目标网络才有效果。而在现实的管理活动中，管理人员往往会基于本部门的自身利益，从自身的角度去看待目标，而不是从目标网络的总体去把握和考虑。

（二）目标管理

1. 目标管理的由来和含义。目标管理是在泰罗的科学管理和行为科学理论基础上形成的一套管理制度。1954 年，德鲁克在他所著的《管理的实践》一书中，首先提出了"目标管理和自我控制"的主张。我国实行目标管理始于 1978 年，是伴随着推行全面质量管理而开展起来的。

2. 目标管理的概念。是指组织的最高领导层根据组织面临的形势和社会需要，制定出一定时期内组织经营活动所需达到的总目标，然后层层落实，要求下属各部门主管人员以至于每个职工根据上级制定的目标，分别制定目标和保证措施，形成一个目标体系，并把目标的完成情况作为各部门或个人考核的依据。

3. 目标管理的特点。

（1）目标管理是参与管理的一种方式——目标的实现者也是目标的制定者，即上级与下级一起共同确定目标。总目标、部门目标、个人目标组成目标体系。

（2）强调自我管理，"自我控制的管理"取代"压制性管理"。

（3）协调集权与分权的矛盾，促使权力下放。

（4）注重成果第一的方针。

4. 目标管理过程。一般可分为四步，见图 5-3。

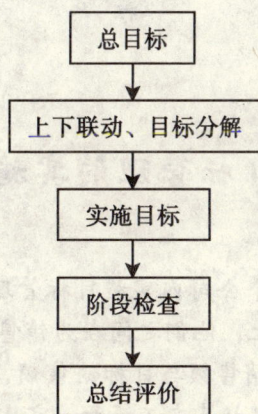

```
┌──────────┐
│  总目标   │
└────┬─────┘
     ↓
┌──────────────────┐
│ 上下联动、目标分解 │
└────┬─────────────┘
     ↓
┌──────────┐
│  实施目标  │
└────┬─────┘
     ↓
┌──────────┐
│  阶段检查  │
└────┬─────┘
     ↓
┌──────────┐
│  总结评价  │
└──────────┘
```

图 5-3　目标管理的过程

（1）要有一套完整的目标体系。确定总目标、目标分解、逐级授权。

（2）组织实施。上级要抓重点综合性监督管理，下级要独立自主地进行工作。

（3）检验结果。以目标为依据，考核工作绩效。

（4）新的循环。总结经验教训，为管理循环打下基础。

5. 目标管理的优点。可以造成一种全体职工都关心组织的整体目标的局面，从而得到一种组织的活力和生机，大大改善组织的素质。

（1）有助于提高管理水平。

（2）有利于暴露组织机构中的缺陷。目标管理可使主管人员把组织的作用和结构搞清楚，从而尽可能地把主要目标所要取得的成果落实到对实现目标负有责任的岗位上。

（3）有利于调动人们的积极性、创造性和责任心。

（4）有利于进行更有效的控制。管理控制的主要问题之一是要懂得如何进行监督，而一套明确的可考核的目标就是管理者了解如何进行监督的最好指导。

6. 目标管理的缺点。

（1）目标管理理论还没有得到普及和宣传，要把它付诸实施还需要对它进行大量的了解和认识。

（2）适当的目标不易确定。真正可考核的目标是很难确定的，特别是有些定性目标难于定量化。

（3）目标一般是短期的。强调短期的目标，可能会使短期目标和长期目标脱节。

（4）缺乏灵活性。计划是面向未来的，计划制定后还要不断进行调整，目标随之也要改变。而目标的改变可能导致目标前后不一致，从而给目标管理带来困难。

案例分析：

目标管理的实施

一家制药公司，决定在整个公司内实施目标管理，根据目标实施和完成情况，一年进行一次绩效评估。事实上，他们之间在为销售部门制定奖金系统时已经用了这种方法。公司通过对比实际销售额与目标销售额，支付给销售人员相应的奖金。这样，销售人员的实际薪资就包括基本工资和一定比例的个人销售奖金两部分。

销售大幅度提上去了，但是却苦了生产部门，他们很难完成交货计划。销售部抱怨生产部不能按时交货。总经理和高级管理层决定为所有部门和个人经理以及关键员工建立一个目标设定流程。为了实施这个新的方法，他们需要用到绩效评估系统。生产部门的目标包括按时交货和库存成本两个部分。

他们请了一家咨询公司指导管理人员设计新的绩效评估系统，并就现有的薪资结构提出改变的建议。他们付给咨询顾问高昂的费用修改基本薪资结构,包括岗位分析和工作描述;还请咨询顾问参与制定奖金系统,该系统与年度目标的实现程度密切相连。他们指导经理们如何组织目标设定的讨论和绩效回顾流程。总经理期待着很快能够提高业绩。

然而不幸的是,业绩不但没有上升,反而下滑了。部门间的矛盾加剧,尤其是销售部和生产部。生产部埋怨销售部销售预测的准确性太差,而销售部埋怨生产部无法按时交货。每个部门都指责其他部门的问题。客户满意度下降,利润也在下滑。

案例思考:

1. 本案例的问题可能出在哪里?
2. 为什么设定目标(并与工资挂钩)反而导致了矛盾加剧和利润下降?

六、战略

(一)战略的定义

战略(Strategy)是指组织中带全局性、长远性和根本性的行动谋划和对策研究。战略是为了实现企业的使命和目标对所要采取的行动方针和资源使用方向的一种总体项目,是为了回答使命和目标而对发展方向、行动方针,以及资源配置等提出的总体规划。

战略问题主要发生在营利性企业组织和与市场相关的竞争性活动中。按照组织层次,战略可以分为公司战略、事业部战略和职能战略三个层次(见图5-4)。

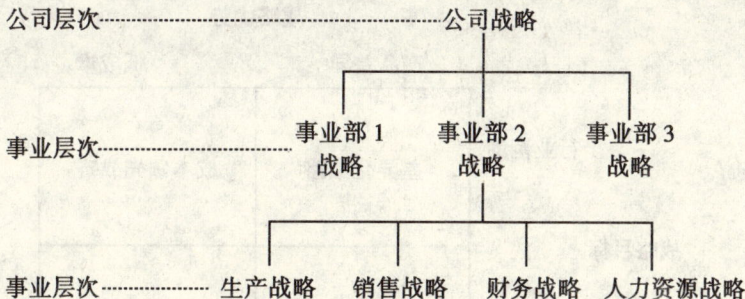

```
公司层次----------------------------------公司战略
                                            |
              ┌─────────────┼─────────────┐
事业层次----- 事业部1      事业部2      事业部3
              战略          战略          战略
                            |
              ┌──────┬──────┼──────┬──────┐
事业层次----- 生产战略  销售战略   财务战略  人力资源战略
```

图5-4 战略层次分类

(1)公司战略。是指导组织发展总方向,确定公司参与竞争的领域及资源如何分配的战略。主要回答下列问题：组织将从事什么事业？各战略资源如何在各事业部之间分配？这一层次的战略由组织的最高层管理者制定。

（2）事业部战略。指如何在经营领域内与对手展开有效的竞争。主要回答下列问题：事业部如何在市场上竞争？应该如何协调各个职能部门的战略？这一层次的战略由事业部管理者制定，由组织高层领导者审查批准。

（3）职能战略。指组织的各个职能部门为支持事业部战略而制定的战略。主要回答下列问题：各个职能部门如何支持事业部战略？这一层次的战略通常由职能部门的管理者制定，由组织高层管理者审查批准。

三个层次的战略都是战略的重要组成部分，但侧重点和影响的范围有所不同。三个层次的战略协调对增强整体战略效果具有关键性意义，三者必须紧密配合。

（二）SWOT分析法

SWOT分析法是一种综合考虑企业内部条件和外部环境的各种因素，进行系统评价从而选择最佳经营战略的方法。S是指企业内部的优势（Strengths）；W是指企业内部的劣势（Weaknesses）；O是指企业外部环境的机会（Opportunities）；T是指企业外部环境的威胁（Threats）。SWOT分析法依据企业的目标，对企业生产经营活动及发展有着重大影响的内部及外部因素进行评价，按因素的重要程度加权并求和，然后根据所确定的标准，从中判定出企业的优势与劣势、机会和威胁。企业在此基础上，选择所要从事的战略。

（三）四种基本的竞争战略

依据企业竞争优势的类型和战略目标涉及的范围的不同，可以把企业可选择的竞争战略分为四种类型。这四种战略分别是：成本领先战略、差异化战略、集中差异化战略和合作战略（见图5-5）。

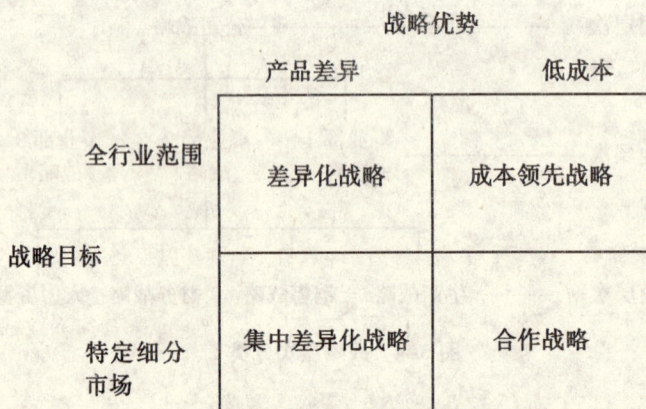

战略优势

	产品差异	低成本
全行业范围	差异化战略	成本领先战略
特定细分市场	集中差异化战略	合作战略

战略目标

图 5-5　波特竞争战略示意图

（1）成本领先战略。成本领先就是低成本竞争战略，要求积极建立高效大规模生产设施，通过经验曲线与严格的成本和费用控制，努力寻求成本削减，避免边缘客户订单，在研究开发、服务、销售队伍、广告等方面成本最小化。

（2）差异化战略。差异化瞄准大规模市场，生产在整个产业来看都比较独特的产品和服务，形成一些在全产业范围中具有独特性的东西。差异化战略是回避直接竞争的基本手段。差异化战略中最主要的问题是确定在哪些方面，或把哪些要素差异化。差异化战略已逐步发展为企业与竞争对手竞争的武器。如何选择，可从以下三方面综合考虑：顾客的需求是什么、竞争对手是谁、能否持续保持比较优势。

（3）集中差异化战略。集中差异化战略可以分为成本集中和差异化集中两种。成本集中是针对某一购买群或区域市场采用低成本战略，只服务于这一市场空隙。差异化集中是针对某一顾客群、产品细分市场或区域市场采用差异化战略。

（4）合作战略。合作战略是通过与其他公司一起行动，而不是针锋相对来获得竞争优势的战略。很多公司除了在独自追逐和实施各自的基本竞争战略外，都已经开始同其他公司组建战略联盟和合作伙伴关系，追求在各自战略行动方面的互补，以及加强他们在国内国际市场上的竞争力。合作战略的主要类型是战略联盟。依照战略联盟的强弱程度不同，主要包括四种方式：共同服务协议、合资、许可证协议和价值链伙伴。

案例分析：

中南油脂公司

1988年初夏，深圳蛇口诞生了国内最大的一家食用油脂加工企业——中南油脂公司（以下简称中南）。该公司由6家中外企业共同投资组建，其中：内地2家，中国香港地区3家，另1家为马来西亚公司。前2家及后4家的出资比例分别为20%与80%。中南油脂公司拥有1400名员工，其中管理人员40人（11名为外籍），总经理来自新加坡。

中南主要生产经营各类高、中档的植物油脂。公司设有2座油脂精炼加工厂，设备由德国进口，加工精炼从马来西亚、菲律宾、南美、加拿大和欧洲进口的优质毛油，年生产能力40万吨。此外，公司拥有总储量5万吨的油罐区。

中南在成立之初提出了"创建中国一流企业"的目标。1990~1994年，中南取得了理想的业绩发展，营业收入增长了1倍多。由收益留存积累的资本使得中南的资产总额每年均有 10% 以上的增长，与同行业比较，中南的规模与业绩均处于明显领先地位。开业以来，中南每年均跻身全国食品制造业十强，并在油脂加工业中独占鳌头。1994 年更是创下了历史最高水平，不仅是当年唯一一家在"全国十大外商投资高营业额企业"、"全国十大外商投资高出口创汇企业"、"全国十大外商投资高人均利税企业"三项评比中榜上有名，同时还入选了当年工业企业全国 500 强，中南还是食品行业中首家获国际、国内 ISO9002 质量保证体系双重认证的企业。

中南能够取得今日的市场地位与其实力是密切相关的。从生产技术与设备来说，中南全面采用了自动化生产技术，从德国引进了 20 世纪 80 年代末国际先进水平的自动化生产线。全封闭的连续生产技术可保证加工能力随不同种类油脂等级的要求，在 600~1200 吨每 24 小时范围内调整，产品理化指标优于国家规定，规格达国际先进水平。以水分杂质指标为例，其精炼油不超过 0.1%。由于炼耗低于国内外中小油厂 1%~2%，每年可多得成品油 8000 吨，设备节能效果也十分显著。另外，中南的制桶生产线也为德国引进的全自动流水线，制桶成品率 99.95%，成品桶外观质量、漆膜附着力均属国内一流，使得中南的产品在外观包装上占据极大优势。

中南依靠强劲的广告宣传，以及热心公益的形象（如向希望工程捐款 100 万元），为自己建立了良好的社会声誉，获得了极高的知名度。

这种知名度以及送货上门、包退包换、认真处理投诉等销售服务措施，又使得中南得到了中间商和消费者的普遍认同。中南的小包装精油产品，在市场的覆盖率是最高的。中南的经营活动，享受了比较全面的特区政策，包括税收、土地使用、外汇管理、银行信贷、劳动用工、人员出入境管理等方面。

比如，全面的税收减免，全部外币现汇的保留，为解决外汇收支平衡可出口非本企业生产的产品，以及外籍员工多次有效的出入境签证等。由于中南是深圳市的先进技术企业，还能享受有关的优惠待遇。

在存在优势的同时，中南也有经营上面临的问题。中南地处深圳蛇口港区，与香港、澳门隔水相望，天然的深水港及现代化的装卸设备，对于出口自然十分便利，但要创建全国性品牌，产品进入各个省市区，运输问题则十分关键。目前，港区有铁路网伸进，并与庞大的公路干线网络相连，产品虽能较方便地运送全国各地，但运输成本仍然较高。这也是目前中南优质的散装精制油很少供应国内市场的原因，因而很难与既占据地理优势又享受国家补贴的国有企业竞争。中南的小包装食用油，在价格上也并非处于有利位置。按照目前的趋势，小包装食用油市场面临价格竞争的问题，因为小包装食用油市场已经过于密集，而又有 70% 的用户认为目前价格偏高。

原材料的供应也不稳定。外商投资企业一般没有计划指标的原料供应，加之市场又不够成熟，时常找不到可靠的供应来源。国外虽有一定的原材料渠道，但成本偏高。另外，国内对原材料的运输也层层设卡，不仅加大了采购成本，甚至导致生产的被迫中断。

市场竞争日益激烈。与中南真正形成竞争交锋的，是一批与中南有相似背景的外商投资企业。庞大的中国市场吸引了众多的跨国财团前来投资建厂，先后建立了一批油脂加工生产、转口贸易基地。最具竞争力的是丰顺和日兴两家。它们的共同特点是实力雄厚、资金充裕，有国际财团作后盾，规模较大，年生产能力达50万吨，具备大型化、机械化、自动化等特点的设备大多从日本、欧美等地引进，达到20世纪80年代先进水平，产品质量好、品种多。

1990年，当中南开业进入市场时，强大的竞争对手很少，但市场发展很快。1991年，中南首家推出小包装食用油后4年间市场一下子拥出50多个竞争品牌，并以新进入的高起点的强者姿态加入竞争，像日兴食品，虽只进入市场1年，但增势逼人，它们将"一个大城市一个工厂"作为在中国的投资目标。日兴色拉油以及丰顺油脂的噎宝、红心两个品牌均是中南强劲的挑战者。

尽管政府的粮油贸易政策在逐步松动，但各地方仍制定了不少"土政策"，希望通过条条框框严格控制市场供应与流通渠道，极力保护地方与区域的利益。

最后，随着中国市场经济的进一步成熟，中南也面临着获得"国民待遇"地位的问题，原先享有的诸多优势政策可能消失，竞争优势可能会丧失，甚至逆转。

案例思考：

对于中南油脂公司这样的一家历史并不悠久、又无国际财团支撑的新兴企业，为了巩固其已有的竞争优势，保持稳定的发展，该企业应设计一个怎样有效的长期计划呢？

第二节 决 策

一、决策的概念

（一）什么是决策

所谓决策，就是按组织目标要求在组织内外条件的约束下，从两个以上的可行方案中选择一个合理方案的分析判断过程。

许多管理学者都对决策下过定义。美国卡内基梅隆大学教授赫伯特·A.西蒙提出："决策是管理的心脏，决策贯穿于管理的全过程，管理是由一系列决策组成的；管理就是决策。"

管理学教授里基·格里芬在《管理学》中指出："决策是从两个以上的备选方案中选择一个的过程。"周三多在《管理学》中指出："组织或个人为了实现某种目标而对未来一定时期内有关活动的方向、内容及方式的选择或调整过程。"

（二）决策在管理中的地位和作用

（1）决策是计划工作的核心，是管理的基础。

（2）决策是各级、各类主管人员的首要工作。

（三）正确决策的特征和决策有效性的标准

1. 正确决策的特征。

（1）有明确而具体的决策目标。决策就是选择方案，如果决策的目标是模糊的，就无法以目标为标准评价方案，更无从选择方案。

（2）以了解和掌握信息为基础。通过组织外部环境和组织内部条件的调查分析，根据实际需要与可能选择切实可行的方案。

（3）有两个以上的备选方案。必须要有可供选择的方案，否则决策可能就是错误的。

（4）对控制的方案进行综合分析和评估。对每个可行方案进行可行性研究，通过分析，确定出每个方案的经济效果和所能带来的潜在问题，以便比较各个可行方案的优劣。

（5）追求的是最可能的优化效应。在若干备选方案中选择一个合理的方案。决策者只能得到一个适宜或满意的方案，而不可能得到最优方案。

2. 决策有效性的标准。

（1）最优决策又称理性决策。所谓"最优"，是有条件的，是在有限的、极为严格的条件下提出的。取得最优解的满足条件是：问题清楚明确；目标单一明确（利润最大化）；所有方案已知；偏好清楚、一致、稳定；没有成本时间约束。

（2）满意决策又称有限理性决策，以满意标准衡量决策有效性。

（3）合理标准。强调决策过程各个阶段的工作质量最终决定了决策的正确性和有效性，而不仅仅在于进行方案抉择时采用"最优"还是"满意"的标准。

二、决策的类型

1. 按决策问题的性质，可以将决策分为战略决策和战术决策。

（1）战略决策是指由组织的高层管理者作出的、对组织的全局和长期发展有重大影响的决策。如企业的长期经营方向、新产品的开发、新市场的开拓等。战略决策主要重视企业的外部环境，其形式多是非程序化的。战略决策的正确与否对组织有重大的影响。

（2）战术决策是指根据战略目标的要求，针对具体的问题而作出的决策，是实现战略决策过程中解决所面临问题的决策。没有战术决策，战略决策的目标就会失去作用。如果没有战略决策，战术决策就会失去方向。

一般说来，组织的高层管理者应将主要的精力放在战略决策上，而中、基层的管理者则应将主要精力放在战术决策上。

2. 按决策的性质，可以将决策分为常规决策和非常规决策。

（1）常规决策又称程序性决策，它是指对重复性的日常事件所做的决策，它要解决的是经常出现的问题。它是可以按照既定的程序、标准进行的决策。程序性决策的关键是日常活动的程序化，如商品的经常性采购、供应、销售等，都可以按照业务特征建立一定的程序。程序化决策通常用于一般性问题。越是基层管理者，程序化决策权所占的比重越大。

（2）非常规决策也叫非程序性决策，与常规决策恰好相反，非常规决策是针对非例行的、不重复的活动即第一次出现或偶然出现的问题作出的决策，一般用于解决遇到的重大的、不经常出现的问题。其决策权一般为组织的高层管理人员所拥有。

3. 按决策的环境约束条件，可以将决策分为确定型决策、风险型决策和非确定型决策。

（1）确定型决策是指影响决策的因素已十分明确和肯定，每个决策方案的结果都比较确定。

（2）风险型决策又称随机型决策，是指影响决策的主要因素存在几种情况，每种情况都有一定的发生概率。作出决策后，决策者对将出现的结果一无所知。

（3）非确定型决策是指决策方案面临两种以上的自然状态，这些状态出现的概率无法预测，决策者要通过综合分析才能作出决策。这种决策的风险性大，是经济活动中最常见的决策。

一般来说，越是组织的高层管理者，所做的决策越倾向于战略决策、非常规决策和非确定型决策；越是组织的基层管理者，所做的决策越倾向于战术决策、常规决策和确定型决策。

4. 按决策风格分类，可分为个人决策和群体决策。

（1）群体决策。会议形式或上下结合进行的决策，可以集思广益，利用集体的智慧，克服个人决策的局限性，更好地保障决策的正确性。但集体决策程序复杂，耗时长、成本高、效率低下，只适合于组织长远性、全局性的重大问题的决策。

（2）个人决策。决策者凭个人经验、知识、能力和掌握的信息进行的决策。这种决策速度快、成本低，但个人的知识、能力和掌握的信息有限，主观随意性不可避免，只适合于组织的日常事务、紧急事务。

5. 按决策时间分类，可分为长期决策、中期决策、短期决策。

（1）长期决策。即 2 年以上的决策。

（2）中期决策。即 3 个月至 2 年的决策。

（3）短期决策。即 3 个月以内的决策。

6. 按决策目标分类，可分为单目标决策和多目标决策。

（1）单目标决策。只有一个目标的决策。

（2）多目标决策。多个目标同时实施，大多数决策属于多目标决策。

7. 按决策活动特点分类，可分为独立决策和互动决策。

（1）独立决策。面向自然的活动决策，即只有自然现象，没有社会现象的决策。

（2）互动决策。面向社会的决策。互动决策的本质是各个活动的决策，取决于其他获得这种决策的猜度，类似于人与人之间的博弈，互动决策又称为博弈决策。

8. 按决策问题可量化性分类，可分为定量决策和定性决策。

（1）定量决策。决策目标本身表现为数量指标：企业产量、销售额、利润、成本。

（2）定性决策。决策目标是定性的描述或抽象的表达，如组织结构、人事任免、规章制度的制定等由决策者主观分析判断。

三、决策的过程

（一）发现问题，分析问题

问题是决策的起点，决策是为了解决一定问题所进行的管理活动。因此，决策必须围绕一定的问题来进行。这里的问题是指现实与期望之间的差异。仅仅把问题提出来是不够的，还必须在提出问题的基础上，对问题进行分析，以明确各问题的性质及产生原因。

（二）确定目标

确定目标是决策的前提。决策目标既是制定决策方案的依据，又是执行决策、评价决策执行效果的标准。所以，决策目标一定要含义明确，内容具体、定量化，而且决策目标必须定得合理。一项合理的决策目标应该是能使该目标既能达到，但又必须是经过努力才能达到。目标定得太高，不切合实际，会使人望而却步，失去信心与勇气；目标定得太低，不经过任何努力就可实现，人们就会因为其唾手可得而感到无所作为，没有成就感，从而丧失应有的压力和积极性。因此，决策目标首先得正确、明确，其次是合理、可行。

（三）制定备选方案

一般来说，实现同一个决策目标的方式或途径可能多种多样，决策过程只有一个抉择方案的情况是少有的。但是途径和方式的不同，实现目标的效率也就不一样。这就要求对多种途径和方式进行深入比较和选择，将所有可能的备选方案都制订出来。

制订备选方案应该在限制因素的范围内去寻找。限制因素是指妨碍目标实现的因素。管理者应该围绕如何克服这些限制因素去寻找备选方案。许多管理者是根据经验制订备选方案。最好的方法是创新，而不是根据自己或别人的经验制订备选方案。

（四）评选、确定方案

对备选方案进行比较评价，从中选出相对最优的方案，这是决策的关键环节。评选方案不是简单地根据评价指标从中选择最高的，而是要经过合理、科学的评选过程，必须具备可行性。在评价和确定方案时应从以下几个方面考虑：①实施方案所需的成本大小。②实施方案能给组织带来的收益的大小。③方案在实施中可能遇到的风险大小。

（五）选择方案

从各个方案中选择最优方案的关键步骤是：

（1）制定评价和选择标准。一般不采用最优标准，而是满意标准。

（2）对备选方案进行全面评价。

（3）选择最佳方案。根据满足满意标准和最大最小原则，两利取其大，两弊取其小，进行最优化选择。

（六）决策的实施反馈

实施是将决策传递给有关人员并得到他们行动的承诺。

（1）评价决策结果。

（2）反馈对方案的实施进行跟踪控制，即时反馈信息，必要时对决策进行修正，使决策在实践中进一步完善。

（3）决策总体上正确，做一些调整和修正，执行过程中出现"浴盆效应"。

四、影响决策的因素

（一）决策者的心理因素

决策者的心理因素包括：认知、情感、意志、气质、性格、能力、态度、行事风格等个性心理。

（1）认知能力。认知（经验、知识）能力对决策影响明显。

（2）情感。决策需要理智的人，理智控制感情。

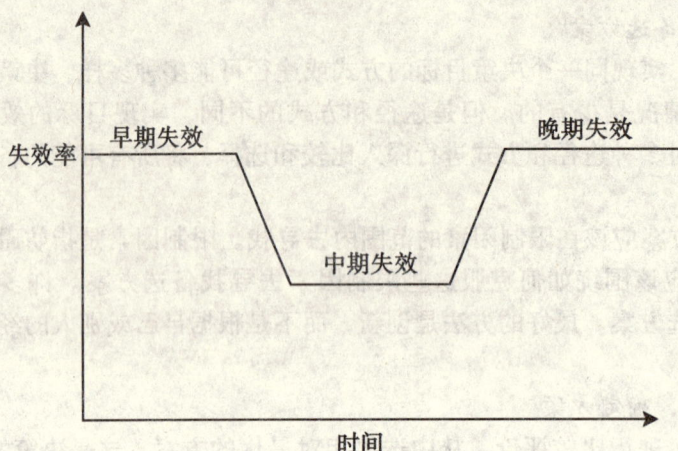

图 5-6　决策执行过程的浴盆效应

（3）意志。意志坚强者有冒险精神，这是竞争必备的品质。意志薄弱者，是优柔寡断、保守的人。

（4）气质、性格。外向型的人，活泼好动，反应敏捷，情感丰富，交往广泛，但注意力不集中，兴趣容易转变。内向型的人，不善于交际，个人沉思，但看人看事比较客观，考虑问题不易受干扰。

（5）态度。对收益和损失、成功和风险的态度，对决策有直接的影响。

（二）决策环境

各种影响决策者决策的内外因素就构成了决策环境。决策环境分为宏观环境和微观环境。宏观环境主要包括政治环境、经济环境、社会环境、文化环境等。微观环境包括竞争者、潜在加入者、替代品、消费者和原材料供应者等。

（三）过去的决策

在大多数情况下，组织过去的决策是目前决策过程的起点，"非零起点"是一切决策的基本特点。

过去决策对当前决策的制约程度，主要是由过去决策与现任决策者之间的关系所决定。一般而言，如果过去的决策是由现任决策者制定的，则决策者一般不愿意对组织的活动进行重大调整；如果现任的决策者与组织过去的重大决策之间没有很深的关系，则容易进行重大的调整。

（四）决策者的素质与作风

决策者的知识水平、价值观、战略眼光、领导能力、对待风险的态度等都会直接影响决策的过程和结果。尤其是决策者对待风险的态度，态度不同则作出的决策方案也不同。愿意承担风险的决策者，通常会在被迫对环境作出反应以前就已采取进攻性的行动；而不愿承担风险的决策者通常只对环境作出被动的反应。

（五）组织文化

组织文化制约着组织及成员的行为方式，它通过影响人们对改革的态度而影响决策。

任何决策的制定与实施，都是对过去决策在某种程度上的否定，都会给组织带来某种程度的变化。组织成员对这种可能发生的变化常常表现出欢迎或抵制两种截然不同的态度。在团结、开拓、和谐、创新的组织文化中，人们常常会以发展的眼光来分析决策的合理性，并积极参与组织决策的制定。保守、怀旧、压抑、涣散的组织文化容易使人们对组织决策漠不关心，甚至产生抵触心理与行为。

五、决策方法

（一）德尔菲法

德尔菲法是由美国兰德公司于 20 世纪 50 年代初提出并应用于决策中的。德尔菲法是一种向专家进行调查研究的专家集体判断。这种方法要求参加决策的人员都是专家或者是对要决策的问题有一定经验的内行。这种决策方法的大概过程是：

第一步：选定专家，并确定所要决策的问题。将所要决策的问题通过电话、信函或 E-mail 等告知各专家。专家的人数，一般以 10~50 人为宜，如果是重大的决策则可选择 100 人以上。

第二步：将所有专家的意见在一个信息处理中心集中，进行整理、归纳，使其条理化。

第三步：将条理化后的结果再反馈给各专家，所有的专家据此提出修改意见和提出新的意见。

第四步： 如此反复 3~5 次，直到取得基本一致的意见。

（二）专家会议法

专家会议法，是邀请有关方面的专家，通过会议形式，提出有关问题，展开讨论，最后综合专家们的意见，作出决策。采用这种方法要注意：①参加的专家人数不能太多。②要让大家各抒己见，不要受技术权威或政治权威的影响。③决策者要虚心听取专家们的意见。

（三）头脑风暴法

头脑风暴法是为了克服障碍，产生创造性方案的一种简单方法，它由被称为"风暴式思考之父"的英国心理学家奥斯本提出。这种方法是专家或人员围桌而坐，相互交流。群体领导者以一种明确的方式向所有参与者阐明问题，参与者在一定的时间内提出尽可能多的方案，不允许做任何批评，并将所有的方案都记录下来，稍后再进行讨论和分析。

头脑风暴法的目的在于创造一种自由的思考环境，诱发创造性思维。一般参与者以 15 人左右为宜，时间为 30~60 分钟，参与的人员不宜有领导者，也不要求专业一定对口。

（四）盈亏平衡分析法

盈亏平衡分析也叫做量本利分析，即销售量、成本、利润分析。这种分析方法的关键是找出盈亏平衡点，也就是成本总额与销售收入总额相等的点，见图 5-7。

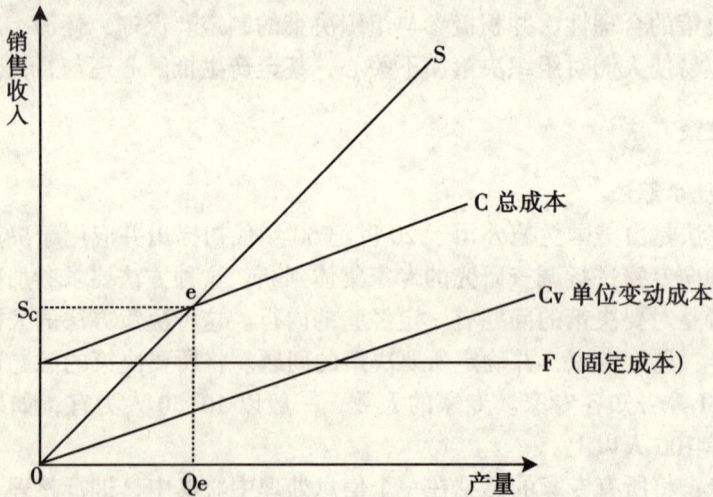

图 5-7　盈亏平衡

销售收入 = 产量 × 单价

生产成本 = 固定成本 + 变动成本 = 固定成本 + 产量 × 单位变动成本

用符号表示就是：

$$Qe \times P = F + Qe \times Cv$$

$$Qe = F / P - Cv$$

其中：Qe 表示临界产量即保本产量；F 表示固定成本；P 表示单价；Cv 表示单位变动成本。

例：某公司生产一种产品，其成本计算如下：固定成本每天 600 元，变动成本每件产品是 20 元，产品的销售单价为 30 元，决策的问题是每天生产多少产品才能使盈亏平衡。

根据 $Qe = F / P - Cv$，可得 600/30-20=60，所以每天生产 60 件产品才能使盈亏平衡。

（五）决策树法

决策树法又称树状决策法。决策树是由一些节点（通常用方框或圆圈表示）和连接这些节点的直线所组成的图形，见图5-8。

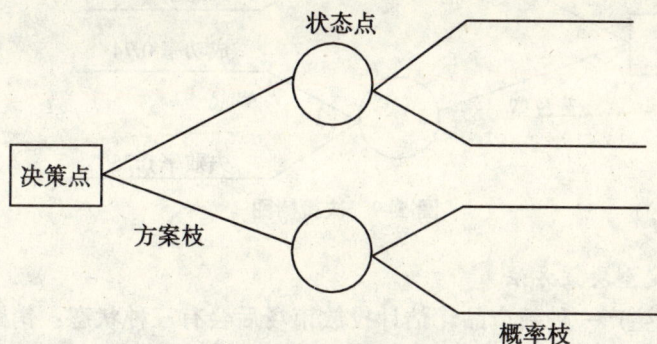

图5-8　决策树的结构

图中方框称为决策点，表示作出抉择。由决策点引出的直线称为方案枝，每一枝条表示一个方案，并与状态点连接。状态点就是图中的圆圈，它表示选择某一方案后可能出现的情况及其后果。由状态点引出的直线称为概率枝，每一枝条表示一种自然状态，通常要在概率枝上简要地说明自然状态的内容及其出现的概率。

决策树法一般要经过以下三个步骤：

第一步：绘制决策树。

第二步：计算期望损益值。

第三步：进行决策。

例：某汽车公司开发设计一种新款汽车，设计了豪华型和普及型两个型号。如果豪华型上市成功可获利3000万元，如果失败则亏损1000万元；普及型若上市成功可盈利1500万元，失败则亏损300万元。根据市场分析，豪华型成功的概率为0.62，普及型成功的概率为0.74。公司应生产哪种型号的汽车？

（1）画出决策树图。

（2）计算期望损益值。

生产豪华型的期望损益值：$3000 \times 0.62 + (-1000) \times 0.38 = 1480$（万元）

生产普及型的期望损益值：$1500 \times 0.74 + (-300) \times 0.26 = 1032$（万元）

（3）作出决策。通过对两方案计算结果的比较，生产豪华型汽车的期望损益值是1480万元，大于生产普及型汽车的期望损益值1032万元，所以生产豪华型汽车是最佳决策方案。

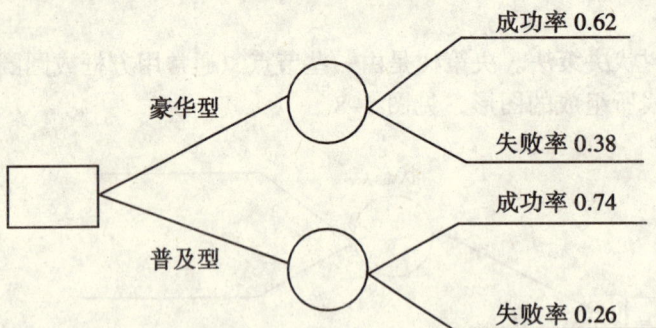

图5-9 决策树图

(六) 不确定型决策方法

某公司准备生产一种新产品，估计投放市场后会有三种状态：销路较好、销路一般和销路较差。该公司拟定了三种行动方案：大批生产、中批生产和小批生产。各方案的损益值如表5-1、表5-2、表5-3和表5-4所示。

表5-1 行动方案损益表

单位：万元

自然状态 损益值 行动方案	市场销路		
	较好	一般	较差
大批量生产	200	80	-20
中批量生产	100	40	0
小批量生产	10	10	10

1. 大中取大法。

表5-2 行动方案损益表

单位：万元

自然状态 损益值 行动方案	市场销路			最大收益值
	较好	一般	较差	
大批量生产	200	80	-20	200
中批量生产	100	40	0	100
小批量生产	10	10	10	10

三种行动方案的最大收益值分别为200万元、100万元和10万元。因此，应

选择收益值为 200 万元的方案——大批量生产为决策方案。

2. 小中取大法。

表 5-3　行动方案损益表

单位：万元

自然状态 损益值 行动方案	市场销路			最小收益值
	较好	一般	较差	
大批量生产	200	80	−20	−20
中批量生产	100	40	0	0
小批量生产	10	10	10	10

三种方案的最小收益值分别为−20 万元、0 万元和 10 万元。因此，应选择收益值为 10 万元的方案——小批量生产为决策方案。

3. 最小最大后悔值法。

表 5-4　行动方案损益表

单位：万元

自然状态 损益值 行动方案	市场销路			方案后悔值			最大后悔值
	较好	一般	较差	较好	一般	较差	
大批量生产	200	80	−20	0	0	30	30
中批量生产	100	40	0	100	40	10	100
小批量生产	10	10	10	190	70	0	190

三种方案的最大后悔值分别为 30 万元、100 万元和 190 万元。因此，应选择最大后悔值为 30 万元的方案——大批量生产为决策方案。

（七）计划方法

1. 滚动计划法。

长期计划是以滚动计划法的形式进行的。人类预测未来的能力是有限的，而且计划期越长，不确定性越大。所以，管理者在制订长期计划时就要使计划保持足够的弹性。这样，当环境发生变化后就可以及时调整计划。

滚动计划法采用的是"近细远粗"法制订初始计划，在计划期的第一阶段结束时，根据该阶段的实际执行情况和内外环境的变化情况，对原计划进行修订，并使计划向前滚动一个阶段，以后各阶段都是根据同样的原则逐期滚动。

滚动计划法与传统制订计划的方法相比，虽然在一定程度上增加了编制计划的任务量，但滚动计划法变静态计划为动态计划，大大增强了计划的弹性，而且能更好地保证计划的指导作用，提高计划的质量。滚动计划法的具体做法见图 5-10。

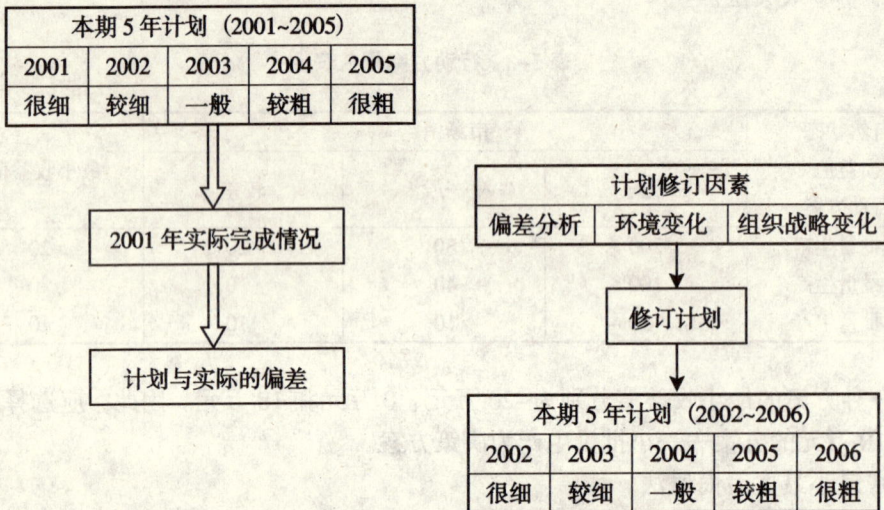

本期 5 年计划（2001~2005）				
2001	2002	2003	2004	2005
很细	较细	一般	较粗	很粗

2001 年实际完成情况

计划与实际的偏差

计划修订因素		
偏差分析	环境变化	组织战略变化

修订计划

本期 5 年计划（2002~2006）				
2002	2003	2004	2005	2006
很细	较细	一般	较粗	很粗

图 5-10 滚动计划法

2. 网络计划法。

网络计划法是运用网络图的形式来编制计划的一种方法，见图 5-11。

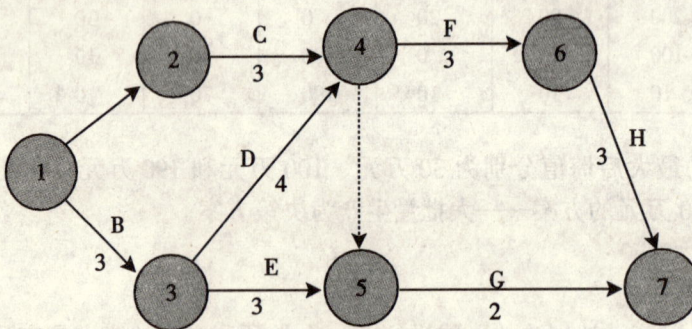

图 5-11 网络计划图

网络图一般由三个部分组成：

（1）事项，用圆圈表示，是两个工序之间的连接点。表示前道工序完成，后道工序开始。需要注意的是，一个网络图只有一个始点事项、一个终点事项。

（2）工序，用箭头表示，代表一个工作的过程，需要一定的时间完成。用虚箭头表示虚工序，它不占用时间，只表示工序之间先后的逻辑关系。

（3）路线，从始点事项开始，经过各事项，一直到达终点事项的一条线路。一个网络图中往往存在多条路线。在多条路线中，可以找到一条或几条耗时最长的路线，这种路线就称为关键路线，关键路线上的工序称为关键工序。

用网络计划法编制计划，要经过三个步骤：

第一步：分解工序。将整个活动计划分解为若干道工序，确定每道工序所需时间。

第二步：根据工序绘制网络图。根据各道工序之间的时间先后关系，绘制出包括所有工序的网络图。

第三步：确定关键路线和关键工序。通过时间计算，从所有的路线中找到耗时最长的关键路线。

案例分析：

战略决策是成功之母

1992 年，纺织工业部联合外经贸部和交通银行总行成立了华源集团。其目标是通过科、工、贸、金融的结合发展成为"外向型、多元化、高科技"的大型企业集团。成立之初，通过国际贸易和浦东的房地产开发掘到了"第一桶金"，在短期内积累了较为雄厚的资本，接下来的问题是如何确定企业的长期发展方向。

通过专业人员对市场容量和结构、市场发展潜力、竞争态势、技术进步因素、宏观经济环境以及企业自身拥有的资源等诸多企业内外部竞争环境因素进行深入的调研和分析后，华源集团最终选择了把纺织和农机作为企业的主要发展方向。

一、向纺织行业开拓

华源集团脱胎于纺织工业部，对纺织行业非常熟悉，因此在进行行业的选择时，纺织是首先考虑的方向。

行业研究表明，中国纺织业的主要问题是总量过剩和结构失衡。从产品角度看，纺织品的消费领域分为衣着用、装饰用和产业用三类。中国在装饰用和产业用纺织品方面的消费比例远远低于国际水平，在竞争激烈的衣着用纺织品方面，虽然总量过剩，但对有特色和高品质产品的需求潜力非常大，这部分产品的利润水平也较高。从宏观环境角度看，加入 WTO 对中国纺织业来说是一个潜在的利好因素。

从自身资源的角度来说，纺织工业部、外经贸部、交通银行总行的三重背景使得华源集团可以充分利用资本市场，对从技术开发、制造到进出口的产业链进行大规模的整合，抢占制高点，在竞争中占据有利地位。

在分析的基础上，华源集团确定了发展高新技术纤维和装饰用、产业用纺织品的战略。在具体实施中，通过重组、购买等外部扩张手段，在集团内部形成从高新技术纤维、织造到成衣的完整的产业链，即所谓"大化纤"和"大服饰"的概念。1996年，华源集团将购并的常州合纤厂、南通复合纤维公司、锡山长苑丝织厂以及生产成衣的江苏秋艳集团进行整合及股份制改造后，设立上海华源股份有限公司，向境外发行1.15亿股B股。

在总结华源股份成功实践的基础上，1996年下半年，华源集团又将控股的常熟双猫纺织装饰有限公司、江苏太仓雅鹿公司、上海华源国际贸易发展有限公司、中国纺织保税贸易中心整体推向国内资本市场，组建上海华源企业发展股份有限公司，在上海证券交易所挂牌上市。

华源股份上市后不久，又于1997年6月14日成功发行了4000万股A股，募集资金2.7亿元。利用这些资金紧紧围绕"一条龙大化纤"工程，又展开一系列的购并活动。公司收购了中韩合资华昌染工有限公司和扬州布厂，增加了年产2000万米涤纶仿真丝高级印染布和2000万米高品质涤棉布的生产能力。然后又收购了杜邦（中国）有限公司、赫斯特华新纤维有限公司、雷迪斯聚合物有限公司、巴斯夫—华源尼龙有限公司中的原由华源集团持有的股份，增加了2000吨氨纶、6万吨化学聚合物、8000吨尼龙及4500吨仿毡无纺布的生产能力。这样，华源股份和华源发展就形成了一个高技术纤维→织造→印染→服装服饰的完整的产业链条。

二、向农机行业拓展

行业研究结果表明，中国农机行业单体规模小，资本有机构成低，附加值低，进入壁垒低，为行业外企业进入提供了条件。另外，农机行业结构不合理，产品开发能力低。华源集团如果进入，可以一开始就从高起点来开发产品。

1995年，华源集团开始筛选企业，为进入农机行业做准备。经过反复比较和谈判，华源集团最终选定了六家在国内具有较强竞争力的国有大中型企业，组建了无锡华源行星动力有限公司、山东华源莱动内燃机有限公司、山东潍坊华源拖拉机有限公司、山东华源山拖有限公司、山东华源聚宝农用车有限公司、山东光明机器制造有限公司六家企业。通过对这六家企业的重组，于1998年6月成功组建了华源凯马机械股份有限公司，注册资本6.4亿元，净资产11亿元，总资产28亿元，发行了2.4亿股B股。就资产规模和整体实力而言，华源凯马成为继常柴股份和一拖股份之后国内最大的三家农业机械上市公司之一。小缸多缸柴油机、单缸柴油机和四轮农用运输车的产销量居全国前两位，中小型拖拉机产销量居全国第一。

到 1998 年底，纺织和农机为集团贡献了 70.2% 的业务盈利，成为集团的主导产业。在华源集团的发展历程中，资本运作扮演了不可或缺的重要作用。但资本运作作为一种手段，终究是服务于企业战略的。

案例思考：

1. 你认为公司在选择进入一个行业前应做好哪些方面的研究？
2. 从华源集团的案例中可以得到什么启示？

练习题：

1. 什么是计划？
2. 计划的编制包括哪些步骤？
3. 什么是决策？
4. 简述头脑风暴法。
5. 决策的影响因素有哪些？
6. 根据下表绘制网络计划图。

序号	作业名称	期望时间	紧前作业
A	审查设计和批准动工	10	……
B	挖地基	6	A
C	立物架和砌墙	14	B
D	建造楼板	6	C
E	安装窗户	3	C
F	搭屋顶	3	C
G	室内布线	5	DEF
H	安装电梯	5	G
I	铺地板和嵌墙板	4	D
J	安装门和内部装饰	3	IH
K	验收交接	1	J

第六章　组织工作

组织的目的，就是要使平凡的人做出不平凡的事。

——彼得·德鲁克

本章重点：

△组织及组织类型
△组织工作及组织工作内容
△组织工作的原理
△组织结构及其类型
△组织变革
△团队

学习目的与要求：

1. 理解组织的概念、组织工作的内容
2. 了解组织结构设计——纵向层次设计和横向部门设计
3. 组织变革中的阻力以及克服阻力的方法
4. 了解掌握团队的含义和类型
5. 掌握团队发展的各种技巧

导入案例：

老王的百货商场

老王经过一家人的共同努力，将自家的一个小杂货店发展成为一家中型的百货商场。按说，一家人应该高高兴兴才是，但是现在的老王家充满火药味。事情是这样的，老王和他儿子小王就百货商场设还是不设职能部门争吵开了。老王认为，自己经营小百货有经验，没有必要搞那些花架子，儿子学的那些东西对自己经营没有用处。小王则根据自己在财经大学学过的《管理学原理》，坚持要按照组织的设计要求来设置职能部门。他认为，父亲思想太陈旧、古板，不懂得运用科学来管理，应该洗洗脑子，接受一点新观念，用一些新方法。两人争议了大半天，谁也说服不了谁。

案例提示我们，在解决问题之前，我们得对组织有一个较为明白的了解，这样才能使我们的建议有说服力。作坊式企业或一般意义的个体户企业不需要复杂的结构就能完成信息的传递、搜集和整理。随着企业的发展、壮大，简单的组织形式就越来越适应不了企业运作的要求，于是就需要构建一个组织机构来强化管理。这样说来，老王的百货商场应该按小王的建议去做。

"为了使人们能够为实现目标而有效地工作，就必须设计和维持一种职能结构，这就是组织管理职能的目的。"（孔茨）组织作为一种管理职能，是根据决策目标和计划方案的要求，再按照权力责任关系的原理，把工作人员组合成一个分工协作管理系统，以便实现人员、工作、资源条件和外部环境的优化组合，达到组织的既定目标。

第一节　组织及组织工作

一、组织及其类型

（一）组织的概念

组织是指完成特定使命的人们，为了实现共同目标组合而成的有机整体，是按一定目的和程序组合起来的权责结构。其基本特征：①有两个以上的人。②拥有一个共同目标。③分工协作系统。④按固定程序，形成成员之间的正式关系。

（二）组织的类型

1. 正式组织和非正式组织。

（1）正式组织是两个或两个以上的人的有意识地加以协调的行为系统。正式组织是组织设计工作的结果，是经由管理者通过正式的筹划，并借助组织结构图和职务说明书等文件予以明确规定的。它具有严密的组织结构，主要表现在指挥链、职权与责任的关系以及功能作用上。

正式组织概念包含的基本点是：①构成正式组织内容的，是人的行为，不是个人自由独立行事，体现个体人格的行为，而是个人作为组织成员行事，以组织人格为特征的行为。②个人所提供的行为或力的相互作用，是正式组织的本质特征。它是包含各种人与人之间对立、利害关系在内的相互作用的行为体系。③正式组织是个人行为在各方面都经过有意识的调整而体系化的系统。它不同于个别的行为，不能归结为个体行为的相加。正式组织行为可能大于、小于或异于个体行为的累计，是具有一定结构、统一目标、特定功能的行为整体。

正式组织所指行为系统，是组织在一定的目标、计划、协调、综合的作用下有意识地结合而成的集体化行为系统。

（2）非正式组织活动中，人与人之间除了按照正式确定的组织关系交往外，还会发生正式组织关系之外的交往和接触。这种人与人之间的接触、交往、相互作用会给个人的经验、知识、态度、感情等心理因素以重要影响。人与人之间长期的社会性接触和影响会形成共同的观念、思维习惯和行为习惯，形成具有一定同质性的心理状态。换言之，人与人之间长时期的接触、交往和相互作用会给这些个人的心理状态和行为方式赋予一定的组织化、体系化特征，这就形成了非正式组织。在非正式组织中，成员之间的关系是一种自然的人际关系，他们不是经由刻意的安排，而是由于日常接触、感情交融、情趣相投或价值取向相近而发生联系。与正式组织相对应，非正式组织的基本特征是：自发性、内聚性和不稳定性。正式组织与非正式组织的区别见表6-1。

表6-1　正式组织和非正式组织比较

正式组织	非正式组织
（1）经过有计划的组织	（1）没有经过正式计划
（2）有意创造具有一定形式的关系	（2）相互作用的结果自发产生
（3）通常用组织结构图来说明	（3）不用图表说明
（4）传统理论推崇正式组织	（4）人际关系理论强调非正式组织

2. 实体组织和虚拟性组织。

组织的最初形态就是实体组织。虚拟组织，只是社会及其组织发展到一定阶段才出现的产物。特别是自从数字化网络出现之后，虚拟组织更是成为一般学术名词及操作术语为大众所认同。

实体组织与一般意义上的组织为同义词。虚拟组织不同于实体组织，主要体现在以下几个方面：

（1）组织结构的虚拟性。从企业组织的法人地位来看，实体组织具有法人资格，虚拟组织则一般不具备法人资格。

（2）构成人员的虚拟性。实体组织的构成人员，主要归属于该组织；虚拟组织的构成人员则主要不属于该组织。

（3）办公场所的虚拟性。实体组织一般都有较为固定的集中的办公场所，员工也大都在同一办公场所上下班；虚拟组织则相反，员工的办公场所依员工自己的要求自行安排，在虚拟组织中，员工有可能在自己家里办公，也有可能在旅行途中办公。虚拟组织注重绩效，至于办公场所则是由员工根据自己的条件作出合理的安排。

（4）核心能力的虚拟性。企业核心能力是获得竞争优势的决定因素。企业核心能力的培植及强化，传统的思路及做法基本上是依靠内部发展，这样必然因速度、资本、技术等约束而制约企业很难大幅度、全方位提高核心能力。其实，培植及强化企业核心能力还可以走另一条路，即依靠外部能力。企业可以借助现代电子信息技术，将其他企业的核心能力网罗进来，以自身能力为核心，形成基于自身核心能力之上的网络核心能力。

3. 机械式组织和有机式组织。

按照罗宾斯教授的分析，机械式组织与有机式组织是组织设计的两种一般模式。机械式组织是综合运用传统设计原则的产物，有机式组织（也称适应性组织）则是综合运用现代设计原则的产物。机械式组织与传统意义上的金字塔形实体组织具有较大的一致性，即高度复杂化、高度正规化、高度集权化。这种组织在严格保持着一条职权层级链的同时，还保持着十分窄的管理跨度。所以，它被许多人称作是非人格化的结构。当然，这种组织特别重视专业化优势，对分工有着高度的信任感。同时，它特别强调规则、条例和正规化的功能。

有机式组织则是低复杂化、低正规化、分权化等。一方面，它保持着较宽的管理跨度，以层次少、扁平式的结构使员工能够对问题作出迅速反应。另一方面，作为一种松散的结构，不具有标准化的工作和规则条例。所以，它所关注的是人性化和团队合作。

4. 营利性组织和非营利性组织。

营利性组织主要是企业，非营利性组织包括政府、党派团体、事业单位等。

企业是自主从事生产经营的营利性组织，它的基本目的是"利润最大化"。因为只有利润最大化，才能保证企业的生存与发展。获取经济利益是企业管理的最本质要求，也是营利性组织与非营利性组织管理的最根本区别。

管理学的主流理论大多以企业管理实践为基础，是从企业管理、企业理论及其他学科吸取营养发展起来的。企业管理研究是管理学最为活跃的领域，其成果也是最为丰富的。可以说，管理学的基本原理与方法的核心就是企业管理的基本原理与方法。

非营利性组织是不以营利为主要目的的社会经济活动组织，主要包括卫生、教育、科学、文化等事业单位，公交、电力、市政等公共服务单位，以及党派、宗教、学会等各种社会团体。由于非营利性组织的表现多种多样，各类型组织结构差异大，运行机制也不尽相同，管理的复杂度与难度更大。非营利性组织具有以下特征：

（1）不以营利为目的，不追求经济利益的最大化，组织目标强调集团的社会效益。

（2）主要提供公共产品与服务，价格弹性小，价格管制大，成本与收入联系不紧密。

（3）组织成员的绩效难以考核。

（4）在目标及发展战略上受更广泛的约束。

二、组织工作

（一）组织工作的含义及特点

组织工作是指为了实现组织的共同目标而确定组织内各要素及其相互关系的活动过程，也就是设计一种组织结构，并使之运转的过程。组织工作一般具有以下的特点：

1. 组织工作是一个过程。组织工作是根据组织的目标，考虑组织内外部环境来建立和协调组织结构的过程。这个过程一般的步骤为：

（1）确定组织目标。

（2）对目标进行分解，拟订派生目标。

（3）确认为实现目标所必需的各项业务工作并加以分类。

（4）根据可利用的人力、物力及利用它们的最好方法来划分各种工作，由此形成部门。

（5）将进行业务活动所必需的职权授予各部门的负责人，由此形成职务说明书，规定该职务的职责和权限。

（6）通过职权关系和信息系统，把各部门业务活动的上下左右紧密地联系起来，通过组织系统图，来达到对组织的整体认识。

2. 组织工作是动态的。组织内外部环境的变化，要求对组织结构进行调整以适应变化。组织工作不可能是一劳永逸的。

3. 组织工作要充分考虑非正式组织的影响。这有助于在组织工作中设计与维持正式组织目标与非正式组织目标的平衡，避免对立。

（二）组织工作的内容

（1）职位或岗位设计——明确实现组织目标所必需的各种活动并对之加以分类。

（2）组织结构纵向划分——考虑管理宽度，引起组织结构分级的因素是什么。

（3）组织结构的横向划分——考虑决定各种类型部门划分的因素是什么，按各种标志划分部门的优缺点有哪些。

（4）职权配置——职权授予各个部门的管理者以及完成任务的保证。

（5）纵横两个方面对组织结构进行协调和整合。

（6）组织变革——针对组织内外部环境的变化，组织结构也要进行适当的调整。

（三）组织工作的原理

（1）目标统一原理：是指组织中每个部门或个人的贡献越是有利于实现组织目标，组织结构就越是合理有效。组织结构的目的在于把人们承担的所有任务组成一个体系，以便有利于他们共同为实现组织的目标而工作。

（2）分工协作原理：是指组织结构越能反映为实现组织目标所必要的各项任务和工作分工以及相互间的协调，组织结构就越是精干、高效。

（3）管理宽度原理：是指组织中主管人员监督管辖其直接下属的人数越是适当，就越是能够保证组织的有效运行。

（4）责权一致原理：是指在组织结构设计中，职位的职权和职责越是对等一致，组织结构就越是有效。

（5）集权与分权相结合原理：是指对组织结构中职权的集权与分权的关系处理得越是适中，就越是有利于组织的有效运行。

（6）稳定性与适应性相结合原理：是指越是能在组织结构稳定性与适应性之间取得平衡，就越能保证组织的正常运行。

三、组织结构的设计

（一）组织结构

组织结构是指组织成员为完成工作任务、实现组织目标，在职责、职权等方面的分工、协作体系，是组织中划分、组合和协调人们的活动和任务的一种正式的框架，表现为组织各部分的排列顺序、空间位置、聚散状态、联系方式和相互关系。影响组织结构选择的因素是：

（1）技术：技术是将组织的输入变为输出的转化过程，其中起支配作用的是核心技术。

（2）外部环境：外部环境与组织结构存在特定的关系。稳定的环境对应的是机械式组织，不稳定的环境对应的是有机式组织。

（3）组织的规模：组织的正式成员的人数表示其规模。

（4）组织的生命周期：第一阶段是诞生阶段；第二阶段是青年时期，其特征是全面的扩张和成长；第三阶段是壮年时期，是一个由成长逐渐转为稳定的阶段；第四阶段是成熟阶段，这是一个相对稳定的阶段。

（5）组织的战略：包括组织的整体战略、事业层战略、职能层战略。

（二）组织的纵向设计——组织层次和管理宽度

组织结构设计的内容之一是划分组织层次，解决组织的纵向结构问题。

1. 组织结构的层次划分。

随着生产的发展、科技的进步和经济的增长，组织规模越来越大，管理者与被管理者的关系随之复杂化。为处理这些错综复杂的关系，逐渐形成了有层次的组织结构。

组织中管理层次的多少，根据组织的任务量与组织规模的大小而定，一般分为上层、中层、基层三层。各层次的职能用"安东尼结构"加以说明，可分成三个层次：战略规划层、战术计划层和运行管理层。

管理层次与管理宽度成反比。按照管理宽度形成两种层次：扁平结构和高耸结构。

（1）扁平结构，是管理层次少而管理宽度大的结构。其优点是缩短上下级距离，密切关系，信息流通快，管理费用低，被管理者有自由和创造性，满足感大，有利于选择和培训下属人员。其缺点是不能严密监督下级，上下级协调差，同级间沟通困难。

（2）高耸结构，是管理层次多而管理宽度小的结构。其优点是管理严密，分工细致明确，上下级易于协调。其缺点是不好协调工作，管理费用大，上下级沟通差，被管理者限制了自由和创造性。

2. 管理宽度，也称管理幅度，是指主管人员有效地监督、管理其直接下属的人数。影响管理宽度的因素主要有：

（1）管理者与其下属双方的能力。受过良好训练的下属，可减少与其主管接触的次数，可增大管理幅度。

（2）面对问题的种类。管理者面对复杂、困难的问题或涉及方向性和战略性的问题时，直接管辖的人数不宜过多。

（3）组织沟通的类型和方法。下级人员的沟通容易或采用有效的控制技术时，管理宽度可加大，层次减少。

（4）授权。适当授权可减少主管的监督时间和精力，增大管理宽度。

（5）计划。良好的计划可以减少管理者指导工作及纠正偏差的时间。

（6）组织的稳定性也影响管理宽度。当组织规模一定的情况下，较大的宽度意味着较少的层次，较小的宽度意味着较多的层次，管理宽度与管理层次成反比。

（三）组织职位的横向设计——部门划分

组织结构设计的内容之二是部门划分，主要是解决组织的横向结构问题。

1. 部门的含义。是指组织中主管人员为完成规定的任务有权管辖的一个特殊的领域。

（1）按职能划分部门——按各项业务和主要管理职能划分和设置横向部门，见图 6-1。

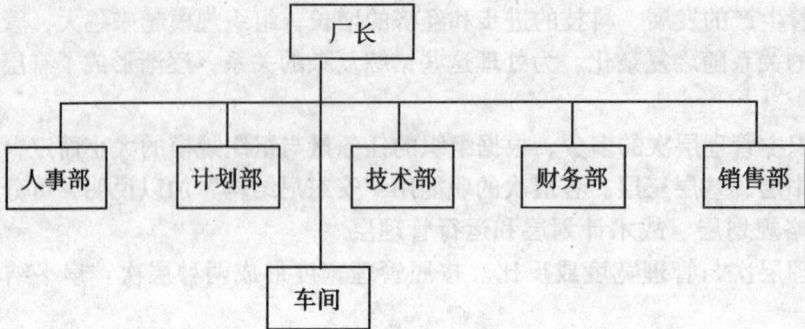

```
                    ┌─────┐
                    │ 厂长 │
                    └──┬──┘
    ┌────────┬────────┼────────┬────────┐
 ┌──┴──┐  ┌──┴──┐  ┌──┴──┐  ┌──┴──┐  ┌──┴──┐
 │人事部│  │计划部│  │技术部│  │财务部│  │销售部│
 └─────┘  └─────┘  └──┬──┘  └─────┘  └─────┘
                    ┌──┴──┐
                    │ 车间 │
                    └─────┘
```

图 6-1　按职能划分部门

（2）过程部门化：将组织实现目标过程的几个相互衔接的阶段，设置部门和机构，使之相互配合，见图 6-2。

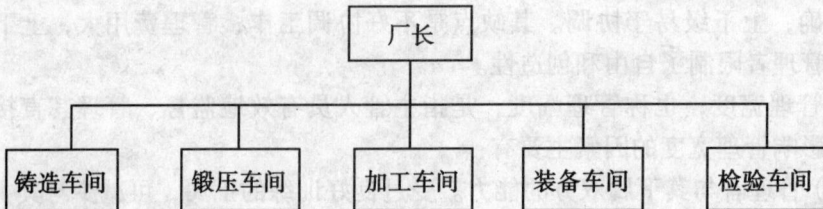

```
                      ┌─────┐
                      │ 厂长 │
                      └──┬──┘
    ┌─────────┬─────────┼─────────┬─────────┐
┌───┴──┐  ┌───┴──┐  ┌───┴──┐  ┌───┴──┐  ┌───┴──┐
│铸造车间│  │锻压车间│  │加工车间│  │装备车间│  │检验车间│
└──────┘  └──────┘  └──────┘  └──────┘  └──────┘
```

图 6-2　按过程划分部门

（3）产品部门化：组织高层在保留公关、财务、人事、采购等职能部门的同时，根据产品来设立部门，形成产品事业部，见图 6-3。

（4）区域部门化：根据地理因素来设立部门，把不同地区的经营业务和职责划分给不同部门经理，形成地区事业部，见图 6-4。

2. 划分部门的原则。应遵循分工原理，具体的原则有：

（1）力求维持最少。

（2）组织结构应具有弹性。

（3）确保目标的实现。

（4）各职能部门的指派应达到平衡。

（5）检查部门与业务部门的分设。

```
                          ┌──────┐
                          │ 总经理 │
                          └──────┘
         ┌──────┬──────┐        ┌──────┬──────┐
      ┌────┐ ┌────┐  ┌────┐ ┌────┐
      │人事│ │公关│  │财务│ │采购│
      └────┘ └────┘  └────┘ └────┘
              ┌──────────┐      ┌──────────┐
              │ A产品经理 │      │ B产品经理 │
              └──────────┘      └──────────┘
        ┌────┬────┬────┐   ┌────┬────┬────┐
      ┌────┐┌────┐┌────┐ ┌────┐┌────┐┌────┐
      │生产││销售││会计│ │生产││销售││会计│
      └────┘└────┘└────┘ └────┘└────┘└────┘
```

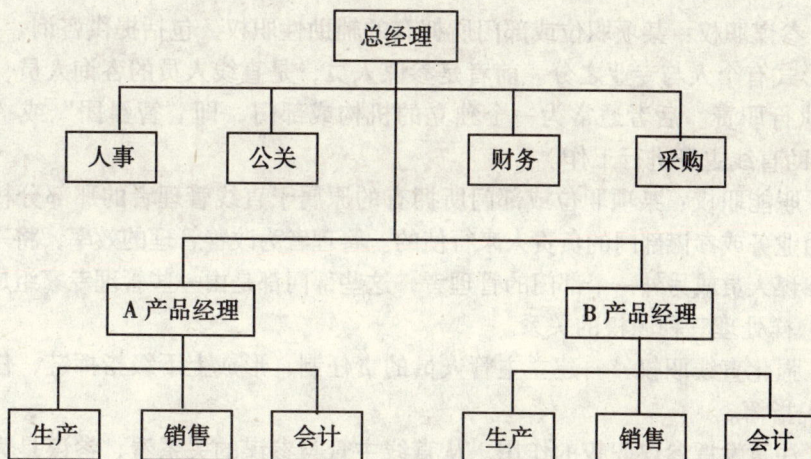

图 6-3 产品事业部示意图

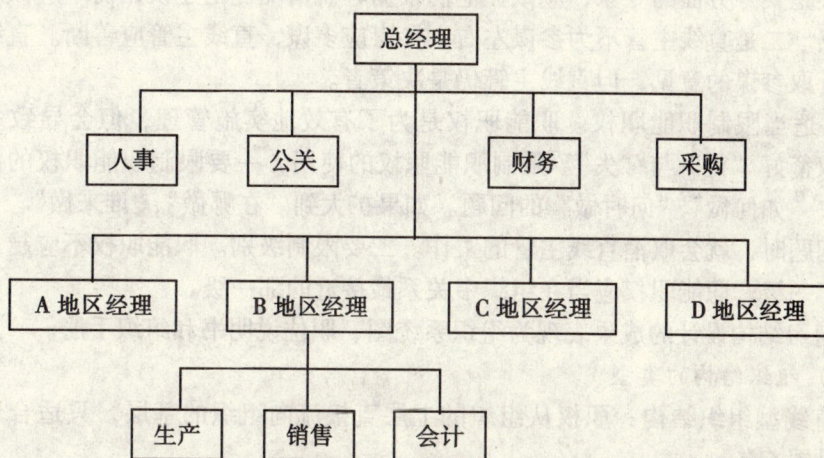

```
                          ┌──────┐
                          │ 总经理 │
                          └──────┘
         ┌──────┬──────┐        ┌──────┬──────┐
      ┌────┐ ┌────┐  ┌────┐ ┌────┐
      │人事│ │公关│  │财务│ │采购│
      └────┘ └────┘  └────┘ └────┘
   ┌────────┐┌────────┐  ┌────────┐┌────────┐
   │A地区经理││B地区经理│  │C地区经理││D地区经理│
   └────────┘└────────┘  └────────┘└────────┘
        ┌────┬────┬────┐
      ┌────┐┌────┐┌────┐
      │生产││销售││会计│
      └────┘└────┘└────┘
```

图 6-4 地区事业部

（四）职权划分

组织结构设计的内容之三是职权划分，主要解决组织结构的职权问题。

职权有三种类型，即直线职权、参谋职权和职能职权。

1. **职权的概念。**是经由一定的正式程序赋予某一职位的一种权力。

（1）直线职权：某项职位或部门所拥有的包括作出决策、发布命令等权力，即指挥权。每一管理层的管理者都应具有这种职权，只不过每一管理层次的功能不同，其职权大小、范围不同而已。如厂长对车间主任、车间主任对班组长都拥有直线职权。这种从上层到下层的权力线被称为指挥链或层次链，是信息通道。

（2）参谋职权：某项职位或部门所拥有的辅助性职权，包括提供咨询、建议等。参谋的形式有个人与专业之分。前者是参谋人员，是直线人员的咨询人员，协助直线人员执行职责。后者通常为一个独立的机构或部门，即"智囊团"或"顾问班子"，协助直线主管进行工作。

（3）职能职权：某项职位或部门所拥有的原属于直线管理者的那部分权力，大部分是由业务或参谋部门的负责人来行使的。管理者为改善管理的效率，将一部分职权授予参谋人员或另外一个部门的管理者，这些部门都是由一些管理专家组成的。

2. 怎样处理三种职权的关系。

（1）强化直线职权——建立主管人员的责任制，形成上下级指挥链，任何一级都有一人指挥。

（2）注意发挥参谋职权的作用。从直线主管与参谋的关系看，参谋是为直线主管提供信息，出谋划策，配合主管工作的。应注意两点：一是参谋应独立提出建议，参谋是某一方面的专家，应该让他们根据客观情况提出建议，而不应该左右他们的建议。二是直线主管不为参谋左右，参谋应多谋，直线主管应善断。直线主管应广泛听取参谋的意见，但直线主管仍是决策者。

（3）适当限制职能职权。职能职权是为了有效地实施管理，但会导致多头领导，要权衡好"得"与"失"。限制职能职权的使用，一要限制职能职权的使用范围，解决"如何做"、"何时做"的问题。如果扩大到"在哪做"、"谁来做"、"做什么"等问题时，就会取消直线主管的工作。二要限制级别。职能职权不应越过上级下属的第一级，职能职权应当在组织中关系最接近的那一级。

3. 组织结构设计的成果表现为组织系统图、职位说明书和组织手册。

（五）组织结构的类型

1. 直线型组织结构：职权从组织的上层直接流向组织的基层，只适合于小型组织，见图6-5。

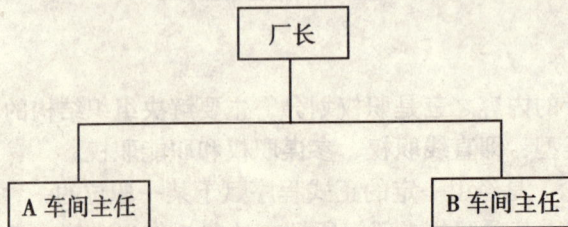

```
          ┌───────┐
          │ 厂 长 │
          └───┬───┘
        ┌─────┴─────┐
   ┌────┴────┐  ┌────┴────┐
   │ A车间主任│  │ B车间主任│
   └─────────┘  └─────────┘
```

图6-5 直线型组织结构

直线型组织结构简单、权责分明、统一指挥、费用低，但缺乏横向联系，适应性差，不能适合大型组织。

2. 职能型组织结构：按职能实行专业化管理，即在上层主管下面设立职能机构和人员，把相应的管理职责和权力交给这些机构，见图6-6。

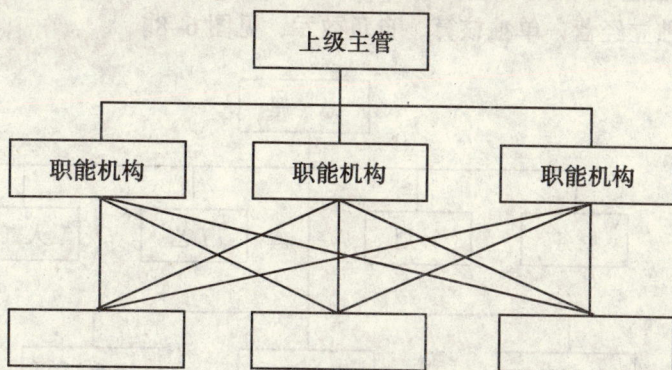

图 6-6　职能型组织结构

职能型组织结构能充分发挥职能机构的专业管理技能，发挥专业人员的作用，但多头领导妨碍组织的统一指挥，横向联系差，易形成本位主义。由于各职能部门专业化，使职能部门的专业人员除了本部门外其余什么都不顾。

3. 直线—职能型组织结构：结合直线型和职能型的优点而设计的一种组织结构，以直线为基础，在上级主管下面设置相应的职能部门，分别从事专业管理，作为领导的参谋，起业务指导作用，见图6-7。

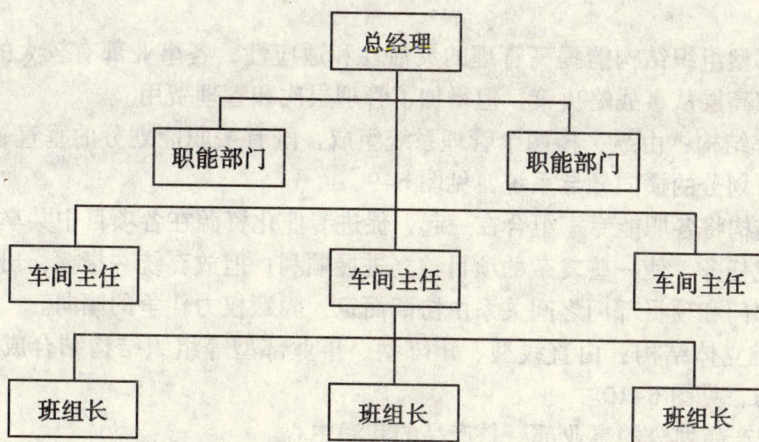

图 6-7　直线—职能型组织结构

　　直线—职能型组织结构既保持了直线型的集中统一指挥的优点，又吸收了职能型专业管理的长处，从而提高了效率。但下级部门的主动性和积极性受到限制，各部门目标不一致易产生矛盾；信息传递路线较长，反馈较慢。

　　4. 事业部型组织结构：企业按产品、地区或经营部门分别成立若干事业部，各事业部实行独立经营，单独核算，自负盈亏，见图6-8。

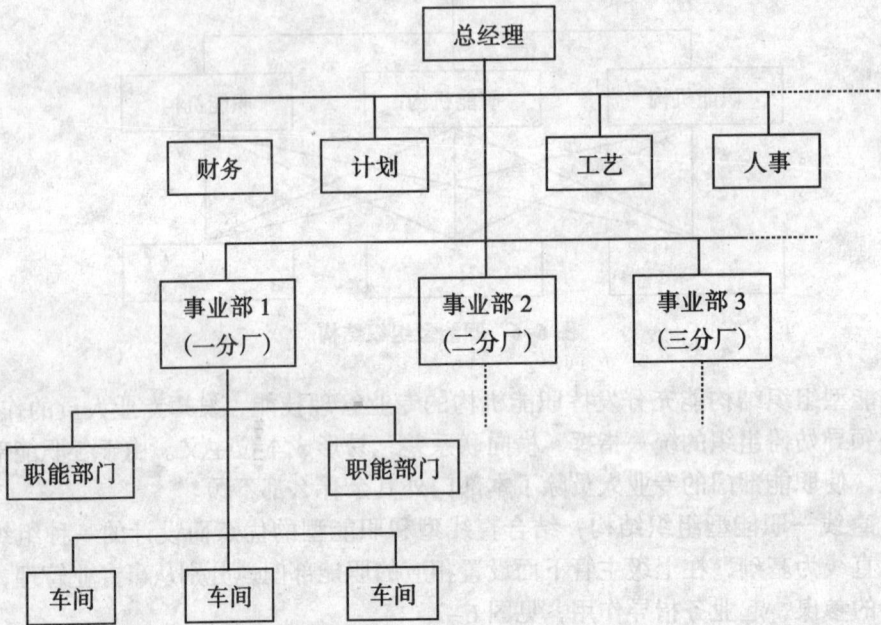

图6-8　事业部型组织结构

　　事业部型组织结构能提高管理的灵活性和适应性，各事业部有较大的自主权，有利于组织高层从事战略决策，但增加了管理层次和管理费用。

　　5. 矩阵结构：由纵、横两个管理系统组成，既有按职能划分的垂直领导系统，又有按项目划分的横向领导系统，见图6-9。

　　矩阵结构将各职能专家组合在一起，促进专业化资源在各项目中共享，有利于按目标完成任务，使一些复杂的项目独立进展顺利；但放弃统一指挥，出现多头领导，职能部门和项目部门之间关系由协商而定，隐藏权力斗争的倾向。

　　6. 多维立体结构：由直线型、矩阵型、事业部型等组织结构结合成一体的复合组织形态，见图6-10。

　　（1）按产品划分的事业部，是产品的利润中心。

　　（2）按职能划分的专业参谋机构，是专业成本中心。

　　（3）按地区划分的管理机构，是地区利润中心。

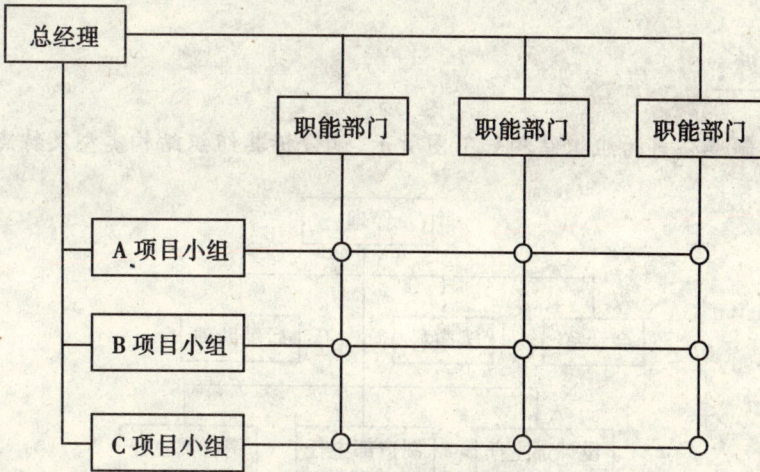

图 6-9　矩阵型组织结构

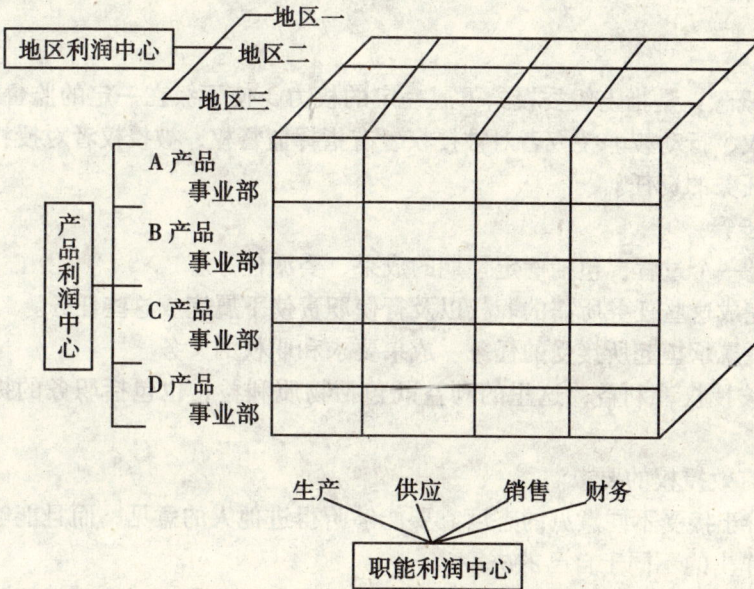

图 6-10　多维立体型组织结构

案例分析：

某设备制造公司的组织结构如下图所示，试分析其组织结构类型及特点。

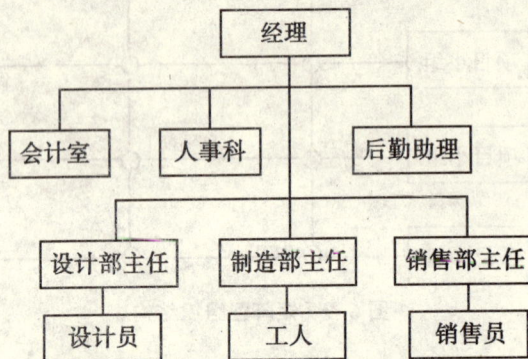

```
                        ┌──────┐
                        │ 经理 │
                        └──────┘
          ┌───────────────┼───────────────┐
      ┌──────┐        ┌──────┐        ┌────────┐
      │会计室│        │人事科│        │后勤助理│
      └──────┘        └──────┘        └────────┘
              ┌───────────────┼───────────────┐
        ┌──────────┐    ┌──────────┐    ┌──────────┐
        │设计部主任│    │制造部主任│    │销售部主任│
        └──────────┘    └──────────┘    └──────────┘
              │               │               │
        ┌──────────┐    ┌──────────┐    ┌──────────┐
        │  设计员  │    │   工人   │    │  销售员  │
        └──────────┘    └──────────┘    └──────────┘
```

（六）授权

1. 授权的概念：是指上级委授给下属一定的权力，使下级在一定的监督之下，有相当的自主权、行动权。授权者对被授权者有指挥监督权，被授权者对授权者负有报告与完成任务的责任。

2. 授权的步骤：

（1）授权是一个过程，包括确定预期的成果、委派任务。

（2）授予完成这些任务所需的职权以及行使职责使下属完成这些任务。

（3）要使下属承担起所接受的任务、成果要求和职权的义务。

（4）要给被授权者利益，这里的利益既包括物质利益，也包括职务的提升或下降。

3. 管理者有效授权的要求。

（1）要有善于接受不同意见的态度。要能够听得进他人的意见，而且能够欣赏和接受下属所作出的不同于自己的决策。

（2）要有放手的态度。如果管理者能够集中精力于那些有利于实现组织目标的工作，同时将其他工作委派给下属去做，即使这些工作或许他比下属做得更好，但这样做他对组织整体的贡献将会是最大的。

（3）要允许别人犯错误。应当把下属的错误看做是一种投资，通过对组织目标和方针政策的解释和说明，耐心指导和循循善诱，有助于下属避免那些特别严重的错误。

（4）要善于信任下级。授权本身就意味着对他人的信任。

（5）要善于适度控制。管理者的责任不会随着授权而消失，必须确保所授出的职权确实是在为实现组织目标而使用，必须对下属的工作绩效心中有数。

（七）集权与分权

1. 集权与分权。集权是指将权力集中到较高的管理层次；分权则是指将职权分散到整个组织中。集权有利于统一行动、实现目标；分权有利于分工协作，也是组织存在的前提。集权与分权是一个相对概念，绝对的集权与分权都是不存在的。

2. 集权与分权的依据。

（1）决策的数目。

（2）决策的重要性及其影响面。

（3）决策审批手续的繁简。

3. 集权制与分权制的特点。

（1）集权制：决策权集中最高层，中下层只有日常事务决定权限，对下层控制较严，统一经营、统一核算。

（2）分权制：中下层有较多的决策权限，上层控制较少，独立核算，有一定的财权。

4. 影响集权与分权的因素。

（1）决策的重要性。越是重要的决策，就越有可能由较高层次的管理者掌管。有些高层主管将组织的方针政策的一致性看得高于一切，他们赞同较高程度的集权，这是达到政策一致性的最简单的途径。

（2）组织的规模。规模越大，所需作出的决策数目就越多，协调起来就越困难。克服这个问题就要分散权力。

（3）组织的历史。组织的形成方式决定着集权或分权的程度。由小到大发展起来的企业，职权较集中。

（4）最高主管的人生观。最高管理者性格不同、世界观迥异，他们的人生观会对各自组织中的职权的集中或分散造成重要影响。

（5）获取管理人才的难易程度。缺乏训练有素的主管人员会限制分权的实施。

（6）手段。合适的控制手段是影响职权分散程度的一个重要原因。

（7）营运的分散化。组织的各个部门及管理者分散在不同的地理区域，有利于促进职权的分散。

（8）组织的变动程度。组织变动的快慢与激烈与否会影响职权的分散程度。

（9）外界环境的影响。

（八）委员会的组织形式

是指将组织中的最高决策权交给两位以上的主管人员，即把权力分散到一个集体中去。

1. 集体管理与个人管理的效果比较。

（1）集体管理的优点：能集思广益，可避免个人滥用职权的现象，能代表各方面的利益，可减轻主要负责人的负担，有利于信息沟通，可激发参与管理者的积极性。其缺点是：效率低，责任难以明确，管理者的绩效难以考核。

（2）个人管理的优点：权力集中，责任明确，行动迅速，效率较高。其缺点是：个人的才能智慧有限，难免考虑问题不周，若职权落在不合适的人手中，必将导致专制和滥用职权。

2. 董事会：委员会的形式之一，是由多数人组成的最高决策机构。根据美国公司法，董事会有两种职能：一是满足法律上的要求，法律上规定董事会代理公司法人资格，董事长对外代表公司，为诉讼的主体；二是代表股票持有者，负责管理公司。

董事会的主要职能是：

（1）受托管理。

（2）决定企业公司的目标。

（3）挑选总经理。

（4）核实计划与检查成果。

（5）批准预算。

（6）维持公司的长期稳定发展。

（7）决定利润分配。

（8）通过有见解的咨询来检查计划与经营情况。

案例分析：

王教授的建议

最近 H 市冰箱厂的销售不畅，周厂长研究其原因发现是产品质量出了问题，而主管生产的副厂长李迎不懂生产管理，组织生产能力欠缺，但她是上级主管部门二轻局派来的，与上级关系很好。周厂长左右为难，就去请教老师王教授。王教授建议：成立生产指挥部，由总工程师为指挥长负责生产，李迎为副指挥长负责协调上下级关系，冰箱质量问题很快就解决了，销售畅通。刚从大学工商管理专业毕业的小刘认为这违背了组织设计和用人原理，有"因人设事"的嫌疑。

案例思考：

王教授的建议是否违背了管理中组织设计的原理？如何回答小刘？

四、组织变革

组织变革是指组织面对外部环境和内部条件的变化而进行变革和适应的过程。

（一）影响组织变革的因素

1. 战略。企业战略在两个层次上影响组织结构：一是不同战略要求开展不同的业务和管理活动，由此就影响到管理事务和部门的设计；二是战略重点的改变会引起组织业务活动中心的转移和核心职能的改变，从而使各部门、各职务在组织中的相对位置发生变化。

2. 组织外部环境的变化。

- 科技进步。
- 国家有关法律、法规的颁布与修正。
- 国家宏观经济调控手段的改变。
- 国家产业政策的调整与产业结构的优化。
- 国际、国内经济形势的变化。
- 国际外交形势及政治制度的变化。
- 国际、国内市场需求的变化及市场竞争激烈程度的加剧。

3. 组织内部条件的变化。

- 管理技术条件的改变。
- 管理人员的调整与管理水平的提高。
- 组织运行政策与目标的改变。
- 组织规模的扩张与业务的迅速发展。
- 组织成员对工作的期望与个人价值观的变化。

4. 技术水平和技术设备的变化。组织的任何活动都需要一定的技术和反映一定技术水平的特殊手段来进行。

5. 组织规模和成长阶段变化。组织的规模往往与组织的成长或发展阶段相关联。

（二）组织变革的动力、阻力及排除

1. 组织变革的动力指的是发动、赞成和支持变革并努力去实施变革的驱动力。

2. 组织变革的阻力。

- 个体和群体方面的阻力。个体方面的阻力主要是因为其固定的工作和行为习惯的改变，就业安全需要和经济收入变化，对未知状态的恐惧以及对变革任职存在偏差等原因引起的。群体对变革的阻力来自群体规范的约束，群体中原有的人际关系可能因变革而受到改变和破坏等。

●组织的阻力。来自组织层次对组织变革的阻力，包括相信组织结构束缚，组织运行的习惯，变革对资源分配的威胁，以及追求稳定、安逸，害怕革新和变化的保守性组织文化等。

●外部环境的阻力。缺乏竞争性的市场往往造成组织成员的安逸心态，束缚组织变革的进程。

3.反对组织变革的原因。

●对于不确定性的恐惧。

●对于可能失去个人利益的恐惧。

●不认为变革符合组织的最佳利益。

4.力场分析：有助于人们识别哪些力量是能够改变的，哪些力量是不可以改变的，从而促使人们集中精力去对付那些能够消除的阻力，或是确保朝理想方向移动的力量得到延续和支持，见图6-11。

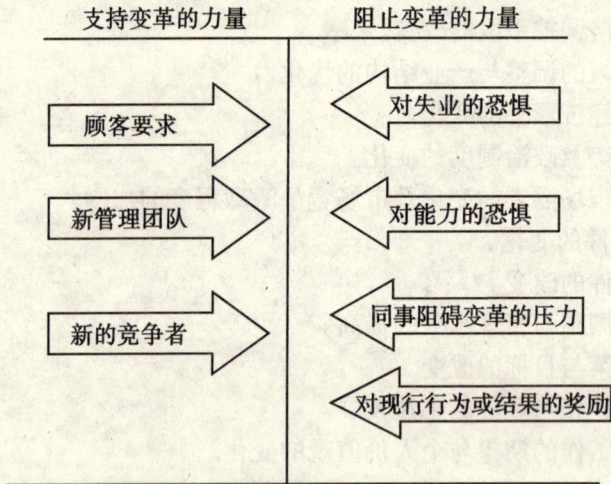

图6-11　力场分析

5.通常减少阻力的方法。

●确保达成共同的变革愿景。

●沟通变革的目的和重要性。

●认识到变革的情绪影响。

●理解变革的各方面影响。

●沟通即将变革和不会变革的部分。

- 树立理想的行为模式。
- 树立有效的反馈、合理的报酬以及适当的结果。
- 对阻力作出一致的反应。
- 灵活、耐心和支持。

（三）面向过程的组织变革

1. 纵向职能的局限。

- 传统上，绝大多数组织或企业都是按照职能分工的原则来组织活动的（见图6-12），这种方式是一种专业化的纵向分割的方式。在工业经济时代，这是一种有效的组织活动形式。其优势在于能够发挥规模经济效益，有利于专门知识的积累、同行之间的交流和专业人才的培养。

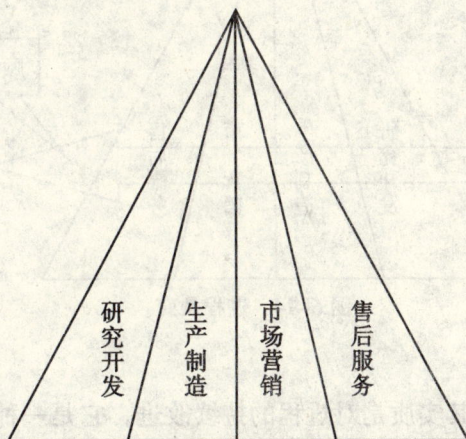

图6-12 职能分工

- 进入20世纪80年代以后，组织所面临的社会经济环境处于剧烈的变化之中，竞争压力日益沉重，传统的以职能分工为基础的组织形式越来越多地表现出对于新形势的不适应。

- 这种方式的缺点就是：多头领导，妨碍组织的统一指挥，横向联系差，易形成本位主义。由于各职能部门专业化，使职能部门的专业人员除了本部门外，其余什么都不顾，每个部门中的人们都在努力追求本部门利益的最大化。

2. 面向过程的变革。

- 过程。就是一组将输入转化为输出的互相关联和互相作用的活动，见图6-13。

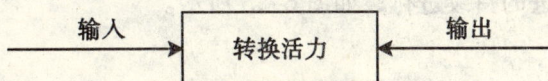

图6-13 过程模型

● 过程部门化。将组织实现目标的几个过程相互衔接的阶段，设置部门和机构，使之相互配合。

● 过程观点说明了组织为顾客创造价值时是如何工作的，而不是如何构成的。组织实际上是如何跨部门和跨职能去"做哪些应当做的事"的。外部环境的强大压力和内部状况的不适应这一矛盾，使越来越多的组织开始从过程角度来考虑问题，见图6-14。

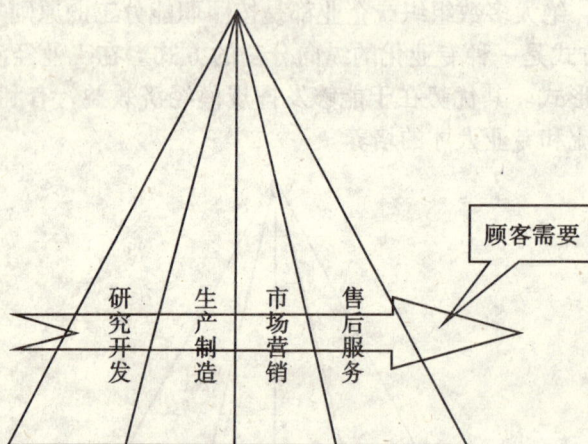

图6-14 过程裂变

（四）六西格玛管理

1. 六西格玛管理。其实质是对过程的持续改进，它是一种持续改进的方法论。六西格玛管理活动最早起源于美国摩托罗拉公司，采用衡量质量的通用指标——百万机会缺陷数（DPMO）。它是一个比率，值越小，其相对应的西格玛值就越大，意味着质量水平就越高。西格玛值可以用于度量质量水平。

2. 实现六西格玛目标的"六步法"。

● 确定你所提供的产品或服务是什么。

● 明确你的顾客是谁，他们的需要是什么。

● 为了向顾客提供使他们满意的产品和服务，你需要什么。

● 明确你的过程。

● 纠正过程中的错误，杜绝无用功。

● 对过程进行测量（Measure）、分析（Analyse）、改进（Improue）和控制（Control），确定改进的持续进行，如图6-15所示。

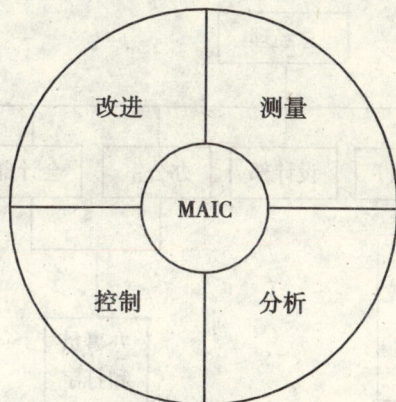

图 6-15 六西格玛管理的 MAIC 循环

案例分析：

日昌家具厂的组织变革

陈昌用了 35 年时间，成功地建立了一家包括两家分厂的家具制造企业，A 分厂生产流行家具，B 分厂生产一次性设计使用的家具，最近又建立了一家试验性工厂，生产塑制家具。该企业现在的组织结构图见下页。

陈昌打算在 5 年内退休，并把生意转交给儿子陈进。陈进刚学完一门会计学课程，目前在 B 分厂工作，以便获得一些实际知识和经验。

案例思考：

1. 假设你是一名企业咨询顾问，现被要求为日昌家具厂设计一张新的组织结构图，并解释你作出设计的原因，要求如下：

（1）不解雇任何人。

（2）新的组织结构必须可行，并能够得到较多的高级经理的赞同。

（3）新的组织结构设计是从长远角度来考虑的，因而可设置一些新的职位和头衔。

2. 基于以下几方面考虑，你对陈昌有哪些建议？

（1）使日昌家具厂运转更为有效。

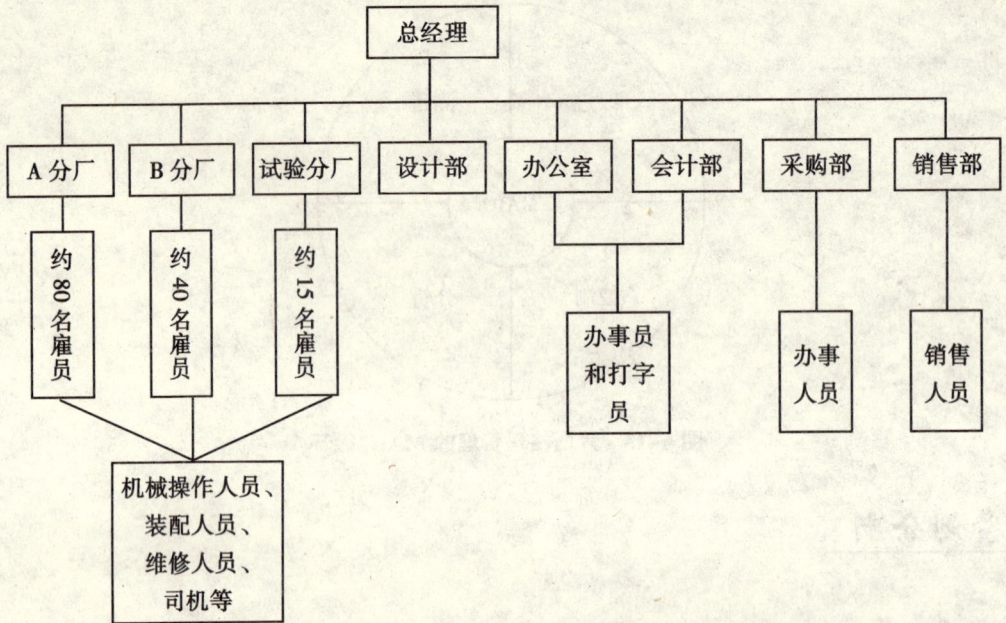

```
                        ┌──────────┐
                        │  总经理  │
                        └────┬─────┘
      ┌──────┬──────┬───────┼───────┬──────┬──────┬──────┐
   ┌──┴──┐┌──┴──┐┌──┴──┐┌──┴──┐┌──┴──┐┌──┴──┐┌──┴──┐┌──┴──┐
   │A分厂││B分厂││试验分厂││设计部││办公室││会计部││采购部││销售部│
   └──┬──┘└──┬──┘└──┬──┘└─────┘└──┬──┘└──────┘└──┬──┘└──┬──┘
   ┌──┴──┐┌──┴──┐┌──┴──┐         ┌──┴──┐       ┌──┴──┐┌──┴──┐
   │约80 ││约40 ││约15 │         │办事员│       │办事 ││销售 │
   │名雇 ││名雇 ││名雇 │         │和打字│       │人员 ││人员 │
   │员   ││员   ││员   │         │员   │       └─────┘└─────┘
   └──┬──┘└──┬──┘└──┬──┘         └─────┘
      └──────┼──────┘
        ┌────┴────┐
        │机械操作人员、│
        │装配人员、  │
        │维修人员、  │
        │司机等     │
        └─────────┘
```

（2）把陈昌从日常事物中解脱出来，从而使他能做一些企业进一步发展的计划。

（3）在今后 5 年中，用平稳过渡的方式，把生意交给他的儿子陈进。

第二节　团队管理

20 多年前，当丰田、沃尔玛、通用等公司把团队引入他们生产过程中时，曾轰动一时，成为新闻热点，因为当时没有几家公司这样做。现在团队已经成为组织工作活动中最流行的方式。

一、团队的含义

（一）团队的定义

团队是指一种为了实现某一目标而相互协作的个体组成的正式群体。他们拥有共同的目的、绩效目标以及工作方法，而且以此自我约束。团队队员之间没有明确的分工，彼此之间的工作内容交叉程度高，相互之间的协作性强。早在 20 世纪 50 年代，日本企业在实施全面质量管理的活动中就包含了团队。到现在为止，团队已经演变为一个更为广泛的概念，包括为不同目标而组建的众多类型的团队。

1. 普通群体与工作团队的区别（见图6-16、图6-17）。

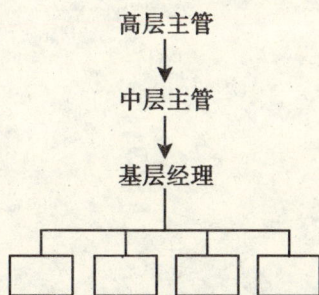

图 6-16　普通群体组织结构　　　图 6-17　团队组织结构

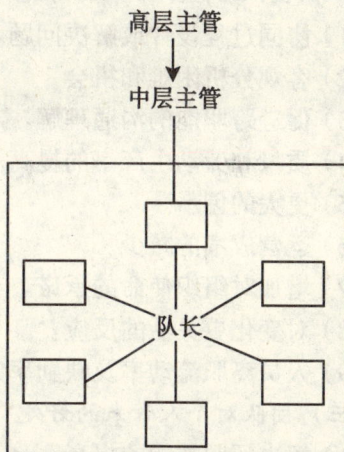

●普通群体的绩效仅依赖于每一个成员的贡献；团队的绩效既依赖于个体的贡献，也依赖于集体的协作成果。

●对普通群体，工作成果由个人负责；对于团队，工作成果既要个人负责，又要共同负责。

●团队不仅要像普通群体那样具有共同的兴趣目标，而且要有共同的承诺。

●普遍群体一般由管理者严密监控，团队常常具有自主权。

2. 团队的基本要素构成。

●目标。这是团队的显著特点，就是具有共同的愿景与目的。

●规范。建立合理、有利于组织的规范，并且促使团队认同规范、遵从规范。

●领导力。在动态情况中运用各种方法，以促使团队目标趋于一致，建立良好的合作关系。

3. 团队的意义。

●创造团结精神（集体精神）。以团队方式开展工作，促进了成员之间的合作并提高了员工士气。

●使管理层有时间进行战略性的思考。采用团队形式，尤其是自我管理的工作团队形式，使管理者可以脱身去做更多的战略规划。

●提高决策速度。把一些决策权下放给团队，能够使组织在作出决策方面具有更大的灵活性。

●促使员工队伍多元化。由风格各异的个体组成的团队所作出的决策，要比单个个体的决策更有创意。

（二）团队给组织带来的好处

（1）协同过程设计或解决问题。

（2）客观分析困难和机会。

（3）促进跨职能的沟通理解。

（4）质量和劳动生产率的提高。

（5）更大的创新。

（6）运营成本的减少。

（7）增加对组织使命的承诺。

（8）对变化更灵活的反应。

（9）人员离职流动率及缺勤率的降低。

（三）团队对个人带来的好处

（1）解决问题技能的提高。

（2）个人交往能力的提高。

（3）对业务过程理解的加深。

（4）培养未来领导角色的新技能。

（5）工作质量的提高。

（6）加强满足感和认同感。

二、团队的类型

（一）过程改进团队

是指改进或开发某个具体业务过程的项目团队。团队成员为了实现一个特定的目标而走到一起，由一个完善的项目计划指引，并以协商的方式开始与结束。这类团队通常是跨职能部门、具备与改进过程相关的不同技能的人集合在一起。过程改进团队可由一名管理者充当发起人，由他授权组建团队，并确保该团队获得适当的资源和组织支持。

（二）工作团队

工作团队也称为自发性团队，是对某一特殊过程（如一个部门、一条生产线或业务过程的一个阶段）负责，成员在一个共同的环境里协同工作。这种团队的权力和自治程度可以在相对限制和完全自我管理之间选择，并建立在以下理念上：即员工对工作的负责程度提高，他们的工作效率也会提高。团队的领导通常是该工作领域的负责人，如部门主管或团队领导者。

工作团队相当于自发性的质量团队，在工作团队中成员每周或每月定期召开会议，总结成绩，监督顾客反馈，跟踪供应商和过程的内部绩效评价指标。工作团关注与工作过程持续的、递增的改进。与过程改进团队的关键区别在于工作团队不是跨职能和临时的。

(三) 自我管理团队

是指直接管理所在过程或部门的日常运作的员工群体。他们授权的范围很广（如安全、质量、维护、日程安排、人员安排，等等），他们的职责范围包括控制工作节奏、决定工作任务的分配、安排工作作息。这些团队也称作自我指导团队或高度执行的工作体系。自我管理团队的领导者通常由团队成员选出，在很多情况下，这一角色在成员中轮流担任。适应于工作团队的要素同样适用于自我管理团队。自我管理团队比工作团队具有更高的自主权，要求更多的事前计划、支持结构以及培训系统。转变为自我管理团队需要相当长的一段时间，并且需要管理者不断地支持。与此同时，管理者的角色也将从领导者转变为推进者兼教练。

(四) 多功能团队

这种团队的目的是完成一项复杂任务，需要多种人协同作战。多功能团队是一种有效的方式，它能使组织内不同领域成员之间交换信息，激发出新的观点，解决面临的问题，协调复杂的项目。

(五) 其他团队

在全球化和电子化的商务环境下，意味着所有的团队成员可以不在同一地理位置，这种"虚拟团队"也要求很多相同的角色和过程。电子通讯手段取代面对面的会议，给团队领导带来了更多的挑战。

三、团队的形成与发展

(一) 团队形成的条件

1. 外部条件。

● 指导委员会：每个团队都应该清楚理解自己的目标与组织战略计划的联系，以及该目标如何支持组织战略计划。如果一个过程改进型团队没有被赋予清晰的使命和目标，该团队将会一事无成。高层管理者的关键作用是识别机会并决定优先次序，以及促使团队从事那些对组织最有价值的活动，并对组织绩效改进承担最终的责任。为了实施这一过程，往往成立一个指导委员会指导和跟踪团队。指导委员会还要确保管理者和团队成员在团队理念的各方面得到培训，包括团队变迁、项目管理、过程升级和改进方法体系、管理组织变革、领导特质和转变过程，以及如何激励。

● 团队推进者：具有协助团队有效工作的职责，包括：过程规划、选择数据收集策略、运用有关分析工具，以及最终制订实施改进建议的项目计划。

2. 内部条件。

● 团队结构：如何构建一个团队取决于所从事过程的范围，跨职能团队运用过程的改进，因为它覆盖了过程所包括的所有工作职能范围。

● 领导和成员：团队领导负责协调会议，也有可能协调团队改进后建议的实施，并且对过程的结果负责。团队成员是那些在改进过程中所涉及的人士，也可能包括内部或外部的顾客和供应者。

（二）团队发展的阶段

团队发展分为四个阶段（如图 6-18）：

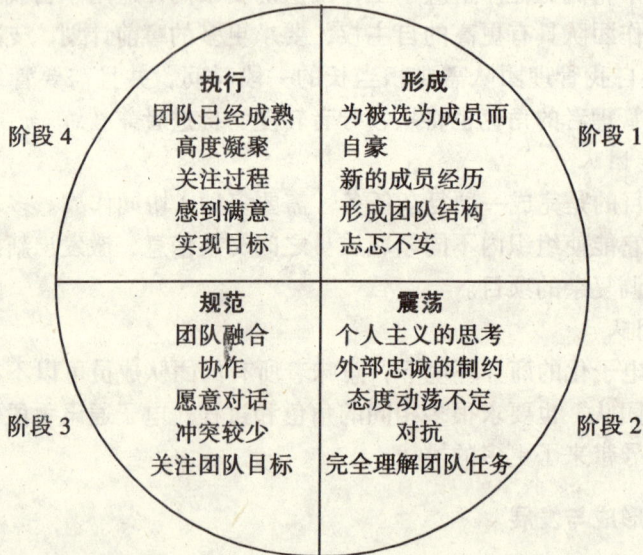

图 6-18 团队形成阶段

（1）形成阶段：团队成员首次聚在一起。这时，他们带来了个性化特征以及自身环境的价值观和优先次序。每个团队都有一个新的经历，甚至对那些以前曾参加过团队的成员来说也是如此。每个人小心谨慎地进入这个环境，对他们在这个新的团队中的角色和绩效而感到忐忑不安。在形成阶段，团队通常要阐明其目标，确定每个成员的角色，以及制定可接受的规则。

（2）震荡阶段：在此时期，团队任务的真实情况已完全理解。团队成员仍首先作为个体在思考，并往往可能基于自己的经历作出决定，而不是与其他成员集思广益。由于团队成员对团队成功的态度不明确，协作依然没有成功。

（3）规范阶段：在此阶段，关注个人问题转变为关注实现与团队相关的挑战，个人已融入团队中去。团队成员愿意为了团队而商讨分歧，因而有了更多的协作和对话。

（4）执行阶段：在此阶段，团队已经成熟为一个具有高度凝聚力的整体。团队成员对他人的优缺点以及他们如何支持使命了如指掌，并能够解决群体问题。团队过程获得更好的评价，团队成员的关系大体上让人满意。

四、团队发展的技巧

（一）团队建设的技巧

在团队形成和发展过程中包括两个主要工作：任务型工作和维护型工作。任务型的工作团队关注团队发展并使其向目标推进，而维护型的工作团队协助维护团队成员关系。

（二）团队推进的技巧

推进者是帮助一个团队管理和维护的人。推进者通常采用的技巧包括：鼓励被动的参与者发言，帮助解决团队成员间的冲突，向领导者或团队成员提供反馈，确保基本规则得到遵守，确保成员正在倾听或理解他人，使每个人的理解和感觉具有合法地位，阐明现状，核实是否达到一致。

（三）团队领导的技巧

领导是保持有效利用资源的过程，虽然整个团队过程有指导委员会管理，但每个具体的团队都拥有一个发起人和团队领导者负责确保成功。

五、高效团队的创建

（一）创建高效团队的五个条件

1. 需要不同能力的成员。

要想有效运作，一个团队需要三种不同技能类型的人：一种是具有技术技能专长的成员；一种是具有解决问题和决策技能、能够发现问题、提出解决问题的建议、并权衡这些建议、然后作出有效选择的成员；一种是善于聆听、反馈、解决冲突及处理人际关系技能的成员。

2. 需要具体的目标。

有效团队具有一个大家共同追求的、有意义的目标，能够为团队成员指引方向，提供推动力，让团队成员为它贡献力量。

3. 需要相互信任。

团队成员要彼此相信各自的个性特点、工作能力。但是，从个人关系中不难知道，信任是脆弱的，它需要很长时间才能建立起来，却又很容易被破坏，破坏之后又很难恢复。

4. 需要全面的质量管理。

全面质量管理是团队不可缺少的一个组成部分。它的实质是工作过程的改进，而员工的参与是改进工作过程的关键。它要求管理人员鼓励员工共享观念，并根据他们的建议去行动。离开了团队，各种各样的全面质量管理工作过程和技术都无法发挥作用。这些技术和过程需要高水平的沟通与交流、响应与接受、协调与统一。

5. 多元化。

多元化的全体成员难以达成一致意见，也难以达成统一协议，但随着时间的推移，这个问题会得到解决。可以预料，随着团队成员相互了解的加深，团队凝聚力的不断提高，多元化团队的优势也会越来越明显。

(二) 创建高绩效团队的五大要诀

1. 营造一种支持性的人力资源环境。

为了创建一支高绩效的团队，管理层应该努力营造一种支持性的人力资源环境，这包括：倡导成员多为集体考虑问题，留下足够多的时间供大家交流，以及对成员取得成绩的能力表示信任。这些支持性的做法帮助组织向团队合作迈出了必要的一步，因为这些步骤促进了更进一步的协调、信任和彼此之间的欣赏。管理者需要为此架构一种良好的沟通平台。

2. 团队成员的自豪感。

每位成员都希望拥有一支光荣的团队，而一支光荣的团队往往会有自己独特的标志。如果缺少这种标志，或者这种标志遭到损坏，员工作为团队成员的自豪感就会荡然无存。许多管理者不知道，团队成员的自豪感正是成员们愿意为团队奉献的精神动力。因此，从创建公司的形象系统，到鼓励各部门、各项目小组营造一种集体主义的亚文化，都会对团队的创造力产生积极的、深远的影响。

3. 让每一位成员的才能与角色相匹配。

团队成员必须具备履行工作职责的胜任能力，并且善于与其他团队成员合作。只有这样，每一位成员才会清楚自己的角色，清楚自己在每一个职能流程中的工作位置以及上一道工序和下一道工序。只有这样，每一个进入团队的人，才能真正成为一个团队成员。如果做到了这一点，成员们就能根据条件的需要，迅速行动起来，而不需要有人下命令。换言之，团队成员能根据工作的需要自发地作出反应，采取适当的行动来完成团队的目标。

例如，医院的某个手术小组，如果在某个环节上，没有人在适当的时间按适当的要求去履行职责，病人就会有危险。同样的道理，公司为客户提供的服务质量也会由于某个人的失职而无法保证。所以，高效率的团队需要每一位成员的才能都能够与角色相匹配，并要求所有的人都全力以赴。

4. 设定具有挑战性的团队目标。

主管人员的职责是激励整个团队向总体目标努力，而不是强调个人的工作量。

如果做得好，一位劳动模范也许会起到领头羊的作用。然而在不同的工作环境下，这种做法却很可能打击团队的合作。

正确的做法是，为团队设定一个具有挑战性的目标，并鼓励每一位成员的团队协作精神。当人们意识到，只有所有成员全力以赴才能实现这个目标时，这种目标就会集中员工的注意力，一些内部的小矛盾往往也就消弭于无形了。此时，如果还有人自私自利，其他人就会谴责他不顾大局，这样就能形成更加紧密团结的团队。

5. 正确的绩效评估。

一个卓有成效的绩效评估体系通常包括两种评估形式：正式评估和日常管理中的及时评估。企业之所以要进行绩效评估，首先是希望通过对员工的考核，判断他们是否称职，从而切实保证他们与职位的匹配、报酬、培训等工作的科学性，这就是绩效评估的必要性；其次是希望通过绩效评估，帮助员工找出自己绩效差的真正原因，激发员工的潜能，我们把这称作绩效评估的发展性。

与绩效评估紧密相关的工作，就是如何科学地支付报酬。作为对团队所有员工绩效的认可形式，这些报酬体系，首先在设计上应该表现出"对内具有公平性，对外具有竞争力"的特点。无论是金钱报酬或非金钱报酬，其目的应该在于激发员工的创造力和团队的合作精神。

当一个项目小组或一位员工表现杰出时，我们就需要通过绩效评估来给予奖励。很多时候我们会发现，仅仅发放金钱或仅仅发放奖状是不够的，而必须同时发放金钱和奖状。例如，在颁发奖金的同时，也颁发"本月度最优秀团队"或"本月度最优秀员工"之类的奖杯、奖状。这样，那些钞票就会变得富有感情色彩，令人激动万分。

补充材料：

团队的起源

从20世纪70年代起，团队精神以日本为发源地，不久就席卷全球。团队精神的基础是团队合作的生产方式。20世纪70年代，以"装配线"为主要特征的"福特主义"日渐衰弱，以工人、技术人员和管理者结合而成的"团队合作"生产方式开始兴起。这种团队组织，首先在日本丰田汽车公司建立，即所谓的"丰田生产方式"。1988年，瑞典沃尔沃汽车公司将"装配线"改造成"装配岛"，工人不固守僵化的技术分工，随时随地解决生产中出现的问题。这种生产方式本质上是对福特式分工体制的一次革命，因而被称为"后福特主义"。

大内于1981年提出的Z理论就是团队理论的基础。他选择了日美两国的一些典型企业进行研究，这些企业都在本国及对方国中设有子公司或工厂，采取不同的典型管理方式。大内的研究表明：日本的经营管理方式一般较美国的效率更高，这与20世纪70年代后期日本经济咄咄逼人的气势是吻合的。大内提出：美国的企业应该结合本国的特点，向日本企业的管理方式学习，形成自己的管理方式。他把这种管理方式归结为Z型管理方式，并对这种方式进行了理论上的升华，称为Z理论。

事实上，团队精神与中国传统文化，特别是中国传统的儒家文化有着密切的渊源关系。正是儒家文化的深厚底蕴为团队精神的培养与成长提供了丰富的营养。可以说，团队精神正是扎根于儒家文化这片沃土上才更加根深叶茂。

案例分析：

三个和尚没水喝的领悟

关于三个和尚没水喝的故事大家都十分熟悉，而得到最多的结论是缺乏团结力量，互相推卸责任和义务。其实，从这个小故事，我们也可以领悟到许多道理。为什么"一个和尚挑水喝，两个和尚抬水喝，三个和尚没水喝"？

原因很简单。只有一个和尚时，由于生存的需要，没有逃避的可能性，只有自己去挑水。同样的道理，当你让某个人全权负责某项事情，他没有丝毫推卸的余地，往往及时甚至提前完成任务，圆满解决问题。

当出现两个和尚时，人的惰性和依赖性明显体现，要么每个和尚负责一天的挑水，要么共同去抬水。虽然抬水好像不合算：每次两个人才抬一桶水，与一个人挑两桶水相比，足足差了四倍，人力和时间都不合算。但是，这非常公平，不存在互相找借口不去取水，给予他们的是公平的感觉。为什么中国人在改革开放前人民安于相当低的生活水平，而改革开放后，尽管生活水平有了明显的提高，人民却纷纷抱怨？原因也在于此，人宁愿享受较低的生活水平，却无法容忍分配上出现的不公平。例如，给你和同事都是1000元的工资待遇，你也许不会抱怨。但是当你发现同事的工资是1200元，而自己的却是1100元时，尽管你的收入提高了，但是你却疑问同事为什么比自己多得100元。你关注的重心并不是收入的多少，而是收入的差距。

而出现三个和尚时，人的惰性和依赖性使得每个人忙于推卸责任，指望别人去承担义务，而自己享受成果。这就可以解释为什么政府部门人多了反而处理事情的效率和能力并没有提高。例如，当你安排几个人负责解决一个问题或完成一项任务时，其过程可能是张三将任务推给李四，李四推给王五。结果到了预定时间，许多事情仍然在彼此的推卸中转圈，仍然没有完成任务或者解决问题。这时，大家可能互相推卸责任，找出种种借口，互相指责对方。结果，任务可能不得不推迟或延期完成，即使完成，其效果很难达到预期要求，妄论取得超出预期的圆满效果，甚至可能由于时机的耽误，任务永远无法完成。在社会飞速发展的今天，市场的变化让人眼花缭乱，机会往往是稍纵即逝，如果耽误时机，可能将自己推向十分不利的境地。

案例思考：

从团队构建角度分析"三个和尚没水喝"的原因，并提出你的解决方案。

练习题：

1. 简述组织工作的内容。
2. 组织工作的特点是什么？
3. 影响组织结构选择的因素有哪些？
4. 影响管理宽度的因素有哪些？
5. 简述扁平化组织的优缺点。
6. 按职能划分部门的优缺点是什么？
7. 简述有效授权的要求。
8. 简述集权制组织、分权制组织的特点。
9. 试比较集体管理与个人管理的效果。
10. 论述组织变革的重要性以及如何变革。
11. 简述团队发展阶段及其特点。
12. 简述团队发展有哪些技巧。
13. 简述团队的种类。
14. 论述组织如何做好团队工作。

第七章 人力资源管理

倘若要使所有的人没有短处，其结果至多只是一个平平凡凡的组织。

——彼得·德鲁克

本章重点：
△人力资源
△人力资源配备
△人员的选聘
△人员的考评
△人员的培训

学习目的与要求：
1. 了解掌握人力资源以及人力资源管理的概念
2. 掌握人力资源配备概念以及人力资源配备的重要性
3. 理解人力资源配备工作遵循的原理
4. 了解人员的选聘、考评和培训

导入案例：

二战中的胜利者——苏军和美军的行为

第二次世界大战中，德国战败，作为胜利者的苏军和美军在德国各自进行大规模的掠夺战利品行动。苏联人把工厂里成批的机械设备拆卸下来，运回国内；而美国人则是把众多德国著名的专家、学者以及各种出色的技术人员"请"到美国。若干年后，当那些机器设备在苏联成为废铁的时候，去了美国的德国专家们则帮助美国创造了令人赞叹的经济成就。

这个案例说明美国作为世界最发达的国家，其根本原因就在于十分重视人力资源作用，始终把人力资源看做是最重要的资源。本章主要阐述人力资源概念以及人力资源管理。

第一节 人力资源管理概述

一、人力资源

（一）什么是人力资源

（1）资源是一个经济学术语，它泛指社会财富的源泉，是为了创造物质财富而投入生产活动中的一切要素。迄今为止，世界上有四大资源：人力资源、自然资源、资本资源、信息资源。

（2）广义的人力资源：指凡是以生命为载体的社会资源，凡是智力正常的人都是人力资源。

（3）狭义的人力资源：能够为社会创造物质财富、精神财富，为社会提供劳动和服务的人，包括人的体质、智力和道德修养等内容。人口资源中除极少数没有劳动能力的人外，绝大多数都是人力资源，包括数量和质量两方面的内涵。

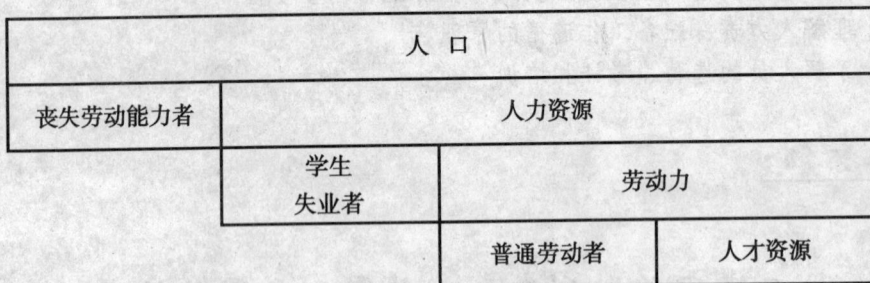

人 口			
丧失劳动能力者	人力资源		
	学生 失业者	劳动力	
		普通劳动者	人才资源

图7-1 人口、劳动力、人力资源与人才资源的关系

（4）人力资源的质量。人力资源质量是构成人力资源的单个劳动力的素质的集合。

劳动力的素质由劳动者的身体素质与智能水平构成。体质有先天的体质（优生的结果）和后天的体质（营养供给和体育锻炼的结果）之分。智能有传统的经验成规和现代科学技术知识两个方面。现代科技知识又分为一般文化和专业知识两个部分，后者又有理论素养和操作技能的区别（见图7-2）。

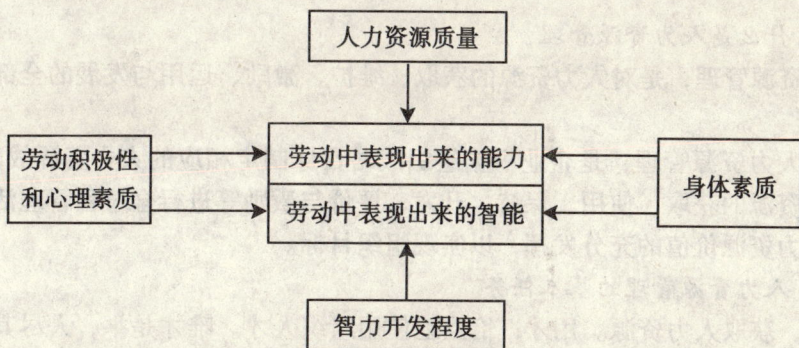

```
                    ┌──────────────┐
                    │  人力资源质量  │
                    └──────┬───────┘
                           │
                           ▼
┌──────────┐      ┌──────────────────┐      ┌──────────┐
│ 劳动积极性 │─────▶│ 劳动中表现出来的能力 │◀─────│  身体素质  │
│ 和心理素质 │      ├──────────────────┤      └──────────┘
│          │─────▶│ 劳动中表现出来的智能 │
└──────────┘      └──────────────────┘
                           ▲
                           │
                    ┌──────────────┐
                    │  智力开发程度  │
                    └──────────────┘
```

图7-2　人力资源质量构成

（5）人力资本：西方的"人力资本之父"舒尔茨认为，人力资本就是通过对人力资源的投资而体现在劳动者身上的体力、智力和技能的综合，人力资本的有形形态就是人力资源。人力资本存在于人力资源之中，是指投入的物质资本在人身上所凝结的人力资源，是可以投入经济活动并带来新价值的资本性人力资源。

（二）人力资源的特征

（1）人力资源的生产性、消费性：是人力资源及时投资的结果，能创造财富，是生产者又是消费者。

（2）能动性：是指人力资源具有思维和情感，能够接受教育或主动学习并能够自主地选择职业，更为重要的是人力资源能够发挥主观能动性，有目的、有意识地利用其他资源进行生产，不断地创新工具、技术，推动社会和经济的发展。

（3）可再生性：人力资源以自身为天然载体，是一种活的资源，并与人的天然生理特征相联系。人力资源能够实现自我补偿、自我更新、持续开发。人们可以通过不断学习、积极工作、经验的积累和培训提高等方式来更新自我、丰富自我。

（4）社会性：从宏观上看，人力资源依赖于社会，处于社会分工体系中；从微观上看，不同的人处于各个地区劳动组织中，承担社会分工的劳动。人力资源是一种社会资源。

（5）时代性：时代的生产力发展水平，决定了人的认识能力和创造能力。

（6）持续性：人力资源使用、开发的过程，多次持续开发的资源，培训、积累、提高、创造的过程，要注重终身教育、培训与开发，不断提高其知识、技能水平。

（7）时效性：人力资源的形成、开发和使用，受时间制约。

二、人力资源管理

(一) 什么是人力资源管理

人力资源管理，是对人力资源的获取、维护、激励、运用与发展的全部管理过程与活动。

企业人力资源管理，是企业根据组织战略目标制定相应的人力资源战略规划，并对人力资源的获取、使用、保持、开发、评价与激励等进行全过程管理活动，从而达到人力资源价值的充分发挥，以实现组织目标。

(二) 人力资源管理的基本任务

求才，获取人力资源。用才，恰当地使用组织人才。唯才是举，人尽其才，才尽其用。育才，即通过培训、教育、开发，提高人力资源质量，激发员工潜力。激才，通过激励措施，调动员工的工作积极性，发挥人力资源的能动性。护才，通过卫生保健、劳动安全、平等就业等措施保护劳动者的合法权益，养护人力资源的持续劳动能力。留才，尊重人才、爱惜人才，保持员工队伍的稳定，留住组织所需要的各类人才。

(三) 人力资源管理的基本职能

(1) 吸引与获取：主要包括人力资源规划、职务分析、员工招聘和录用。

(2) 整合与认同：建立并维持有效的工作关系，包括企业文化的传播、信息沟通、人际关系和谐、矛盾冲突的处理和化解，使组织的价值观及目标内化为员工个人的价值观，增强员工的责任感和归属感。

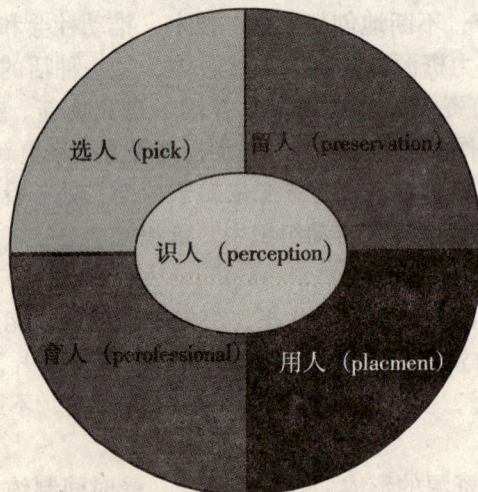

图 7-3 人力资源管理模型图

（3）开发与发展：提高员工能力的重要手段，包括组织和个人开发计划的制订、新员工的引导和业务培训、员工职业生涯的设计、继续教育、员工有效使用以及工作丰富化。

（4）使用与激励：报偿或报酬是人力资源的核心，包括制定公平合理的薪酬、提供福利、经济性和非经济性报酬的分配、各种物质和精神激励物的运用。

（5）评价与维护：是指对员工实施合理、公平的动态管理的过程，主要包括员工绩效考核、素质评估和以此为依据的人事调配、员工流动的活动。人力资源管理活动要维护劳动者的合法权益，保证员工在工作场所的安全与健康，保障就业和应得的收入，从而维护人力资源的持续劳动能力。

（四）人力资源管理的过程

人力资源管理的过程见图7-4。

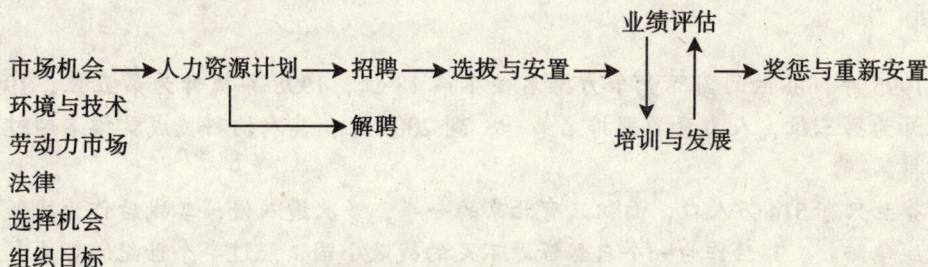

图7-4　人力资源管理过程

（1）内外部环境的分析，市场机会发现，空缺岗位报告，进行职务分析。确定组织机构及其职位数目，认定每个职位的职责与权力，提出每个职位人员必须具备的条件，并把结果用于组织人力资源规划、员工招聘、绩效考核和培训等方面。

（2）制定人力资源规划。

● 确定组织需要人员的数量和类别，包括一般人员和管理人员。

● 组织发展需要的人员数量和类别要求。

● 各类人员的素质要求与任用标准，包括性别、学历、能力、性格特征。

● 预测人力资源的供给，包括内部考察、选拔、外部招聘、外部考察等。

● 制定人力资源需要的行动方案，发现、聘用外部人才，培训、培养、选拔内部人员。

（3）人员的招聘和选拔。

● 公开发布招聘信息，包括岗位、职位的种类、数量、标准、要求。

● 个人提交申请材料。

● 组织考核考察，包括外聘的笔试、面试和心理测试；内聘的组织考核和公示。

●任用确定。一般员工定岗、培训、上岗；管理者的任用、定职、授权或培训、试用、定职、授权。

（4）制定和实施人员培养计划。这既是组织发展需要，又是组织成员发展的需要。

（5）业绩评估考核。对表现好的员工进行奖励，如加薪、晋升等；对存在问题的员工进行再培训、调职或解聘等。

案例分析：

芬兰的启示

1995 年，芬兰的国际竞争力排名世界第 18 位，1998 年提升为第五位，1999 年上升为第三位，人力资源则排名第一，到 2001 年，其人均科技成就排名超过美国，排第一。

芬兰只有 514 万人口，面积只有北京的一半，多次遭入侵，二战后作为战败国承担战争赔款。芬兰作为一个自然资源不足的战败小国，经过半个世纪的努力，成为世界第一竞争力的国家，有着深刻的内因，那就是高素质的芬兰人。他们热爱祖国，掌握最新科学知识，崇尚科学态度，不断创新和超越。创新的教育树立了芬兰人的自信和自尊。芬兰赫尔辛基大学一位学生敢于向一统天下的微软视窗挑战，开发出了与之抗衡的 Linux 系统。没有这种气概，能够设想今天的芬兰能超过美国成为世界第一竞争力的国家吗？

与此同时，中国的科技竞争力在 1999 年由上年的第 13 位降为第 25 位，2000 年又降到第 28 位，国际竞争力也由 1999 年的第 29 位降为第 31 位。近几年，我国虽在科技上有长足进步，但和芬兰比，就没有任何值得自满的理由了。

案例问题：

芬兰和我国在国际竞争力排行榜中的地位变化对你有哪些启示？

第二节　人力资源配备

一、人力资源配备的概念

(一) 人力资源配备

为组织结构中的职位配备合适的人员，既包括主管人员配备，又包括非主管人员配备。人力资源配备是根据组织目标和任务正确选择、合理使用、科学考评和培训人员，以合适的人员去完成组织结构中规定的各项任务，从而保证整个组织目标和各项任务完成的职能活动。

(二) 人力资源配备的任务

1. 组织有效活动的需要：①通过人力资源配备使组织结构正常运转，主管人员在组织进行中有举足轻重的作用。②为组织的发展准备管理人员。组织工作是一个动态的过程，要聘用和选拔人才、培养人才，开发和积累人力资源，为组织发展准备人才。

2. 建设企业文化，维持成员对组织的忠诚。

3. 组织成员自身的需要：①通过人力资源管理，使每个成员的知识和能力得到公正的评价、使用，避免大材小用和小材大用，要分析工作要求与员工自身的知识、能力是否相符合。②通过人力资源配备，使每个成员的知识和能力不断发展，素质不断提高。③提供薪水、提供良好的工作环境和必要的生活条件，提供发挥才干的舞台，做到事业留人、待遇留人、感情留人。

二、人力资源配备的原理

(一) 职务要求明确原理

是指对主管职务及其相应人员的要求越是明确，培训和评价主管人员的方法越是完善，主管人员工作的质量也就越有保证。

(1) 由于人员配备的目的是以合适的人员去充实组织结构所规定的各项职务。如果职务不明确，人员配备就没有依据，就不能以合适的人员去充实这些职务，就不能做到因事设人，也就不能做到量才录用，人尽其才，才尽其用。

(2) 职务不明确，就无法了解管理者在组织中特定职务的相对重要性及其任务，也就无法考评他所取得的成果，也就无法对管理者有目的地进行培训。

（二）责、权、利一致原理

是指组织越是想要尽快地保证目标的实现，就越是要使主管人员的责、权、利相一致。

（1）权——职务上的权力，保证目标的实现和任务的完成。

（2）责——工作任务的义务、考评的主要内容。

（3）利——与职务对应的待遇，不仅是完成任务的保证，也是一种激励。

（三）公开竞争和双向选择的原理

是指组织越是想要提高管理水平，就越是要在主管职务的接班人之间鼓励公开竞争。实行公开竞争时，空缺的职务必须对任何人都开放。要进行公开竞争，前提是人才必须能够流动。因事择人和由人择事相统一，根据工作需要、职位空缺——选人、用人，根据人的能力、志向以及兴趣爱好安排工作、职务。

（四）用人之长原理

是指主管人员越是处在最能发挥其才能的职位上，就越能使组织得到最大的收益。要充分发挥人的才能，人的知识、经验、能力各有所长，各有所短，用其所长，避其所短。有一首古诗说道："骏马能历险，犁田不如牛；坚车能载重，渡河不如舟；舍长以其短，智者难为谋；生才贵适用，幸勿多苛求。"德鲁克也曾经说过："倘若要所有的人没有短处，其结果至多只是一个平平凡凡的组织。"

人员配备工作中要做到知人善任，关键不在于如何减少人的短处，而在于如何发挥人的长处，使人们各得其所，各遂其志，人尽其才，才尽其用。

（五）不断培养原理

是指任何一个组织，越是想要使其主管人员能胜任其所承担的职务，就越是需要他们去不断地接受培训和进行自我培养。

（六）人事动态平衡原理

人与事的配合需要进行不断的调整，以求使每个人都能得到最合适的使用，实现人与工作的动态平衡。

（七）任人唯贤原理

要求以德才兼备为标准，尤其对于管理者更要强调这一点。我们提倡德为先，要求做到有德有才大胆用，有德无才培养用，有才无德控制用，无德无才坚决不用。

三、职务评价的方法

职位评价，是在设立企业内部各项工作共同的付酬因素的基础上，根据一定的评价方法，区分每项工作对企业贡献的大小，确定其具体价值的过程。其主要目的是衡量企业内每一项工作的价值。较为常用的职务评价方法有以下几种：

（一）简单排序法

简单排序法就是由负责工作评价的人员，根据其对工作的经验和主观判断，对各项工作的相对价值进行整体比较，并加以排序的方法。也就是将不同的工作职位两两比较，最后对所有工作职位按重要性进行排序。这个方法简单，成本低，特别适合中小企业，但也存在一定的缺点，比如：主观性强，缺乏精确的度量手段，只能找出各项工作的相对价值，不能确定它们之间的价值到底相差多少。

（二）分类套级法

分类套级法就是评价者先将企业的职位分为若干类，如管理类、技术类、销售类、勤杂类、服务类、通用类等，然后把每一类职务又分为若干级，指定分级标准，最后将待定职务套入各个级别中去。其优点是简单，能减少一部分主观因素。其缺点和简单排序法一样，不能精确度量，只适用于结构简单的、职务相对较少的企业。

（三）元素比较法

元素比较法是一种量化的工作评价方法。先以评分的方式确定关键岗位的付酬因素（如技能、脑力、体力、责任、工作条件等因素），在此基础上，将待评岗位的付酬因素与关键岗位相比较，以确定待评岗位的工资率。这种方法比较系统完善，能够以数值的方式比较各工作职务的相对价值，从而确定相对的工资率。这种方法减少了主观性，但运行起来难度比较高，需要聘请专家方可以进行。此外，这种方法成本高，特别是在关键岗位的付酬因素的分值确定上同样不能避免主观。

（四）评分法

评分法是目前职务评价中运用最广泛的一种方法，也是一种定量化的工作评价方法。它无须确定关键岗位，而是事先开发一个评比的标尺，直接把所有待评职位根据标尺中的各种付酬因素打分，分值相加得到评估岗位的总分，然后把总分转化成工资率。这种方法适用于各种规模的企业，非常科学，但在制定评分标尺上有一定的难度，评分标尺和各类分数在总分中占的百分比毕竟是人为根据经验制定出来的，对于不同的企业，该标尺也是不同的。评分法比较复杂，需要在专家的指导下完成。

（五）比较法

是评价主管人员职位最常用的方法，是对主管人员进行比较或者确定他们在各类职务中所占的位置。该法是先确定几个关键职位，然后把其他职位与这些职位比较，并作出主观判断。

（六）时距判定法

适合于评价任何一种职位，对主管人员职位来说，是最有创建和最有前途的评价方法之一，该方法是由英国的贾克斯提出的。这种方法有独创性，但带有相当程度的主观性。任何一个职务的价值都可以用该职务斟酌决定问题的时间的多少来衡量，就是在知道下属是否准确地作出判断之前所必须消耗的最长时间。判定时距越长，该职务所要付出的时间也越多。

第三节　管理人员选聘、考评、培训

一、管理人员的选聘与选拔

（一）选聘的条件

（1）管理愿望，是指希望从事管理工作的主观愿望、要求。强烈的管理欲望是有效地进行管理工作的基本前提。管理意味着对权力的运用，而对权力不感兴趣的人，是不会负责任地、有效地使用权力，从而难以获得积极的效果。

一个人只有对管理工作有这种愿望，才能将其全部才能充分发挥出来，才能积极地学习一切与此有关的知识与技能，才能成为一名合格的管理者。

（2）正直的品质。正直是管理人员应具备的基本品质。有能力而不正直的管理人员，则可能给组织造成巨大的破坏，且能力越大，破坏越大。

（3）冒险的精神。在组织系统中或部门工作中不断创新，只有不断创新，组织才能充满生机。要创新，就要敢于冒险。富有冒险精神，应该作为对组织中所有管理人员的共同要求。

（4）管理能力，是指完成一定活动的本领，包括完成一定活动的具体方式以及顺利完成一定活动所必需的心理特征。管理能力也就是完成管理活动的本领。

由于能力是在实践中形成和发展起来的，因此我们在以是否具有管理能力这一标准来选拔管理者时，就必须从管理者在管理实践工作中认识问题、分析问题以及综合处理问题时表现出来的管理能力来评价他。

●认识问题的能力。要看他是否对组织中各项要求及其相互关系以及组织与外界关系有一个正确的认识，是否对已经出现或即将出现的各种问题高度敏感，并具有明察秋毫的洞察力。

●分析问题的能力。目的是找出问题的根本所在，对症下药。

●解决问题的能力。看管理者在决策时是否果断，是否有效，有无实施决策的能力。

●综合处理问题的能力。主要体现在怎样处理组织与外部环境关系和组织的发展问题上。考虑外部环境中的政治、经济、文化、技术等因素对组织中各要素的影响。在处理组织的发展问题时，管理者必须有一个开放性的观念，着眼于未来。

然而，能力是在生理素质的基础上，经过教育和培养，并在实践中吸取经验而获得的。所以，在选拔管理者时，除了要看候选人有无管理能力外，还要考虑他的个人素质和知识结构。但是，个人素质和知识结构不是管理能力的决定因素，只是管理能力的基础，是与管理能力密切相关的。法约尔曾经指出，管理的每一种能力都是以下面几个方面的素质和知识为基础的：

- 身体健康，体力旺盛，敏捷。
- 智力。理解和学习的能力、判断力，精力旺盛，头脑灵活。
- 道德。有毅力、坚强、勇于负责，有首创精神，忠诚，有自知之明，自觉。
- 一般文化素质。具有不限于从事职能范围的各方面知识。
- 专业知识。技术、商业、财务、管理等专业职能知识。
- 经验。从业务实践中获得的知识，这是人们自己从行动中吸取的教训。

因此，我们在选拔管理者时，重点应放在候选人在实践中所表现出来的管理能力上，而不是放在个人素质和知识结构上。

（二）管理人员的选聘方法

（1）内部提升（内升制）：对组织内部提拔那些能够胜任的人员，经过组织的严格考察，充实组织的空缺职位。内部提升的优点是：

- 员工获得提升机会，对其他员工具有激励作用，提高广大员工的士气和绩效。
- 组织内部员工应聘具有充分可靠的资料，职位与人员匹配成功率高。
- 组织内部成员对组织的历史和现状比较了解，胜任工作较快。
- 节省招聘费用，可使过去对组织成员的长期培养得到回报，并可判断其效益如何。
- 工作有变换的机会，可提高组织成员的兴趣和士气，使其有一个良好的工作情绪。

内部提升的缺点是：

- 可供选择人员范围有限，尤其是关键的管理者。
- 由于所提供的职位有限，也会挫伤一部分人的积极性，影响组织绩效。
- 会造成"近亲繁殖"，使组织缺乏创新意识。

（2）外部招聘。从组织外部招聘组织急需的人才，特别是那些起关键性作用的人员。从外部招聘可通过媒体广告招聘、就业服务机构、校园招聘、组织内部成员推荐等途径来进行。外部招聘的优点是：

- 有广泛的人力来源供组织选择，并可能招聘到第一流的人才。
- 给组织带来新的思想、技能，补充新生力量，可以避免组织的僵化和停滞，避免了"近亲繁殖"。

- 外界招聘可以树立企业形象，扩大企业影响。

- 外部招聘大多数应聘者有一定的经验，可以节省在培训上所耗费的大量时间和费用。

外部招聘的缺点是：

- 胜任工作的人员得不到提升，打击了一部分人的积极性，产生不合作态度。

- 应聘者对组织的历史和现状不了解，外部人员不能很快地胜任工作。

- 外聘人员实际工作能力和技能无法准确地了解。

- 增加招聘费用和培训费用。

究竟从内部提升，还是外部招聘，要看组织具体情况而定。一般说来，当组织内有能够胜任工作的人时，应该首先从组织内部提升；当空缺的职务不很重要且组织有一个持续发展的既定战略时，应当考虑从组织内部提升。然而，当组织急需一个关键性的管理者来对其原定的战略进行重大修改，而组织内又无胜任这一重大职务的人员时，就要从组织外部招聘。不然，如果勉强从组织内部提拔，可能会使组织处于停滞状态。

(三) 选聘的程序和方法

选聘有一个复杂的程序，如图 7-5 所示。

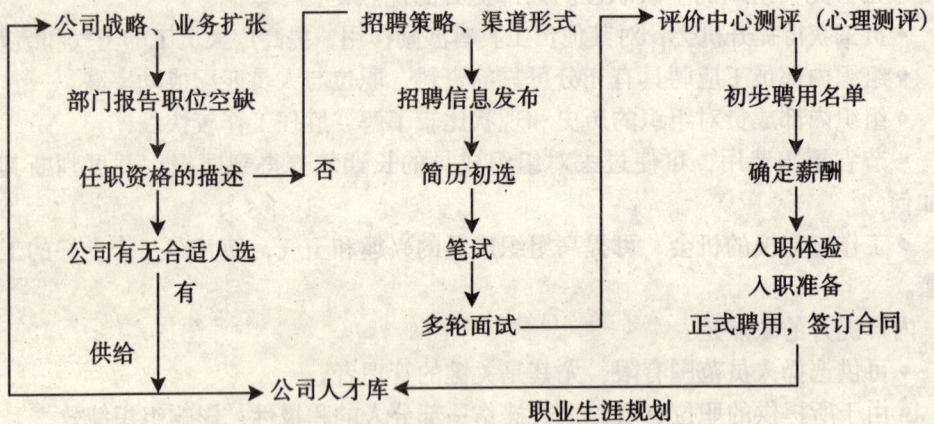

图 7-5 人员招聘与选拔程序

管理人员公开招聘的方法与程序是：

1. 招聘需求的提出：发现空缺，提出任职资格、工作内容、工作条件、用人的标准。

2. 招聘信息发布：各种渠道发布用人计划、素质要求、时间、地点、电话、联系人等，保证应聘工作的广泛性。

3. 接受应聘者资料（外部招聘）。

4. 审查个人简历和应聘人员登记表，进行初步筛选。

5. 组织笔试、面试。

（1）笔试：有效地测量应聘者的基本知识、专业知识、管理知识等相关知识，以及综合分析问题的能力和文字表达的能力。

（2）面试的程序（见图7-6）。

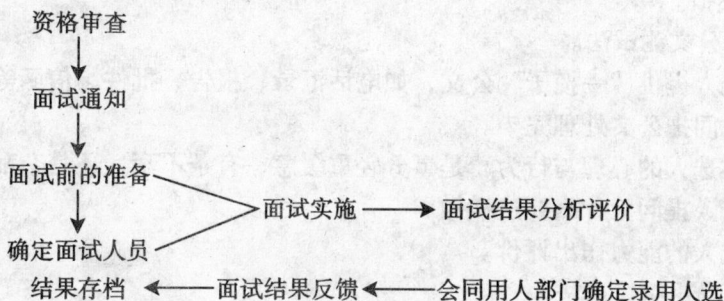

资格审查
↓
面试通知
↓
面试前的准备
↓　　　↘
确定面试人员　→　面试实施　→　面试结果分析评价

结果存档　←　面试结果反馈　←　会同用人部门确定录用人选

图7-6　面试程序示意图

（3）面试的内容：

● 学习成绩或学术成果：在缺乏足够的工作经验时，一个人的学习成绩或学术成果就更为重要。

● 工作经历：了解一个人的工作经历后，需要确定其工作能力和工作责任心。

● 个人素质：外表、谈吐、修养、处世能力、适应能力和是否自信等。

● 人际关系能力：面试在某种程度上可以观察求职者的人际关系能力。

● 求职意向：面试中询问候选人的职业目标，可以确定其指向是否现实。

（4）面试的种类：

● 非结构化面试：就是不直接提问型的面试。在这种面试中，面试者会提出探索型的、无限制的问题。这种面试是综合性的，面试者鼓励求职者多谈，适合于中层管理人员的选拔。

● 结构化面试：直接提问型或固定模式型的面试，这是由一系列连续向求职者提出的与工作相关的问题构成。

6. 心理测评。心理测评是招聘测试中的一个重要方面，许多企业在招聘中往往运用心理测试这一手段。所谓心理测评，就是指通过一系列的科学方法来测量被试者的智力水平和个性方面差异的一种科学方法。

● 智力测试，脑力、记忆力、灵敏度和观察能力，属于基本素质测试。

● 技术熟练程度和对外部变化的适应性测试，测试技术熟练程度、掌握技术能力以及对外部变化的反应能力。

- 运动神经能力测试。
- 业务知识与经验测试。
- 个性测试，包括气质、性格、心理健康等方面。
- 情商测试，包括自我意识、控制情绪、自我激励、认知他人情绪、社会适应性等。

7. 情景模拟。

（1）处理公文测试法。

- 向候选人提供"一揽子"公文，如电话汇录、报告、批件、信函等。
- 规定时间把公文处理完毕。
- 观察候选人的心理与行为，是事分轻重缓急、有条不紊，还是杂乱无章。
- 向候选人提问为什么要这样做。
- 对候选人的能力作出评价。

（2）无领导小组讨论法。

- 将候选人分成若干小组。
- 规定身份，明确任务。
- 候选人集体讨论、发表见解。
- 考核应变能力。
- 对候选人的领导能力、合作能力、应变能力等进行全面评价。

8. 背景调查。

- 候选人的学历、学位调查。
- 候选人过去的经验与工作经历调查。
- 候选人过去的不良记录调查。

9. 体检、录用、签订劳动合同，办理正式的入职手续。

10. 招聘评价。

（四）选聘人员要注意的几个问题

（1）选聘条件要适当。条件太高，一个候选人也通不过，整个选拔过程无效；反之，如果条件太低，所有的候选人都可以通过，则其选拔招聘结果也无意义，也是一个失败的结果。

（2）主持选聘的人员应具有较高的素质和能力，并且有伯乐式的慧眼。在招聘选拔组织所需人员之前，对评判人员首先应进行专门培训，使他们成为这方面的专家，以保证评判的客观性和准确性。

（3）注意候选人的潜在能力，即重点关注一个人的素质和知识结构。"显人才"是指才华已经显露、工作已有成绩、得到人们公认的人才。"潜人才"即潜在人才，这种人素质高、有知识、有能力，但由于某种原因（比如机遇、人与岗位的匹配度、人际关系的适应性等原因）没有给他提供发挥才能的机会，所以没有被人特别是被领导者发现和承认。如果稍加培养，给他适当的位置，他就会显露出才华，很快做出业绩。

（4）正确对待文凭与水平的关系。文凭代表了一个人的知识水平，也表明了一个人应该具有的能力水平，但并不表示一个人的实际工作能力。选聘管理者的标准，是要看候选人的实际工作绩效。一个人可能没有文凭，但工作绩效显著；相反，一个人可能有文凭，但工作绩效平平。因此，在选聘管理者时，既要看文凭又要看水平，但应以实际工作能力水平为主。

（5）敢于启用年轻人。他们具有易于接受新知识、新思想、思路敏捷等特点，并且精力旺盛、勇于创新。启用年轻人之后并不是万事大吉，老同志还应该传帮带，使他们逐渐成熟起来。

（6）克服"被提拔过头"。如果一个管理者在其职位上有成就，那么正是这种成就导致他被提升到更高的职位，直到这个人终于"被提拔过头"。如果不提拔又怎么能知道他是否胜任更高一级的工作呢？解决这个两难问题，在于在工作实绩之外考查其他标准，诸如知识、智力、能力、性格、人际关系等。

二、管理人员的绩效考评

（一）绩效考评

绩效是指一个组织中的个体或群体的工作产出（结果）、工作行为及工作表现。管理人员的绩效考评是组织对组织中管理人员的绩效进行识别、测评和开发的过程，绩效考评在实际操作过程中通常是从业绩评定和人员素质评价两方面进行的（见图7-7）。

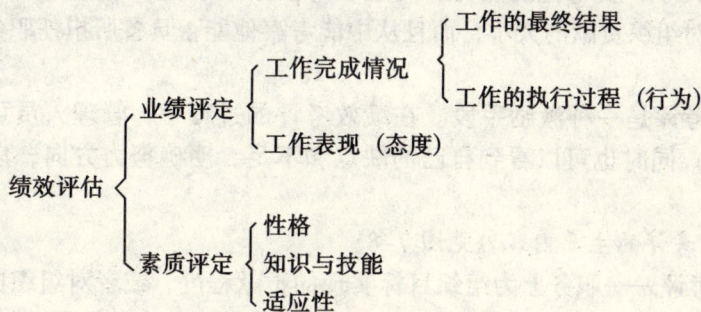

绩效评估
- 业绩评定
  - 工作完成情况
    - 工作的最终结果
    - 工作的执行过程（行为）
  - 工作表现（态度）
- 素质评定
  - 性格
  - 知识与技能
  - 适应性

图 7-7 绩效考评

绩效的特点是：

（1）多因性：绩效是能力、激励、机会和环境四者共同影响的结果。

（2）多维性：即需要沿多种维度或方面去分析和考评。

（3）动态性：这是从时间角度来说的，员工绩效由于员工的能力、激励、状态、环境因素的变化而处于动态变化中。

（二）管理人员绩效考评的目的和作用

绩效考评是整个人力资源开发和管理的一个总结，与人力资源管理的各环节密切相关。没有绩效考评，人力资源开发和管理就失去了标准和依据，人力资源开发和管理的改进和发展就失去了方向。同时，绩效考评积累下来的丰富和实用的内部数据是人力资源开发和管理最好的信息提供者。其具体作用为：

（1）管理人员任用的依据。管理人员任用的标准应该是德才兼备，绩效考评获得的信息为准确判断管理人员是否符合任用标准提供了根据。

（2）管理人员调配和职务升降的依据。企业内部管理人员职位的变动必须有科学的依据，才能保证人员的积极性及工作的顺利开展和完成。通过全面的绩效考评，可以判定管理人员是否符合某职位对其素质和能力的要求，或者可以察觉到某人素质和能力的变化。

（3）管理人员培训的依据。管理人员培训是人力资源开发和管理的一个最关键的环节，而且根据当今企业发展的趋势表明，企业正在向学习型组织转变，管理人员培训逐渐成为企业发展的核心所在。要了解人员的优势和劣势，就必须通过对员工个人的绩效考评来获得。同时，培训的效果如何也需要通过绩效考评来判定。

（4）确定管理人员报酬的依据。这里主要指除工资以外的奖励，在工作结束后根据完成情况来给予奖励是激发管理人员积极性和满足管理人员需要的必要手段。但要运用合理，要做到令管理人员心服则必须以绩效考评的结果为依据。管理者获取利益报酬的大小，要与他的能力和对组织的贡献成正比。对管理人员的考评不但可以确定其对组织贡献的大小，而且从中能考察他能否具备所担任职务的能力和素质。

（5）绩效考评是一种激励手段。在绩效考评的过程中，管理人员可以看到成绩，坚定信心；同时也可以看到自己的缺点和不足，明确努力方向，以便将来可以做得更好。

（三）绩效考评的主要内容（见图7-8）

（1）业绩考评——职务上为组织目标实现的贡献程度，或者对组织成员的价值进行评价。成绩与业绩都是行为的结果。"考绩"就是对行为的结果进行考核评价。结果有可能是有效的，也有可能是无效的，行为结果的有效性是对"目的"而言的。业绩考评注意以下几个问题：

```
                                   ┌ 业绩考评
                     ┌ 能力发挥度 ┤
                     │             └ 工作态度考评
                     │             ┌ 能力考评
          考核评估 ┤ 能力具备度 ┤
                     │             └ 性格考评
                     │             ┌ 工作潜力考评
                     └ 能力潜质度 ┤
                                   └ 适应性考评
```

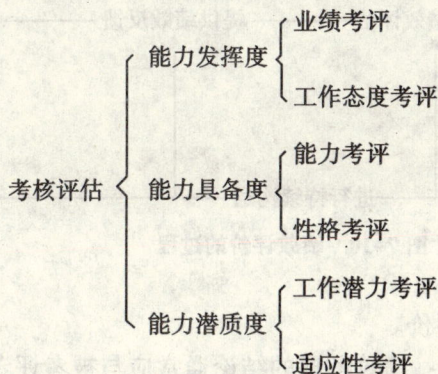

图7-8　绩效考评内容

- 要把个人努力和部门成就区分开来，考虑环境变化以及预期效果。
- 既是对下级的考评，也是对上级考评者的考评。
- 既要考评工作量的大小、质量的高低，也要考评管理人员在工作中的主观努力程度。

（2）能力考评——对管理人员的现实能力、潜在能力的考评，这是考评的重点（见图7-9）。

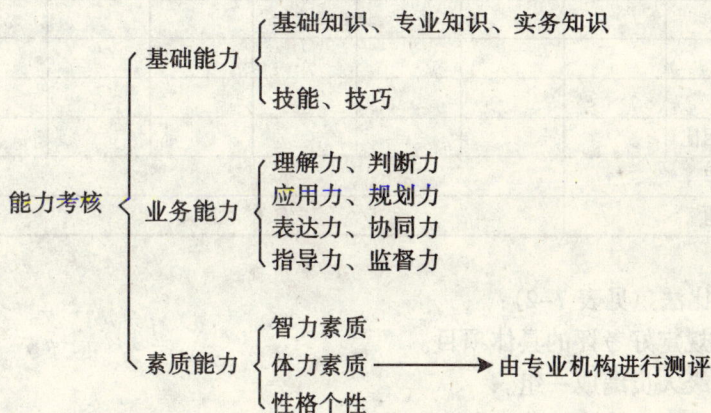

```
                     ┌ 基础能力 ┬ 基础知识、专业知识、实务知识
                     │          └ 技能、技巧
                     │          ┌ 理解力、判断力
          能力考核 ┤ 业务能力 ┤ 应用力、规划力
                     │          │ 表达力、协同力
                     │          └ 指导力、监督力
                     │          ┌ 智力素质
                     └ 素质能力 ┤ 体力素质 ──→ 由专业机构进行测评
                                └ 性格个性
```

图7-9　能力考核

（四）绩效考评的程序（见图7-10）

（1）制定绩效考评计划：明确考评的目的和对象、内容、时间、方法。

（2）制定绩效考评标准体系。

（3）考评结果分析与评定：考评结果分析与评价的任务是对管理人员的德、

制定绩效计划 ——— 实施绩效评估 ——— 提供绩效反馈 ——— 指导绩效改进

进行持续沟通

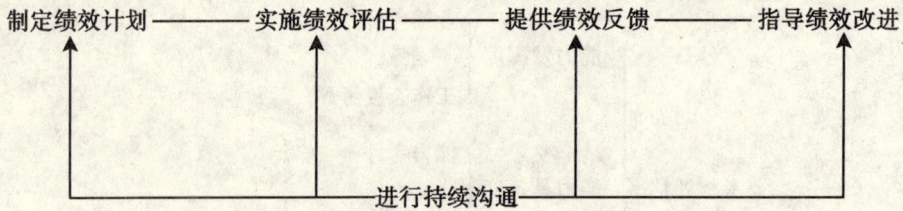

图 7-10　绩效评价的过程

能、勤、绩等作出综合性的评价。

（4）结果反馈与实施纠正：绩效考评的结论通常应与被考评者见面，使其了解组织对自己工作的看法和评价，从而发扬其优点，克服其缺点。

（五）考评的方法

（1）考试法：主要考评主管人员对知识的掌握程度及其理论水平。

（2）成绩记录法：是一种以管理者的工作成绩记录为基础的考评方法。以工作记录为基础，按周、月记录被考评者的工作成绩。记录卡上的主要内容主要是与被考评者业务有关的项目，它常常与目标管理结合在一起（见表 7-1）。

表 7-1

单位＿＿＿		姓名＿＿＿		职务＿＿＿		时间＿＿＿	
项目							
工作目标							
完成情况							
与去年同期相比							
本月主要工作							
存在哪些问题							

（3）对比法（见表 7-2）：

● 事先规定好考评的具体项目。

● 将同级人员编成一组。

● 进行对比，胜为 1 分，负为 0 分。

● 计算结果，排出名次。

表7-2 对比法

	A	B	C	D	E
A		1	0	0	1
B	0		0	0	1
C	1	1		1	1
D	1	1	0		1
E	0	0	0	0	

案例分析：

A公司采取的考评程序是由被考评者在本部门做述职报告，然后由本部门员工对其进行无记名式问卷考评。同时，主管人员的上级和其他主管也依据相应指标对其进行问卷考评。公司人事部分别按一定权重比例综合分析，得出每个主管考评结论。该方法参与程度高，深受公司主管欢迎。但是，一些主管对此颇有看法：一则，他们认为，有些考评指标过于抽象，考评的人为因素太多。二则，年初制定工作任务指标时并未说要考评，给有些部门制定的指标显然不合理，可现在却成了考评依据，他们心理不平衡。针对这种情况，人事部取消了个别指标，又引起其他主管不满。由于考评引起太多的问题，A公司总经理要求人事部不要公开考评结果，以免引起新的矛盾。至此，轰轰烈烈的考评活动不了了之。

针对此案例你认为：

1. A公司采取了哪些考评方式？

2. 简述A公司违反了哪些主管人员的考评要求。

三、主管人员的培训

（一）管理人员培训

（1）定义。管理人员培训是指组织在将组织目标和个人发展目标相结合的基础上，有计划地组织管理人员从事学习和训练，提高管理人员的知识和技能，改善管理人员的工作态度，激发他们的创新意识，使管理人员能胜任管理工作。

（2）培训的意义。

●有利于实现组织的发展目标，因为人员的培训与开发是为实现组织目标服务的。

●这是一种人力资本的投资，表现为管理人员所具有和掌握的科学文化知识、专门的职业技术知识和专业技术技能。

●有利于实现个人的发展目标，有利于组织、人员自身的职业生涯规划。

●可以进一步完善和培育企业文化，提高和增强员工对组织的认可和归宿，也是企业留住人才的重要手段。

（二）培训的目的

（1）科技的发展，新职业、新知识、新技能的出现。

（2）组织外部环境发生变化，竞争加剧，提高了对组织各类人员的培训要求。

（3）组织内部每个成员都有从事挑战性工作的愿望。

（三）培训的内容

（1）政治思想教育——党的方针、政策，伦理道德以及理想教育。

（2）业务知识——业务活动有关的管理知识和科学技术知识。

（3）管理能力——完成管理活动的各种能力，认识问题、分析问题、处理问题的能力。

卡茨提出的主管人员的三大技能：

●技术技能：是指主管人员通晓和熟悉某种专业活动。

●人文技能（人事技能）：是指管理者做好本职工作并带领下属人员一起发挥合作精神的能力。

●构想技能：是指管理者全面管理的能力。

（四）培训的实施

（1）在职经验积累：有些知识只有通过实践和经验才能获得，在职发展的积累是最有效、最为广泛使用的方法。

（2）研讨会和大型会议：这种方法是通过受训者之间的语言交流来解决疑难问题，巩固和扩大学习的知识。受训者在讨论中取长补短、相互学习，交流经验和知识。

（3）案例研究：是指给受训者提供一些实际的案例，要求受训者对案例进行分析，并根据具体情况作出决策的培训方法。在这种培训方法中，受训者分成小组进行讨论。这种方法能激发学习者的积极性，并通过相互之间的交流使受训者得到启发，扩大其视野，有利于思维的创新、问题的解决和决策能力的培养。在案例研究中要注意的几点：案例的选择一定要有针对性，案例讨论的最终目的并非要求小组得出一致的意见，而是为每一个成员提供表达或听取意见的机会。

（4）管理游戏：就是通过把培训内容制作成模拟仿真的游戏，让受训者通过游戏进行训练的一种培训的方法，其实质是一种模拟训练。利用管理游戏进行培训时，一般是让培训者在游戏中担任某一角色，这种培训方法特别适用于培训和开发管理技能，因而特别适合各级管理人员培训。

（5）角色扮演：是设定一个最接近真实情况的培训环境，指定受训者扮演环境中的某一角色，借助所扮演角色的演练来增强其对所扮演角色的感受，并培养和训练其解决问题的能力。

（6）行为模仿：就是利用演示、影片或录像向受训者展示培训内容，然后要求受训者模仿某一角色的行为或做法，并在模仿中随时与培训者进行互动，直到做到正确为止的一种培训方法。与角色扮演的区别是：一是行为模仿给受训者以"正确"执行任务的方法；二是行为模仿中发生的互动行为是实践，而不是角色扮演。受训者只能以正确的方法做事，如果他们犯错误，培训者会立即纠正，并让他们正确地重复该步骤。

（五）培训的方法

（1）理论培训——系统的理论学习。

（2）职务轮换——不同部门的不同主管轮流工作。这使各级管理者在不同的部门的不同主管位置或非主管位置上轮流工作，以使其全面了解整个组织的不同工作内容，得到各种不同的经验，为其今后在较高层次上任职打好基础。

（3）提升。是指从较低层次提拔到较高层次，进行垂直培训。

（4）在"副职"上培训。"副职"可以是组织原来一直就有的职务，也可以是原来没有的、特为培训而设置的临时性职务。在"副职"上接受培训的管理者，有的仅限于观察上级主管如何行事，有的则被授予一定的权限。

（5）集体研讨会。

（6）参观考察——学习别人的管理经验。

（7）辅导：就是帮助引导，这是常规的培训方法。

（8）网上学习系统。

案例分析：

广州牙膏厂销售员的选拔

　　广州牙膏厂是广州市轻工业局所属的一家历史悠久的国营企业，现有职工 550 人。1986 年以来，该厂根据市场需要，开发出"国际香型、内含口洁素"的"黑妹"牙膏，在国内竞争激烈的牙膏市场上独辟蹊径，找准自己的位置。从此企业产品购销两旺，生产经营规模日益扩大，经济效益也越来越好。与此同时，以"黑妹"品牌为主的系列产品走俏全国，逐步形成良好的产品形象、深受消费者欢迎的名牌产品，在市场上长盛不衰。

　　随着产品销售量的不断增加和营销策略的不断深化，销售科感到人手紧缺，工作十分紧张，急需充实销售员队伍。为此，厂部改变以前行政任命销售员的办法。2000 年 7 月，该厂经过本人申请和文化考试，录用了赵明、钱达、孙青和李强 4 名职工到销售科，进行为期半年的实习试用，作为正式销售员的候选人。目前，他们的实习期将满，销售科长老萧正考虑从他们中选拔合适人员作为正式销售员，从事牙膏产品的销售工作。根据平时对他们的观察和厂领导、销售科同志及用户对他们的评价，对上述四位同志的个人素质和工作状况进行了初步的总结，以作为选拔销售员的依据。

　　1. 个人素质方面

　　赵明，是个刚进厂的小伙子，今年刚满 20 岁，高中毕业，精力旺盛，工作肯吃苦，但平时大大咧咧，做事粗心大意，说话总是带有一股"火药味"。

　　钱达，是为了照顾夫妻两地分居而从外地调进厂里的，今年 34 岁，为人热情，善于交往，本人强烈要求做销售工作。

　　孙青，是市轻工电视大学经济管理专业毕业生，今年 25 岁，工作认真，稳重文静，平时少言寡语，特别是在生人面前，话就更少了。

　　李强，今年 29 岁，大学公共关系专业学生，为人热情，善于交际，头脑灵活，但对销售工作缺乏经验。

　　2. 工作实绩方面

　　赵明，工作主动大胆，能打开局面，但好几次将用户订购的牙膏规格搞错，用户要大号的，他往往发给小号的，尽管科长曾多次指出，他仍然时常出差错，用户有意见找他，他还冲人家发火。

钱达，工作效率很高，经常超额完成推销任务，并在推销过程中与用户建立了熟悉的关系。但他常常利用工作关系办私事，如要求用户帮助自己购买物品等。而且，他平时工作纪律性较差，上班晚来早走，并经常在上班时间回家做饭，销售科的同事们对此颇有微词。他曾找领导说情，希望能留在销售科工作。

孙青，负责广东省内的产品推销工作，她师傅曾带她接触过所有的主要用户，并与用户建立了一定的联系，但她自己很少主动独立地联系业务。有一次，她师傅不在，恰巧有个用户要增加订货量，她因师傅没有交代而拒绝了这一笔业务。

李强，负责河北省的产品推销工作，他经常超额完成推销任务，并在推销过程中注意向用户介绍产品的性能、特色，而且十分重视售后服务工作。有一次，一个用户来信提出产品有质量问题，他专程登门调换了产品，用户为此非常感动。尽管如此，但他却时常难以完成货款回收率指标，致使有些货款一时收不回来，影响了企业经济效益指标的实现。

老萧必须在月底以前作出决定，哪些人将留在销售科成为厂里的正式销售员。

案例思考：

1. 这是何种渠道招聘？请你分析其优缺点。

2. 如果你是销售科长，根据四人的个人素质和工作实绩你将怎样决定他们的去留？

练习题：

1. 什么是人力资源？什么是人力资源配备？

2. 人力资源配备应遵循哪些原理？

3. 管理人员选聘的条件是什么？

4. 评价内升制、外部招聘的优点和缺点？

5. 请你绘制一份个人求职申请材料。

6. 选聘人员应注意哪几个问题？

7. 考评的重要性是什么？

8. 考评的方法有哪些？

9. 人才的生命周期分为哪几个阶段？

10. 培训的重要性和方法是什么？

第八章　领　导

没有垮不了的企业，没有沉不了的船。一切要靠人的努力，职工要付出 3 倍努力，干部要付出 10 倍努力。

——土光敏夫

本章重点：
△ 领导
△ 领导工作原理
△ 沟通
△ 激励

学习目的与要求：
1. 理解和掌握领导的含义
2. 了解领导的实质、领导的作用
3. 理解和掌握领导工作的原理及应用
4. 理解和掌握有关领导的理论和领导艺术
5. 了解和掌握沟通的含义以及有效沟通的技巧
6. 了解和掌握激励理论及其运用

导入案例：

某市建筑工程公司是一个大型施工企业，下设一个工程设计研究所，三个建筑施工队。研究所由 50 名高中级职称的专业人员组成；施工队有 400 名正式职工，除少数领导骨干外，多数职工文化程度不高，没受过专业训练，在施工旺季还要从各地招收 400 名左右农民工补充劳动力的不足。

张总经理把研究所的工作交给唐副总经理直接领导、全权负责。唐副总经理是一位高级工程师，知识渊博，作风民主，在工作中总是认真听取不同意见，从不自作主张、硬性规定。公司下达的施工设计任务和研究所的科研课题，都是在全体人员共同讨论、出谋献策、取得共识的基础上，作出具体安排的。他注意发挥每个人的专长，尊重个人的兴趣、爱好，鼓励大家取长补短，相互协作，克服困难。在他的领导下，科技人员积极性很高，聪明才智得到了充分发挥，年年超额完成创新计划，科研方面也取得了显著成绩。

公司的施工任务由张总经理亲自负责。张总经理作风强硬，对工作要求严格认真，工作计划严密，有部署、有检查，要求下级必须绝对服从，不允许自作主张、走样变形。不符合工程质量要求的要坚决返工、罚款；不按期完成任务的扣发奖金；在工作中相互打闹、损坏工具、浪费工料、出工不出力等破坏劳动纪律的都要受到严厉的批评、处罚。一些人对张总的这种不讲情面、近似独裁的领导方式很不满意，背后叫他"张军阀"。张总深深地懂得，若不迅速改变职工素质低、自由散漫的习气，企业将难以长期发展下去，于是他亲自抓职工文化水平和专业技能的提高。在张总的严格管理下，这支自由散漫的施工队逐步走上了正轨，劳动效率和工程质量迅速提高，第三年还创建了全市优质样板工程，受到市政府的嘉奖。

张总经理与唐副总经理这两种完全不同的领导方式在公司中引起人们的讨论。

实例思考：

张总经理与唐副总经理各自采用的领导方式是什么？两种方式相比谁优谁劣？

利克特认为有四种管理模式："利用—命令"方法、"温和—命令"方法、"商议式"方法、"集体参与"方法。领导究竟采用何种领导方式，与领导者个性特征、组织历史、外部环境有密切关系。一般来说"商议式"方法、"集体参与"方法绩效较好。本章主要从领导工作入手，全面分析领导的实质、领导理论以及领导的功能。

在整个管理工作中，领导工作这一职能，是计划工作、组织工作、人力资源管理工作以及控制工作等各个管理职能的纽带，是实现组织目标的关键。领导职能的功效就是对组织中的全体成员沟通协调，运用恰当的激励手段对下属施加影响力，以统一组织成员的意志，从而保证组织目标的实现。

第一节 领导工作概述

一、领导工作的概念与作用

(一) 领导工作

孔茨教授认为，领导是使下属充满信心，满怀热情地完成他们的任务的艺术。

泰罗认为，领导是影响人们成功地为组织目标努力的一种行为。

我们认为，领导工作就是指对组织内每一个成员（个体）和全体成员（群体）的行为进行引导和施加影响的活动过程，其目的是在于使个体和群体能够自觉地、有信心地为实现组织的既定目标而努力。领导具有以下几层含义：

（1）领导是一个过程而不是一个个体，而且也是一门艺术。

（2）领导的本质是人际影响，就是影响下级的能力和力量，是对人们施加影响的艺术或过程。

（3）领导的目的是组织目标的实现，使人们心甘情愿地、热情地为实现组织目标而努力，这体现领导工作的水平，也是领导者追求的目标。

(二) 领导的实质

1. 领导就是发挥影响力的过程。影响力是指一个人在与他人交往过程中影响和改变他人心理和行为的能力（见图 8-1）。

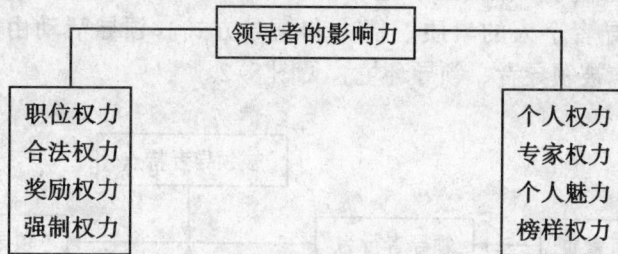

图 8-1 领导者的影响力构成

（1）职权影响力——强制性影响力，也就是职权，是指由于工作职位带来的权力，它是履行职务法定的权力。职权取决于领导者在组织中的地位，它是位置的权力，包括决策权、指挥权、用人权、奖惩权等法定权力。它是建立在合法授予、强制性和对不服从要求的人进行惩罚的能力基础上。

（2）自然影响力——非强制性影响力。这种影响力来自于领导者本人的品德、素质、能力及行为方式。一般被称为威望或威信，即使他不再担任领导职务，人们也自觉信服他，愿意追随他。

对于领导效能来说，起作用的主要不是权力，而是威信。实践证明，仅利用职权、强制命令、严格监督、大奖大罚等手段，不能保证领导的有效性，反而适得其反。而领导者与下属共同协商、启发激励，工作中以身作则、率先垂范，会产生"润物细无声"的领导效果。

（3）如何获得权力。①同有权势的人形成联盟：这样可以使自己更快更多地得到核心信息，得到更多表现自己的机会。②施惠：追求权力者应当尽量给更多人帮助。③不激怒他人：应该争取任何一个人，不激怒他们。④从危机中获益：在危急之中，原有的权力构架十分容易打破，如果能够挺身而出，带领组织走出危机，就能迅速获得权力。⑤谨慎地寻求顾问：选择合适的顾问是一个关键的问题。⑥争取关键工作：对于本组织发展至关重要、被上级领导最看重的工作，如本人可以胜任，尽快进行构思和计划，并显示给相关的人，一旦得到及时反馈，就可以进一步设法实现设置构思和计划，在这一过程中重视自我扩大的权力。⑦不断地提高自己：不断地通过学习、实践，提高自己的知识水平，增强自己的工作能力，从而获得专长权。

2. 领导就是服务。领导的另一个实质是它的服务性——群众利益高于一切——权为民所用、情为民所系、利为民所谋。领导者不能"独善其身"，而要"兼济天下"，其责任是推动和引导下属去实现组织目标。怎样让下属追随自己、乐意服从自己的领导，其根本途径是为下属服务好。

3. 领导就是领导要素的互动过程。领导不是领导者个人的活动，领导效能也不仅取决于领导者个人的素质、能力和领导方式。领导活动由三个基本因素构成，即领导者、被领导者、领导环境，见图8-2。

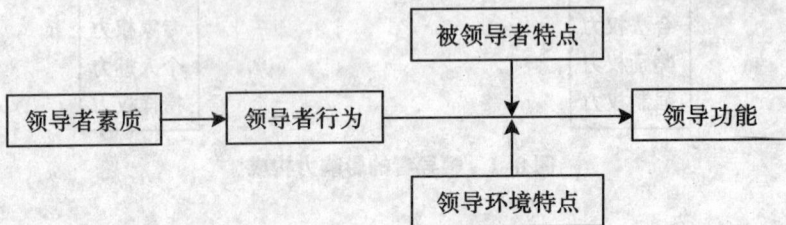

图8-2　领导活动三要素的互动

（1）领导者主要指他的影响力，包括职权及其权力运行机制、职权机构、道德修养、领导观念、知识水平、能力大小、领导方式，这是领导过程的主导因素。

（2）被领导者包括被领导者在组织机构中的地位、觉悟程度、工作特点、工作能力、技术水平等，它制约着领导效能。

（3）领导环境范围很广，包括社会环境、历史背景等大环境，也包括内部环境——组织环境、规模、体制、制度、人际关系、工作特点、沟通状况等，它影响领导职权的行使和领导方式的选择。

（三）领导与管理的关系

（1）领导者属于管理者，是管理者的一部分，是指具有一定管理职务、管理职权和管理职责、处于组织最高层次的主管级管理者（见图 8-3）。

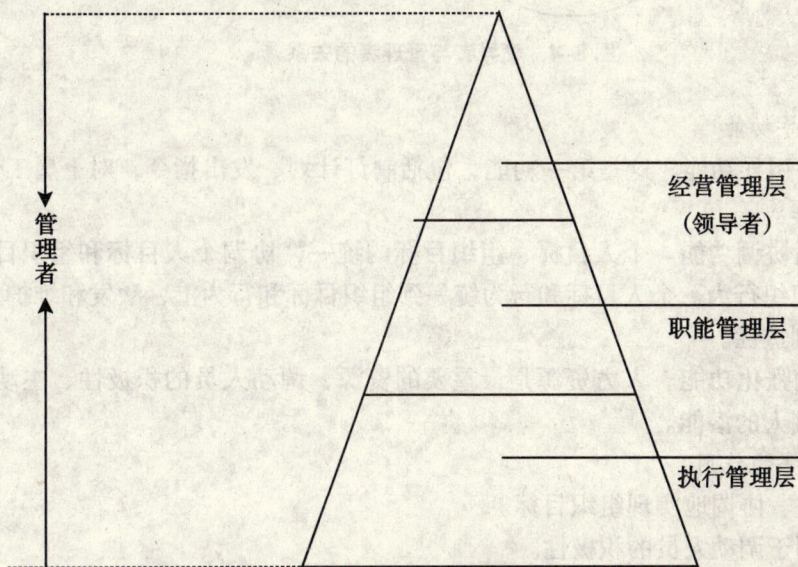

图 8-3　领导者与管理者

（2）就管理对象而言，管理的对象是组织的所有资源，领导者的管理对象主要是人，即自己的下属。

（3）从本质上看，管理是建立在合法的、有报酬的和强制权力基础上的对下级命令的行为。在这个过程中，下级可能尽自己最大的努力完成任务，也有可能只尽一部分努力完成工作。领导是建立在合法的、有报酬的和强制性权力基础上，但更多的是建立在个人影响力和专长权以及模范作用的基础上，引导下属行为的过程（见图 8-4）。

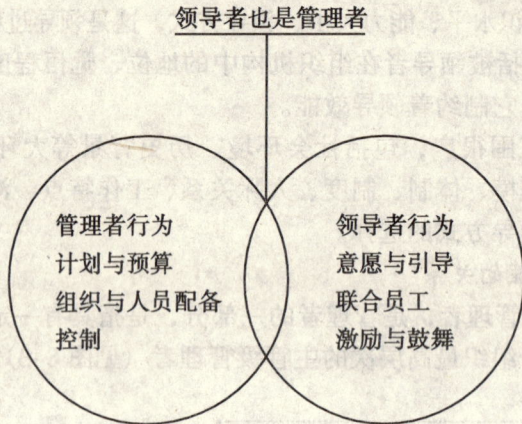

图 8-4　领导者与管理者的关系

（四）领导功能

（1）指挥引导功能。这是第一功能，包括制订计划、发出指令，对下属工作指导、统一指挥。

（2）沟通协调功能。个人目标、组织目标的统一，协调个人目标和组织目标、个人行为和组织行为。个人目标和行为统一到组织目标和行为上，激发和维护个人的积极性和创造性。

（3）激励强化功能。人力资源是最重要的资源，调动人员的积极性、主动性、创造性，发掘人的潜能。

（五）领导的作用

（1）有效、协调地实现组织目标。

（2）有利于调动人员的积极性。

（3）有利于个人目标与组织目标的结合。

二、领导工作的原理

1. 指明目标原理：领导工作越是能使全体人员明确理解组织的目标，则人们为实现组织目标所做的贡献就会越大。

2. 目标协调原理：个人目标与组织目标能取得协调一致，人们的行为就会趋向统一，从而为实现组织目标所取得的效率就会越高，效果就会越好。

3. 命令一致原理：管理者在实现目标过程中下达的各种命令越是一致，个人在执行命令中产生的矛盾就越小，领导与被领导双方对最终成果的责任感就越大。

4. 直接管理原理：管理者同下级的直接接触越多，所掌握的各种情况就会越准确，从而领导工作就会越有效。

5. 沟通原理：管理者与下属之间越是有效、准确、及时地沟通，整个组织就越会成为一个真正的整体。

6. 激励原理：管理者越是能够了解下属的需求和愿望，并给予满足，就越是能够调动下属的积极性，使之能为实现组织的目标作出更大的贡献。

第二节　领导方式与领导艺术

一、有关领导方式及其理论

（一）领导性格理论

吉赛利在其《管理才能探索》一书中提出了领导的八个个性特征和五种激励特征。

（1）个性特征：才智、首创精神、督察能力、自信心、决断能力、适应性、性别、成熟程度。

（2）激励特征：对工作稳定性的需求、对金钱奖励的需求、对指挥别人的权力的需求、对自我实现的需求、对事业成就的需求。

他的研究结论是：才智、自我实现对成功影响最大，要指挥别人的权力概念并不重要，性别特征与管理成功与否没有多大的关系，督察能力基本上是指运用管理职能来指导下级的能力。

（二）人性的四种假设

美国人谢恩总结了从经济人到复杂人的人性的四种假设。

1. 经济人假设。

亚当·斯密第一个提出了经济人的观点，认为经济活动的主题即是体现人类利己主义的本性的个人，每个人不懈地追求经济利益，同时不得不考虑别人的利益。古典管理理论认为，人的行为主要是为了追求自身利益，工作动机是为了获得经济报酬。泰罗的科学管理理论是古典管理理论的代表，经济人假设是科学管理的基石。

2. 社会人假设。

梅奥通过 1924~1932 年的霍桑实验，提出了社会人观点，认为个人工作的积极性不仅是金钱，而且还有心理与社会各方面的需求和个人欲望。主要观点是：

● 社会需求是人们的工作动机。

● 工作本身没有意义，只能从社会关系中寻求意义。

● 职工对同事的社会影响力，比对经济诱因更重视。

●工作效率因为满足度而改变。

3. 自我实现人假设。主要观点是：

●人天生勤奋。

●人会主动寻求责任。

●强调自我指导、自我控制。

●想象力、聪明才智和创造性。

●组织目标实现是最大的报酬。

4. 复杂人假设。主要观点是：

●人的需求多种多样，随着人的发展和生活条件的变化而改变。

●人在同一时期有各种需求和动机。

●工作和生活变化产生新的需求和动机。

●一个人在不同组织或部门有不同的需要。

（三）领导方式与领导行为理论

1. 怀特和李皮特的领导方式分类。

（1）权威型领导方式。这种领导人作风是以权力压服人，即先靠权力和强制命令让人服从，独断专行，权力定位于个人手中，领导者与被领导者是指挥、服从和执行的关系。

（2）民主型领导方式。决策中下属人员以各种形式参与决策，进行双向沟通。这种领导作风是以理服人、以身作则，使每个人作出自觉的、有计划的努力，各尽所能，分工合作，从人际关系方面考虑管理，群众参与决策。

（3）放任型领导方式。领导高度授权，让下属相对独立地处理问题，完成任务。

2. 领导连续统一体理论。

美国组织行为学家坦南鲍姆等人 1958 年提出，他们认为在独裁和民主两种极端领导方式之间，存在着七种过渡式领导方式，他们组成了领导行为的连续统一体。并具体提出了在上级为中心的独裁式领导方式到下级为中心的民主式领导方式之间，有七种代表性的领导方式（见图 8-5）。

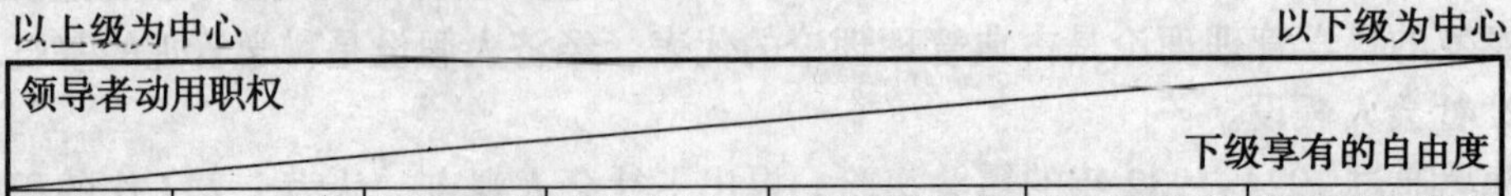

以上级为中心						以下级为中心
领导者动用职权						
						下级享有的自由度
领导者自行宣布并决策	领导者对下级"推销"其理念	领导者作决策但允许提意见	领导者起草可修改的计划案	领导者提出问题，征求意见后作出决策	领导者规定界限，让集体作出决策	领导者允许下级在规定范围内自主决策

图 8-5　领导行为连续统一体

3. 利克特的四种管理模式。

（1）"利用—命令"方法：管理者发布指示，决策没有下属的参与；自上而下地传达信息，把决策权局限于最高层。

（2）"温和—命令"方法：用奖赏兼带处罚的办法激励下属；允许一些自下而上传递信息，向下属征求一些意见和想法，并允许把某些决策权授予下级，同时加以严格的政策控制。

（3）"商议式"方法：管理者在做决策时征求、接受和采纳下属的建议，通常酌情采纳下属的想法和意见，运用奖赏和让职工参与管理的办法来激励下属，既使下情上达，又使上情下达。

（4）"集体参与"方法：管理者向下属提出挑战性目标，并对他们能够达到这些目标表示出信心；在诸如制定目标与评价目标所取得的进展方面，让下属参与其中并给予物质奖励；既使上下级之间的信息畅通，又使同级人员之间的信息畅通，或者将他们自己与其下属合起来作为一个群体从事活动。

4. 四分图理论。这是美国俄亥俄大学小组提出的，如图 8-6 所示。

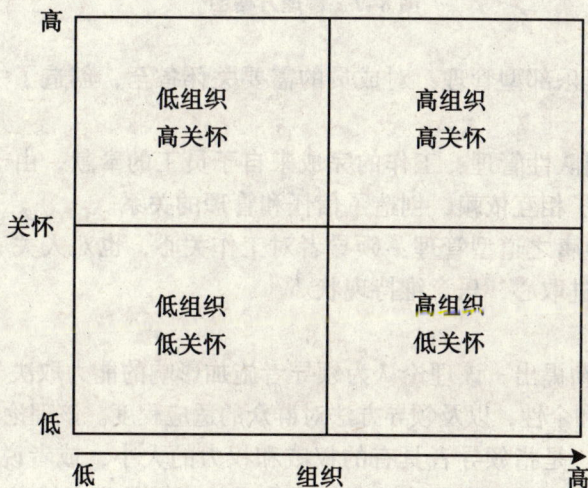

图 8-6　领导行为四分图理论

5. 管理方格图。

这个理论是布莱克等人在 1964 年提出来的，如图 8-7 所示。

（1）1.1 型是贫乏型管理：对必须的工作付出最少的努力，以维持恰当的组织成员关系。

（2）9.1 型是专权性管理：由于工作条件的安排达到高效率的运作，但忽视对人的关心，有效地控制下属，努力完成各项任务。

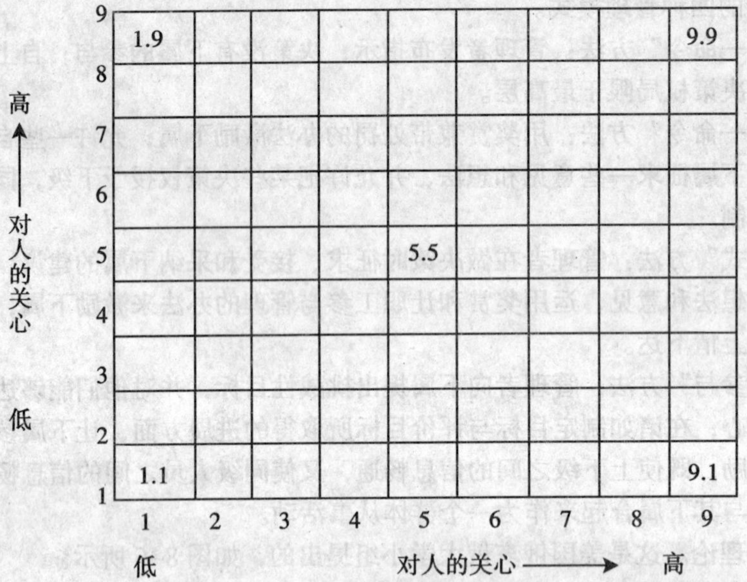

图 8-7　管理方格图

（3）1.9 型是俱乐部型管理：对成员的需要关怀备至，创造了一种舒适、友好的氛围和工作基调。

（4）9.9 型是团队性管理：工作的完成来自于员工的奉献，由于组织目标的共同利益关系，形成了相互依赖，创造了信任和管理的关系。

（5）5.5 型是中庸之道型管理：领导者对工作关心，也对人关心，但强调适可而止，缺乏强烈的进取心，乐意维持现状。

6. 权变理论

该理论由菲德勒提出，该理论认为领导者施加影响的能力取决于群体的工作环境、领导者的风格和个性，以及领导方法对群众的适应程度。该理论的主要观点是：

（1）职位权力：是指领导者具有的权威和权力的大小，或者说领导的法定权、专职权、奖励权的大小。权力越大，群体成员遵从指导的程度越高，领导环境也就越好；反之，则越差。

（2）任务结构：是指下属对这些任务的负责程度。如果任务越明确，并且下属责任心越强，则领导环境越好；反之则越差。

（3）上下级关系：是指群众和下属越乐于追随，则上下级关系越好，领导环境就越好；反之，则越差。

二、领导者的素质与领导艺术

(一) 领导者的素质

领导者的素质是指一个领导者具备的各种内在条件的综合，它与先天遗传和后天教育密切相关。

1. 思想品德素质：是指领导者在行为、作风中表现出来的思想、认识和品行等方面的水平。

● 政治思想：自觉按党的路线、方针、政策办事，对国家和社会有高度的责任感和奉献精神。

● 道德情操：明确的是非观念、遵纪守法、廉洁奉公、文明礼貌、谦虚谨慎、勤劳节俭。

● 言行作风：以身作则、言行一致。

● 理想抱负：有进取心和坚韧性。

● 心理特质：热情、开朗、情绪稳定。

2. 知识素质：管理是一项综合性的工作，涉及多方面的知识。领导者要有较广的知识面、较高的知识水平和较佳的知识结构。

● 专业知识：从事本专业所需的知识。

● 管理知识：现代管理学、领导学的一般原理和方法，熟悉现代管理技术。

● 相关知识：具体包括社会、经济、法律、心理等方面的知识。

3. 能力素质：完成一项工作或任务的本领。

● 统驭能力：在管理活动中的决策、组织、协调、指挥、控制等一系列活动中驾驭全局的能力。

● 创新能力：高层次的思维活动能力。

● 应变能力：适应内外部环境条件变化的能力。

三种素质中，思想道德素质最为重要，其次是能力素质，最后是知识素质。

美国企业界提出了企业管理人员应具备如下 10 项特征：

● 合作精神：能赢得人们的合作，愿与他人一起工作，对人不是压服而是说服。

● 决策能力：依据事实而非依据想象进行决策，具有高瞻远瞩的能力。

● 组织能力：能发挥部属的才能，善于组织人力、物力和财力。

● 精于授权：能大权独揽，小权分散，自己抓大事，把小事分给部属。

● 善于应变：不墨守成规，积极进取。

● 勇于负责：对上级、下级、产品用户及整个社会抱有高度的责任心。

● 勇于求新：对新事物、新环境、新观念有敏锐的感受能力。

● 承担风险：对企业发展中的风险勇于承担，有改变企业面貌、创造新局面的雄心和信心。

- 尊重他人：重视和采纳他人意见，不武断狂妄。
- 品行端正：品德为社会人士、企业职工所敬仰。

（二）领导艺术

（1）定义：领导艺术就是富有创造性的领导方法的体现，包括履行职能的艺术、决策艺术、授权艺术、用人艺术、提高工作效率的艺术等。

（2）决策艺术：在非程序化决策中，主管人员的主观决策技能起着重要作用。

（3）用人艺术：在用人之长的基础上，把工作需要和个人能力结合起来。

（4）授权艺术：不同程度上的权力下放给下级主管人员和其他人员，对其监督指导。

（5）指挥和激励的艺术：使下级心甘情愿地接受其指挥，完成组织的目标。

案例分析：

领导者的烦恼

美国参议院的一次会议上，参议员劳森说："当今政府部门遇到的麻烦是，我们有许多领取高薪的行政管理者，但领导者太少了。领导者是天生的，不是任何管理开发培训项目能够造就出来的。我们应该做的事就是为政府挑选有素质的领导人才，这些人具有良好的个人特性，如智慧、活力、魄力、创造力、热情、忠诚、自信心、与人共处的能力、鼓舞下属信心的能力等。"

另一位参议员肯特接着发言："个人素质和特性对于政治领导人是至关重要的。然而，在政府部门中，我们需要的领导者是既关心工作任务，又关心人的领导。许多研究领导行为的学者已经把这些说清楚了。"

劳森申辩说："我不管学者说什么，他们对领导者有什么了解，我们政府各部门长期苦于缺乏各级领导。我要求政府做一些事情，以保证各行政岗位上都有领导者。"

案例思考：

1. 你在何种程度上赞同劳森的观点？
2. 对于肯特的发言，你有什么看法？

第三节 沟通协调

一、管理沟通

（一）管理沟通的概念

（1）定义。管理沟通是指将某一信息传递给客体或对象，以期取得客体或对象作出相应反应的过程。

（2）管理沟通的过程（见图8-8）。

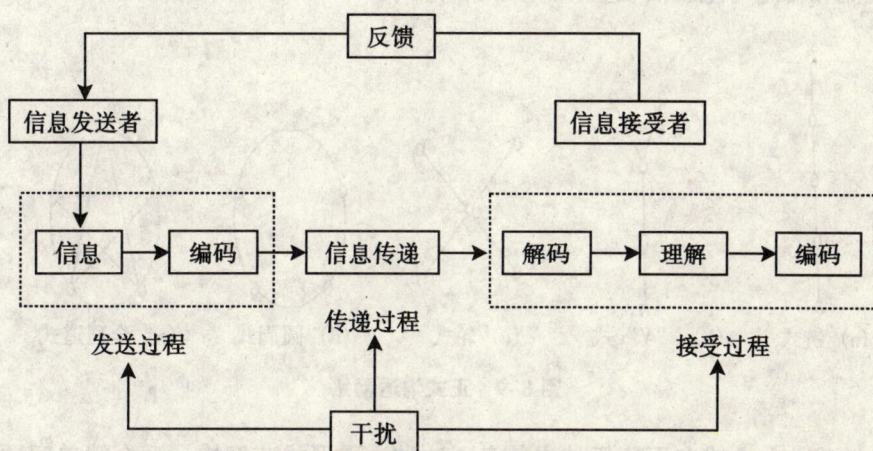

图8-8 管理沟通过程

（二）沟通在领导活动中的作用

（1）使组织中的人们认清形势。

（2）沟通是科学决策的前提和基础。

（3）沟通是使组织成为一个整体的凝聚剂。

（4）稳定员工的思想情绪，统一组织行动。

（5）是组织内成员之间特别是上下级之间保持良好人际关系的关键。

（6）沟通也是组织与外部环境之间建立联系的桥梁。

（7）沟通是激励下属，充分发挥下属积极性、主动性、创造性的主要方式。

（8）沟通是指导下级工作、提高工作效率的桥梁。

（三）沟通的分类

1. 正式沟通。

正式沟通是指在组织系统内，依据一定的组织原则所进行的信息传递与交流。汇报、会议、指导等是正式沟通的主渠道。

正式沟通效果好、比较严肃、约束力强、易于保密，使信息沟通具有权威性。但是线路固定呆板、速度慢、中间环节多、信息损耗大，还存在着信息失真或扭曲的可能性。

（1）正式沟通的方式。①上行沟通：下级的信息意见向上级反映，全面掌握情况，进行科学决策。②下行沟通：上级将信息自上而下传递给下级的沟通。③横向沟通：组织内各级平行部门和人员之间的信息交流。

（2）正式沟通的网络。正式沟通的网络是根据组织结构和规章制度来设计的，用以交流和传递与组织活动直接相关的信息的。

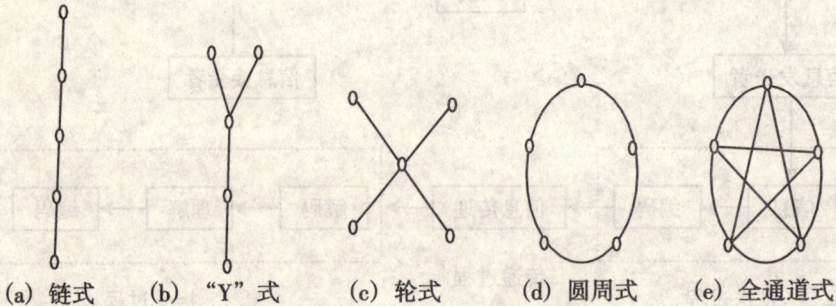

| (a) 链式 | (b) "Y" 式 | (c) 轮式 | (d) 圆周式 | (e) 全通道式 |

图8-9 正式沟通网络

● 链式：向上或向下逐级传递信息，这种沟通形式速度快，适合简单问题，效率高。

● 轮式：一个上级与几个下级沟通，下属之间没有沟通。

● 圆周式：一个上级与几个下级沟通，下级之间有沟通。这种沟通方式可以解决复杂问题，但效率不高。

● "Y" 式：两个上级与每个下级沟通。

● 全通道式：自由沟通，无中心任务，成员平等，适合于委员会制的沟通和复杂问题的讨论和解决。

2. 非正式渠道沟通：是指正式沟通途径以外的信息流通方式。以非正式组织或个人本身为渠道，自由地进行沟通，但容易成为小道消息。它能真实表达思想动机，信息准确速度快，是正式沟通的晴雨表。

（1）非正式沟通的产生和优缺点。

●产生：人们天生的需求，通过这种沟通途径来交换或传递信息，常常满足个人的某些需求。

●优缺点：沟通形式不拘，直接明了，速度很快，容易及时了解正式沟通难以提供的内幕新闻。但非正式沟通难以控制，传递信息不确切，容易失真，而且它能导致小集团、小圈子，影响组织的凝聚力和人心稳定。

（2）非正式沟通的特点。

●消息越新鲜，人们谈论的越多。

●对人们工作有影响。

●最为人们所熟悉的最容易导致人们谈论。

●在工作中接触多的人最容易被牵扯到传闻中。

（3）非正式沟通网络：正式沟通网络之外，存在大量的以非正式组织为基础的非正式沟通。

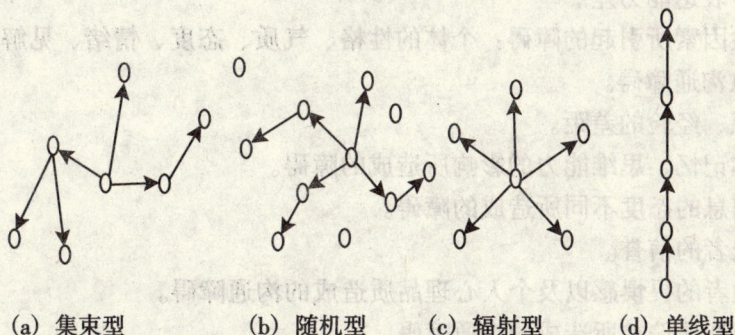

(a) 集束型　　　(b) 随机型　　(c) 辐射型　　(d) 单线型

图 8-10　非正式沟通网络

●单线型：以一个人传一个人为特征，直接到达最终接收者，这种情况极为少见。

●辐射型：以一个人传多个人为特征，主动传给许多人，犹如独家新闻。

●集束型：以一人成串传为特征，典型的非正式沟通，能达到一传十、十传百的效果，传播速度和传播范围十分惊人。

●随机型：以一人偶然传为特征，无中心任务或选择性。

（4）非正式沟通在管理上的意义及对策。

●对非正式沟通应该加以了解、适应和整合，使其有效担负起沟通的重要作用。

●非正式沟通的产生与蔓延，主要是由于人们得不到他们所关心的消息。主管者应尽可能使组织内部沟通系统较为开放或公开，使各种不实的谣言自然消失。

●要想阻止已经产生的谣言，与其采取防卫性的驳斥，不如提出相反的事实更为有效。

- 最基本的做法是培养组织成员对组织管理当局的信任和好感。

3. 其他沟通联络的方法。

（1）发布指令：容易实现目标，强制性强。

（2）会议制度：相互沟通的人员多，而且是面对面，易使共同目标统一和行动协调。

（3）个别交谈：这是一种领导者深入了解情况，建立信任关系的沟通方法。

（4）宣传与公关：可以开拓市场，树立产品形象和企业形象。

（5）谈判：这是企业组织和个人进行沟通、解决分歧的沟通方式。

（四）沟通障碍与改进

1. 有效沟通的障碍。

（1）沟通中的主观障碍。

- 语言表达能力差。

- 个性因素所引起的障碍：个体的性格、气质、态度、情绪、见解等的差异都会成为信息沟通障碍。

- 知识、经验的差距。

- 个体记忆、思维能力的影响所造成的障碍。

- 对信息的态度不同所造成的障碍。

- 发送者的信誉。

- 沟通者的畏惧感以及个人心理品质造成的沟通障碍。

- 直观选择偏差所造成的沟通障碍。

（2）沟通中的客观障碍。

- 空间距离造成的沟通障碍。

- 信息过量造成的沟通障碍。

- 组织机构不合理引起的沟通障碍。

（3）沟通方式的障碍。

- 语言系统所造成的障碍。

- 沟通时机不当。

- 沟通方式选择不当。

2. 有效沟通的要求。

（1）表达清楚。

（2）传递准确。

（3）避免过早评价。

（4）管理者积极沟通。

（5）对沟通过程加以控制。

3. 有效沟通的实现。

（1）沟通要有认真的准备和明确的目的性，发送者在沟通前对沟通的内容有明确、清晰的理解。

（2）传达有效信息：内容要有针对性、语言确切，尽量通俗化、具体化和数量化。

（3）及时的反馈与跟踪：沟通中要及时了解对方对信息是否理解、是否愿意执行。

（4）增加沟通双方的信任度，创造良好的沟通气氛，保持良好的沟通意向和认知感受。

（5）改善组织结构，尽量减少组织的结构层次，消除不必要的管理层。

（6）利用乔哈利窗口模型，改善沟通的有效性，如图 8-11 所示。

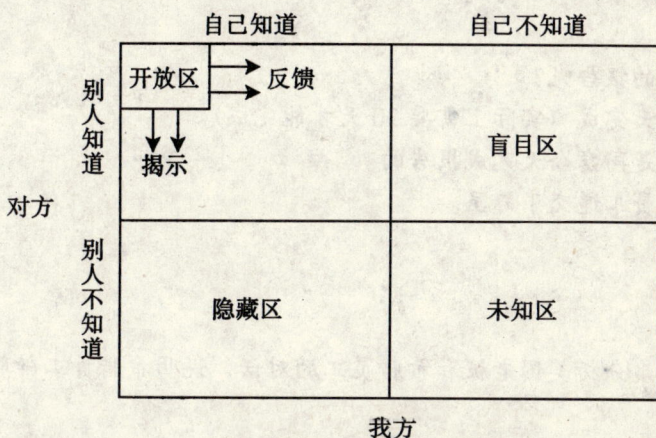

图 8-11　乔哈利窗口模型

（7）创造支持性的沟通氛围，沟通中少用评价性和判断性语言，多用描述性语言。

（8）沟通中学会有效地聆听，少讲多听。

（9）善于用非正式沟通，使沟通顺利进行。

（10）要考虑文化因素对沟通的影响，充分了解对方的文化背景，掌握文化对其基本价值观的影响。

案例分析：

请阅读下面的一段对话

美国老板：完成这份报告要花多少时间？

希腊员工：我不知道完成这份报告需要多少时间。

美国老板：你是最有资格提出时间期限的人！

希腊员工：10 天吧？

美国老板：你同意在 15 天内完成这份报告吗？

希腊员工：没有做声（以为是命令）。

15 天过后

美国老板：你的报告呢？

希腊员工：明天完成（实际上需要 30 天才能完成）。

美国人：你可是同意今天完成报告的。

第二天，希腊员工递交了辞呈。

案例思考：

请从沟通的角度分析美国老板和希腊员工的对话，说明希腊员工辞职的原因并提出建议。

二、协调

（一）协调的概念

协调是指一个组织为了达到一定的组织目标，对组织活动的各个环节及过程进行调整与改善，排除发展过程中遇到的各种困难与冲突，使组织获得协调一致、有序进行的一项管理活动。

（二）协调的特点

（1）联结性：涉及两个以上的方面、要素、单元的关系，通过协调，使之协同工作，为实现组织目标而努力。

（2）平衡性：既包括数量上、质量上的平等，又包括各要素的比率适当，合乎规律。

（3）变通性：在维护组织整体利益的前提下，协调对象的各方应作出相应的妥协或让步，以便事关全局的关键问题能够得到妥善解决。

（三）协调的原则

（1）整体原则：从全局着眼，为整体着想。

（2）服务原则：从事协调工作的人应该牢固地树立服务意识。

（3）协商原则：各方应以平等的地位，相互尊重的态度，识大体、顾大局的精神，主动沟通情况，交流思想。

（4）求实原则：对于协调工作的意见、方案、措施等，只有以客观事实为依据，才易被各方认同。

（5）团结原则：协调的主要目的是使各方同心协力、步调一致地实现组织的共同目标，因此在协调中应重视团结的问题。

（四）协调的类型

（1）按组织的性质分类：

● 正式组织间的协调。

● 非正式组织间的协调。

（2）按协调的范围分类：

● 内部协调：组织内部各部门、各环节以及组织内部人与人之间的协调。

● 外部协调：是指组织与外部各组织、公众或政府的协调。

（3）按协调的指向划分：

● 横向协调：也称水平协调，是对组织结构中相同管理层次、不同业务部门之间的职权、职能所进行的协调。

● 纵向协调：也称垂直协调，是指组织内外一种自上而下的直线式协调。组织内从上到下各级部门之间的协调，组织同外部上级主管部门与下级直属部门之间的协调。

（4）按协调对象的组合状态划分：

● 组织之间协调：组织内外、正式组织群体之间的协调。

● 个人间协调：组织内外人与人之间的协调。

● 组织与个人间协调：组织内部各正式组织与组织内外各个人之间的协调。

（五）组织内外部协调

1. 组织内部协调。

（1）组织内部协调的必要性。

● 有效的内部协调有利于组织内部各部门之间的密切合作，有利于打破部门壁垒，实现组织整体效能的发挥。

● 有效的内部协调有利于组织内部上下级之间的密切合作，促使组织目标的实现。

● 有效的内部协调有助于各级领导之间团结一致、齐心协力。

● 有效的内部协调有助于处理正式组织与非正式组织的关系，引导和鼓励非正式组织为正式组织的宗旨、目标服务，尽可能消除非正式组织的消极作用。

（2）组织内部协调的方式。

● 以组织的共同愿景来协调。共同愿景是指能够鼓舞组织成员共同努力的愿望和远景，或者说是共同的目标和理想，它包括三个要素：共同的目标、价值观和使命感。

● 共同愿景是一种精神协调方法，即通过人们能接受的思想和观念来协调组织内部的关系，使组织成员形成共有的价值观念，树立一种共同的信念或企业精神，从而增强组织成员的团体意识和凝聚力。

● 利益协调方式。在市场经济条件下，各种类型的组织日益增多，形势日趋多样，随之而来的是利益分配方式也日趋多元。在利益分配这个问题上，我们要坚持按劳分配、兼顾公平的原则。

● 活动协调方式。要把组织内部部门与部门之间、上级与下级之间的矛盾减少到最低限度，进行经常性的交往联络。

● 机构人事协调方式。根据自己组织的总体目标和工作量进行必要的内部机构设置、变更和人事安排的协调。

2. 组织外部协调——组织的公共关系。

（1）组织外部协调的必要性：建立良好的组织公共关系，组织为了增进各自与政府之间的相互交流和信任，运用各种信息沟通手段，以组织外部环境为主要对象所进行的有益于自身获得最佳生存和发展环境的全部活动。

（2）组织外部协调的方式。

● 政府关系的协调——企业在对政策、法律、法规有所了解和自觉缴纳税金的前提下，要加强与政府部门的信息沟通，及时、准确、全面地汇集有关国家的宏观信息，注意有关方面的发展动向与变化趋势。

● 顾客关系的协调——良好的顾客关系是企业生存和发展的基本条件。企业应该树立营销理念，提供优质服务，加强信息交流，妥善处理投诉，维护顾客利益，引导顾客消费，并积极分析顾客流失与顾客抱怨的原因。

● 媒体关系的协调——加强与媒体之间的合作。

第四节 激 励

激励是指引起个体产生明确的目标指向行为的内在动力。人们的行为是由动机支配的，而动机又是由人的需要引起的。需要是个体在某一特殊阶段的匮乏和不足，它们可以是心理的（如被认可的需要）、生理的（如水、空气、食物的需要）或社会的（如友谊的需要）。需要是动力之源，它会使个体处于紧张状态，这种不安和紧张状态就会成为一种内在的驱动力——动机。人们有了动机之后就要选择和寻找满足的目标，进而产生满足需要的行为。当人们的需要得到满足后，紧张和不安就会消除，即激励状态解除，但随后就会产生新的需求，从而发生新的行为。如此周而复始，这个反复的过程就是激励的过程。

一、激励的含义

（一）激励的概念

（1）激励（Motivation），是心理上的驱动力，含有激发人的动机、诱导人的行为，使其发挥内在潜力，为实现所追求的目标而努力的意思。

（2）管理学的激励，是指主管人员通过设置需求，促进、引导下级形成动机，并引导行为指向目标，及时调动员工积极性的活动过程。其公式为：

$P = f（M·A·E）$

P——个人工作绩效。

M——工作积极性。

A——工作能力。

E——工作条件。

（二）人的行为规律

人的行为规律见图 8-12。

（三）激励的内容

（1）设立满足个人需求的激励因素（报酬、荣誉、地位等），引导人们产生某种有助于组织目标实现的特点动机，进而使个人自觉地采取符合组织目标的行为。这种行为的结果既满足了组织的需要，也满足了个人的需要，见图 8-13。

（2）在激发起个人的某种动机的基础上，不断强化这种动机。人的工作绩效取决于人的工作能力和动机强度。工作能力的提高需要一定的时间，而动机强度是可以通过激励很快得到加强的。

新的刺激

心理生理刺激 —→ 需求 —产生→ 紧张 —引起→ 动机 —导向→ 行为 —达到→ 目标 { 满足
                                                                        未满足

反馈

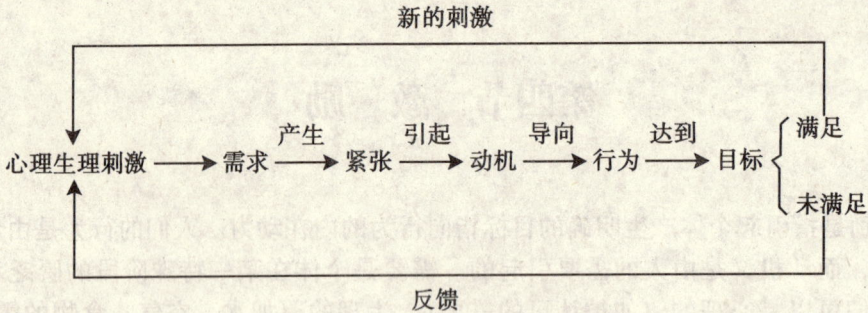

图 8-12　人的心理行为过程

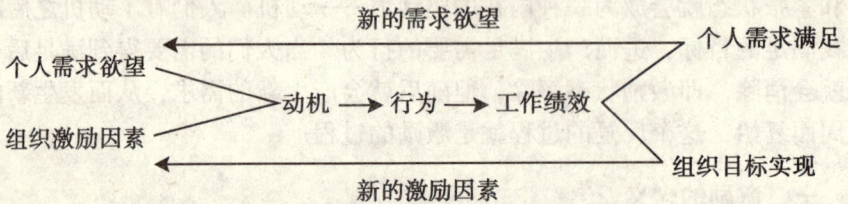

新的需求欲望

个人需求欲望 ﹀ 动机 —→ 行为 —→ 工作绩效 ﹀ 个人需求满足
组织激励因素

组织目标实现

新的激励因素

图 8-13　激励对人的心理行为过程的作用

（四）激励的实质

激励的实质就是根据人的心理行为规律，利用能够激发、引导、强化、修正人的动机和行为的各种组织力量和方法艺术，对人的行为施加影响的领导过程。其目的是使个人行为目标和组织发展目标协调一致，充分调动人的积极性、主动性和创造性，更好更快地实现组织目标，同时也更好地满足人的各种需要，促进人的全面发展。

二、有关激励的理论

（一）激励内容理论

1. 马斯洛的需要层次理论。

人类的需求是以层次的形式出现的，由低级的需求开始逐级向上发展到高级需求。这一理论是美国心理学家马斯洛提出来的，该理论的主要观点是：

• 人的需求分为五个层次：①生理需求，是为了维持生命的最基本要求，处于最基础层次，包括衣食住行及与生命延续有关的各种物资需要。②安全需求，包括人身安全、就业和生活保障、工作和生活环境安全等。③社交需求，即希望与别人交往，避免孤独；希望与同伴和睦相处，关系融洽；希望归属于一个团体中得到关心、爱护、支持、友谊和忠诚。④尊重需求，即希望别人对自己的工作、人品、才学、能力给予承认和较高的评价；希望被他人尊重，在周围人群中有一定的声望；希望别人能信服、追随自己。⑤自我实现需求，这是最高层次的需求，就是希望个人的才华得以施展，获得骄人的成就，实现自己的理想和抱负。

● 人的需求是分层次的，从低级向高级逐步向上发展，人们始终处于追求满足需要的状态中。

● 需求是产生人的一切行为的最深层的原因：人无需求和欲望，也就失去了动力和活力。而且只有未满足的需求才是激励人行为的主要因素，已得到满足的需求不再具有激励作用。

● 主导需求是激励人的行为的主要动力，较高的未满足的需求成为主导需求也称优势需求，它是驱动人们行为的主要动力。

马斯洛的需要层次理论对激励的意义是显而易见的。如果希望激励某人，就必须了解目前所处的需要层次，然后满足他；在物质丰厚的条件下，低级需要已得到充分满足时，高层次的需要就更具有激励性。

马斯洛对于需要层次的分类得到普遍的认可，一些后继的研究也证实了上述的基本观点。但是，需要层次会伴随着文化的差异而发生变化，需要层次论是建立在美国文化价值观的基础上的，而在丹麦、瑞典与挪威这些北欧国家中，高质量生活要比生产效率更为重要，因而归属需要则比自我实现与尊重需要更为强烈。在中国、日本、韩国这样一些强调集体主义与团队精神的国家里，归属感与安全感要比满足自我实现更为重要。

2. ERG 理论。

ERG 理论是由美国耶鲁大学教授奥尔德弗 1969 年提出来的。奥尔德弗认为，人们存在三种核心的需要，即生存的需要、相互关系的需要和成长发展的需要，这一理论被称为 ERG 理论。该理论的主要观点是：

● 生存的需要：对人们基本的物质生存需要，如食物、空气、工资、福利、工作条件等加以满足。它包括马斯洛提出的生理和安全的需求。

● 相互关系的需要：人们对于建立与保持重要和谐的人际关系（同事、上司、下属、朋友、家人）的要求。这种社会和地位的需求的满足是在与其他需要相互作用中达成的。它们与马斯洛的归属需要和尊重需要分类中的外在部分是相对应的。

● 成长发展的需要：个人谋求发展的内在愿望，包括马斯洛的自尊需要分类中的内在部分和自我实现层次中所包含的特征。

由于 ERG 理论提出了个体处于满足自身需要的激励状态，这就为管理者在具体应用中提供了一个重要的视角。但下属的成长需要因工作关系或资源匮乏而遭遇挫折时，管理者该怎样办？答案就是管理者应修正员工的行为，使之转向满足相互关系或生存需要。

3. 美国心理学家赫茨伯格的双因素理论。

该理论将激励因素分为两类：

● 保健因素——薪金、工作条件、生活条件、职业安全、人际关系等。

● 激励因素——工作成就感、工作成就认可、工作本身的挑战和兴趣、个人的晋升机会、工作中的成长和责任感。

双因素理论对于管理者的价值在于，它提醒诸如工资福利等激励措施的作用是有一定限度的。管理者创造良好的工作外部环境和条件，可以消除不满意情绪和态度，但是只满足于大家没有意见和相安无事，是不会充分发挥人的潜能，创造一流工作成绩的。

在管理实践中，双因素理论直接导致了"工作扩大化"、"工作内容丰富化"等激励方法，使管理者把扩大工作范围、激发成就需要、安排具有挑战性的工作作为强有力的刺激因素。另外，双因素理论还可以用于指导工资和奖金的管理，它认为金钱必须和绩效挂钩，如果两者没有联系，那么奖金再多也起不了激励作用，一旦停发或少发了，则会造成不满。这样，工资和奖金就成为保健因素。

4. 美国人麦克莱兰的激励需求理论。该理论将人的需要分为三类：

● 权力的需要：影响和控制别人行为的需要。

● 社交的需要：建立友好密切的人际关系的需要。

● 成就的需要：追求成功、实现目标的需要。

不同的人对于这三种基本需求的排列层次和所占的比重是不同的，个人行为主要取决于其中被环境激活的那些需求。如有些人有很高的成就需要，另一些人则有很强烈的权力需要，还有些人渴望与他人的友谊。认识这一点很重要，因为有不同需要的人对工作就有不同的要求。

麦克莱兰通过广泛取样对成就的激励机制进行了深入的研究。他的激励需求理论认为个体的激励水平取决于其追求卓越、力争成功的意愿强度。他认为每个人都有成就动机，个体的成就动机的强烈程度是与其童年经历、职业经历以及所在企业组织风格相关的。

（二）激励过程理论

1. 期望理论。由美国心理学家弗鲁姆提出，其公式为：

$$M = V \times E$$

M——激励力，指调动一个人的积极性，激发出人的内部潜力的强度。

V——目标效价，一个人对某一目标的重视程度与评价，即主观认为奖酬价值大小。

E——期望概率，一个人根据经验判断的某项活动导致某一成果的可能性的大小。

该理论的基本观点是：人们在预期他们的行动会有助于达到某个目标的情况下，才会被激励起来去做某些事情以达到这个目标。一个人从事某一行动的动力，是由他的行动之全部结果的期望值乘以那个人预期这种结果将会达到所要求目标的程度决定的。管理者应当提高职工对某一成果的偏好程度，帮助职工实现其期望值，以提高期望值的概率。

用这一理论指导激励，管理者首先必须认识到每一个员工都有自己的信念，他们是能够思想、尊重理性和有预见性的个体。其次，在分析激励因素时，管理者必须考察员工希望从组织中获得什么，他们对于自己的评价如何，从而吸引和雇用那些看重公司所提供的报酬的人。再次，根据员工的个人需要设置奖励，也是期望理论所强调的。在实践中管理人员绝不能错误地认为，所有员工都期望得到同样的东西。最后，努力与工作绩效的关系要明确，使员工对什么样的努力能得到什么样的报酬一清二楚，组织奖励的兑现要公正、及时，避免员工对这些关系的认知存在偏差。

2. 公平理论。

由美国人亚当斯提出来的，该理论认为，对成绩与报酬，员工不仅关心绝对量，而且关心相对量。

（1）横向比较：将自己获得的报酬（工资、资金、地位和提升等）与自己的投入（受教育程度和训练、经验技能、努力程度、资历和对组织的忠诚）的比值与组织内其他人做比较。

（2）纵向比较：把自己目前投入的努力与目前所获得报酬的比值，同自己过去投入的努力与过去所获得报酬的比值进行比较。

公平理论对管理的意义：首先，影响激励效果的不仅有报酬的绝对值，也有报酬的相对值。其次，激励时应力求公平，尽管有主观判断的误差，也不会造成严重的不公平感。再次，在激励过程中应注意对被激励者公平心理的引导，使其树立正确的公平观。

3. 波特—劳勒模式。

美国心理学家、管理学家波特和劳勒在期望理论的基础上引出了一个更为完善的激励模式（如图8-13所示）。这个模式说明，激励本身并不直接导致绩效，而是要通过努力后才能取得绩效。即激励决定了一个人在工作中的努力程度、努力方向及坚持努力的时间。要想激励人们去做好工作，需要三个条件：一是能使人看到工作所提供他要得到的东西；二是使人感到这些东西与工作绩效之间有联系；三是使人相信只要努力工作，就能提高绩效。这三个条件缺少任何一个，都会影响人的积极性，见图8-14。

（三）行为改造型激励理论

1. 激励强化理论。

该理论是由美国心理学家斯金纳提出来的，也称为行为修正理论。强化理论认

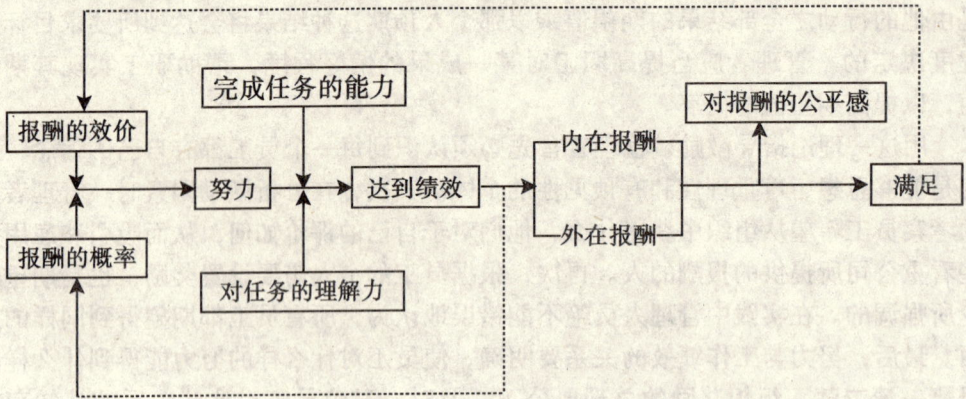

图 8-14 波特—劳勒综合激励模式

为，人们行为的重复率或人的行为趋向取决于人们对于以往行为结果价值的主观认识，行为结果有利时就会重复出现；行为结果不利时行为就会减弱或消失。

强化有正强化和负强化之分。正强化：运用工资、奖金、表彰、晋升等物质的精神强化物，保证对组织目标有利的行为及出现的频率。负强化：背离组织目标的行为发生后，给予行为当事人某些不喜欢的东西，或取消他喜欢的东西，如批评、扣发奖金、降职、解聘等，以降低行为发生的频率，取消这种行为。

（1）四种强化类型：

●积极强化：在积极行为发生以后，立即肯定这种行为，从而增加以后这种行为的发生频率。员工努力工作是为了从工作中、从组织中获得报酬。

●惩罚：在消极行为发生以后，使实施者受到经济上或名誉上的损失或取消某些为人喜欢的东西，从而减少这种行为。

●消极强化：也称逃避学习。一个特定的强化能够防止产生个人所不希望的刺激。员工努力工作是为了逃避不希望得到的刺激结果，如不挨批评。

●消失：由于在一定时期内连续不强化，这种行为将逐步降低频率，以致最终消失。

（2）强化理论的原则。

●要设立一个目标体系。

●及时地强化。

●明确的强化信息。

●强化频率不能太高。

●正强化效果比负强化好，要慎用负强化。

●要因人而异，使用不同的强化模式。

2. 归因论。

由美国心理学家凯利提出，这一理论有助于管理者了解下属的归因倾向，以便正确指导和训练正确的归因倾向，调动下属的积极性。

该理论认为，人的行为获得成功或失败可以归因为四个因素：努力、能力、任务难度和机遇。这四个因素可以按下面三个方面来划分：

- 内因或外因：努力和能力属于内因，任务难度和机遇属于外因。
- 稳定性：能力和任务难度属于稳定因素，努力和机遇属于不稳定因素。
- 可控性：努力属于可控因素，能力在一定条件下是不可控因素，但人们可以提高自己的能力，这种意义上的能力又是可控的，任务难度和机遇是不可控的。

三、激励的方式与要求

（一）激励的方式与手段

有效的激励，必须通过适当的激励方式与手段来实现。按照激励中诱因的内容和性质，可以将激励的方式与手段分成三类：

（1）物质利益激励：以物质利益为诱因，通过调节被管理者的物质利益来刺激其物质需要的方式与手段。

- 奖酬激励：奖酬包括工资、奖金、各种形式的津贴以及实物奖励等。
- 关心照顾：管理者对下属的生活给予关心照顾，是激励的有效形式。它可以使下属获得物质上的利益和帮助，而且能获得受尊重和归属上的满足，从而产生巨大的激励作用。
- 处罚：在经济上对员工进行处罚，是管理上的负强化，属于一种特殊形式的激励。运用这种方式时要注意：必须根据可靠的事实根据和政策依据，令其心服口服。处罚的方式与激励量要适当，既要起到必要的教育与震慑作用，又不能激化矛盾。要与深入细致的思想政治工作结合，注意疏导，化消极为积极，真正起到激励作用。

（2）社会心理激励：是指管理者运用各种社会心理学方法刺激被管理者的社会心理需要的方式与手段。这类激励方式是以人的社会心理因素作为激励的诱因。

- 目标激励：通过设置适当的目标，激化动机，调动积极性。在实践中可用于激励的目标主要有：工作目标、个人成长目标和个人生活目标。管理者可以通过对这三类目标的恰当选择与合理配置来有效调动员工的积极性。
- 教育激励：这是通过教育的方式与手段，激化动机，调动下属积极性的形式，包括政治教育和思想工作。
- 表扬与批评：表扬与批评既可以看做是指挥手段，也可以看做是激励形式。使用时要讲究表扬与批评的艺术，因为它将直接关系到表扬与批评的效果。

- 感情激励：以感情作为激励诱因，调动人的积极性。
- 尊重激励：随着人类文明的发展，人们越来越重视尊重的需要。管理者应该利用各种机会信任、鼓励、支持下属，努力满足其尊重的需要，以激励其积极性。
- 参与激励：以让下属参与管理为诱因，调动其积极性和创造性。下属参与管理，有利于集中员工意见，防止决策的失误；有利于下属受尊重心理的满足，从而受到激励；有利于下属对决策的认同感，从而激励他们积极自觉地去推进决策的实施。
- 榜样激励："榜样的力量是无穷的"，管理者应注意用先进典型来激发下属的积极性。
- 竞赛（竞争）激励：人们普遍存在争强好胜的心理，这是人们谋求实现自我价值、重视自我实现需要所决定的。管理者结合工作任务，组织各种形式的竞赛，鼓励各种形式的竞争，就会极大地激发员工的热情、工作兴趣和克服各种困难的勇气与力量。

（3）工作激励：按照赫茨伯格的双因素理论，对人最有效的激励因素来自工作本身，即满意于自己的工作是最大的激励。因此，管理者必须善于调整和调动各种工作因素，千方百计地使下属满意于自己的工作，以实现最有效的激励。在实践中，工作激励一般有以下几种途径：

- 工作适应。即以工作的性质和特点与从事工作的员工的条件与特长相吻合，能充分发挥其优势，引起其工作兴趣，从而使员工高度满意于工作。
- 工作的意义与工作的挑战性。员工怎样看待自己所从事的工作，直接关系到其对工作的兴趣与热情，进而决定其工作积极性的高低。人们愿意从事主要的工作，并愿意接受挑战性的工作，这反映了人们追求实现自我价值，渴望获得别人尊重的需要。因此，激励员工的主要手段就是向员工说明工作的意义，并增加工作的挑战性，从而使员工更加重视和热爱于自己的工作，达到激励的目的。
- 工作的完整性。人们愿意在工作实践中承担完整的工作。从一项工作的开始到结束，都是自己完成的，工作的成果就是自己努力与贡献的结晶，从而获得一种强烈的成就感。
- 工作的自主性。人们处于自尊和自我实现的需要心理，期望独立地完成工作，而自觉不自觉地排斥外来干预，不愿意在别人的指使或强制下被迫工作。
- 工作扩大化。影响工作积极性的最突出原因是员工厌烦自己所从事的工作。导致这种情况的原因就是专业化分工的缺点。工作枯燥、单调、乏味造成人们在生理上、心理上的伤害，导致员工的厌烦和不满情绪。工作扩大化旨在消除单调乏味的状况，增加员工工作的种类，令其同时承担几项工作。具体形式有兼职和职务轮换。
- 工作丰富化。从纵向上充实和丰富工作内容，让员工参与一些较高技术或管理方面的工作，即提高其工作的层次，从而使员工获得一种成就感，使其被人尊重的需要得以满足。也就是从增强员工对工作的自主性和责任心的角度，使其体验工作的内在意义、挑战性和责任感。

（二）有效激励的要求

（1）坚持物质利益原则。给劳动者以物质利益，是社会主义基本经济规律所决定的。人们进行社会劳动，直接地或间接地都是为了物质利益。

（2）坚持按劳分配的原则。在激励中坚持这一原则有很重大的意义，这可以打破"平均主义"、"大锅饭"的不正常现象，使人们通过自己的劳动和工作，得到自己应有的报酬而不被他人所剥夺，从而更加激发工作热情，尽责尽力地去工作和劳动。

（3）创造激励条件：①学会判断产生问题的原因。②懂得激励过程：确定目标，确定组织资源，洞悉下属的需要，确定有效的激励因素，使组织目标与个人目标达到平衡。③扩大管理者的职责范围。④建立制度要明确。⑤言行一致。⑥避免消极因素。

（4）以身作则，发挥榜样的作用。管理者应言传身教，身教重于言教，自己起到带头和表率作用。同样，管理者也应善于树立典型，发挥榜样的作用。

补充材料：

船主为什么会变好

16~17世纪，英国的许多犯人被送往澳大利亚流放服刑，私营船主接受政府委托承担送犯人的任务。刚开始，英国政府按上船时犯人的人头给船主付费。船主为了谋取暴利，克扣犯人的食物，甚至把犯人活活扔下海，运输途中犯人的死亡率最高时达到94%。后来英国政府改变了付款的办法：按活着到达澳大利亚下船的犯人人头付费。结果是船主们想尽办法让更多的犯人活着到达目的地，犯人的死亡率最低降到1%。

船主还是那些船主，为什么他们一开始习奸耍滑，后来又循规蹈矩，饿了给饭吃，渴了给水喝，大多数船主甚至聘请了随船医生呢？并非他们的本性有什么变化，而是制度规则的改变导致他们的行为发生了变化。可以设想，如果我们规定：在到岸港口验收点人头，任何一个犯人必须身体健康，体重下降者不列入政府付费范围。相信船主们在途中一定会将犯人们照顾得"无微不至"，更加尽"人道主义"

之责任。

降落伞何以 100%合格

这是发生在第二次世界大战中期，美国空军和降落伞制造商之间的真实故事。当时，降落伞的安全性能不够。在厂商的努力下，合格率已经提升到99.9%，但军方要求产品的合格率必须达到100%。对此，厂商不以为然，他们认为能够达到这个程度已接近完美，没有必要再改进。他们一再强调，任何产品也不可能达到绝对的100%合格，除非奇迹出现。不妨想想，99.9%的合格率，就意味着每1000个伞兵中，会有一个人因为产品质量问题在跳伞中送命，这显然会影响伞兵们的士气。后来军方改变检查产品质量的方法，决定从厂商前一周交货的降落伞中随机挑出一个，让厂商负责人装备上身后，亲自从飞机上跳下。这个方法实施后，奇迹出现了：不合格率立刻变成了零。一开始厂商们还老是强调难处，为什么后来制度一改，厂商们再也不讨价还价，"乖乖地"绞尽脑汁做好产品呢？主要原因在于前一种制度还没有最大限度地涉及厂商的自身利益，以致厂商们对千分之一的不合格率感受不深，甚至认为这是正常的，对伞兵们每1000人必死一个的现象表现漠然，毫无人道主义。后来制度一改，让老板们自己先当一回"伞兵"，先体验一下这成为"千分之一"的感受，结果产品品质史上的奇迹产生了。这个故事很值得我们深思。

上述两个案例给我们的启示在于：要提高管理绩效，就应最大限度地激活人力资源链条。要想最大限度地激活人力资源链条，我们在制度设计上就应充分考虑这一问题，即如何最大限度地调动并激活工作的主动性和创造性，如何将制度的设计与执行者的切身利益实现紧密捆绑。这是任何管理者在制度创新中不能回避的课题。

案例分析：

李强已经在智宏软件开发公司工作了6年。在这期间，他工作勤恳负责，技术能力强，多次受到公司的表扬，领导很赏识他，并赋予他更多的工作和责任，几年中他从普通的程序员晋升到了资深的系统分析员。虽然他的工资不是很高，住房也不宽敞，但他对自己所在的公司还是比较满意的，并经常被工作中的创造性要求所激励。公司经理经常在外来的客人面前赞扬他："李强是我们公司的技术骨干，是一个具有创新能力的人才……"

去年7月份,公司有申报职称指标,李强属于有条件申报之列,但名额却给了一个学历比他低、工作业绩平平的老同志。他想问一下领导,谁知领导却先来找他:"李强,你年轻,机会有的是。"

最近李强在和同事们的聊天中了解到他所在的部门新聘用了一位刚从大学毕业的程序分析员,但工资仅比他少50元。尽管李强平时是个不太计较的人,但对此还是感到迷惑不解,甚至很生气,他觉得这里可能有什么问题。

在这之后的一天下午,李强找到了人力资源部宫主任,问他此事是不是真的。宫主任说:"李强,我们现在非常需要增加一名程序分析员,而程序分析员在人才市场上很紧俏,为使公司能吸引合格人才,我们不得不提供较高的起薪。为了公司的整体利益,请你理解。"李强问能否相应提高他的工资。宫主任回答:"你的工作表现很好,领导很赏识你,我相信到时会给你提薪的。"李强向宫主任说了声"知道了!"便离开了他的办公室,开始为自己在公司的前途感到忧虑。

案例思考:

1. 用双因素理论解释李强的忧虑和困惑。
2. 谈一谈企业应如何做才能更好地、有效地激励员工。

练习题:

1. 什么是领导?领导与管理的区别是什么?
2. 领导的实质是什么?
3. 领导的功能和作用有哪些?
4. 沟通是如何分类的?
5. 为什么说沟通是一个信息反馈过程?
6. 沟通存在哪些障碍?有效沟通如何实现?
7. 激励的行为规律有哪些?
8. 介绍西方主要激励理论及其运用。
9. 有效激励的方法与技巧是什么?
10. 什么是领导艺术?领导艺术表现在哪些方面?
11. 领导者如何协调组织内外部关系?

第九章 控 制

有效的管理者应该始终督促他人，以保证应该采取的行动事实上已经在进行，保证他人应该达到的目标事实上已经达到。

——斯蒂芬·P.罗宾斯

本章重点：
△ 控制的含义
△ 控制的过程
△ 前馈控制、现场控制和反馈控制

学习目的与要求：
1. 通过本章的学习，掌握控制的含义及特征
2. 认识控制工作的重要性
3. 熟悉控制工作的过程及各种控制类型

导入案例：

美国通用电气公司

美国通用电气公司（GE）是一家"航空母舰"型企业，它在全世界 100 多个国家里拥有员工 27.6 万人，多年来被美国《财富》杂志评为全世界最受推崇的公司。杰克·韦尔奇被人称为"美国头号经理"、"世界头号企业家"。GE 在他的领导下，经过近二十年的发展，成为当今世界上最有价值的公司，1997 年公司资产达 3040 亿美元，销售收入 908 亿美元，股票每股回报率达 51%。他们认为，公司收入持续的增长是通过三大"发动机"实现的，即以全球化观念指导经营、在发展产品的同时大力开展服务、提高质量的关键是把事情一次做对。在提高质量方面，

通过大量的实践表明，生产前发现质量问题并加以纠正所花成本只要 0.003 美元；生产过程中发现质量问题并加以解决则需 30 美元；如果产品售出后才发现并加以改正则要花费 300 美元。一些广为人知的灾难之所以未能避免，其原因就在于没有"把事情一次做对"。

GE 开展了"六个西格玛（6∑）"质量标准活动。6∑是以数据为基础的质量管理活动，它包括五项基本活动，即确定、估量、分析、改进及最终控制生产或服务的工序。它们通常把重点放在提高客户的获益率和减少他们的支出上，这同时也提高了 GE 公司的业务质量、速度和效率。每经过一次六西格玛程序，误差就缩小到百万分之三点四以下，即发出一百万次货物中只能有 3 次差错。

6∑=3.4 次失误/百万机会

5∑=230 次失误/百万机会

4∑=6210 次失误/百万机会

3∑=66800 次失误/百万机会

2∑=308000 次失误/百万机会

1∑=690000 次失误/百万机会

GE 从 1995 年开始对 200 个项目实施 6∑设计，1996 年扩大到 3000 个项目，1997 年又增加到 6000 个。韦尔奇说："6∑计划就像野火一样遍及了整个公司，它正在改变我们所做的一切。"

案例表明，计划是管理的首要职能和前提，控制则是实施计划过程的必要手段和保证，控制技术的有效使用是一个组织走上良性循环的重要内容。

计划方案是管理活动行为的标准，在管理实践中实施计划过程需要控制与监督，组织目标才能实现。而保证决策实施达到动态适应就是管理的控制职能。

第一节　控制概述

一、控制的含义

（一）控制的定义

控制是一个信息反馈的过程，它有两个前提条件：控制标准、控制机构。它包括三个基本步骤：拟定标准、衡量成效、纠正偏差。在控制论中，对控制的定义是：为了改善某个或某些受控制对象的功能或发展，需要获得并使用信息，以这种信息为基础而选出的、加于该对象上的作用，就叫"控制"。控制的基础是信息的反馈。

控制是管理过程必不可少的一部分，是组织各级管理者的一项重要工作内容。控制是最重要的管理职能，不能为其他职能所取代。在现代管理活动中，控制既是一个管理过程的终点，又是新一轮管理过程的起点。

综上所述：控制是指为实现组织目标，以计划为标准，由管理者对组织内部的管理活动及其效果进行衡量和校正，以确保组织目标及为此而制定的计划得以实现的过程。

（二）控制工作的要求

（1）控制系统应切合管理者的个别情况——控制系统和信息是为了协助每个管理者行使其职能，建立控制系统必须符合每个管理者的情况以及个性，使他们能够理解它，进而信任它并自觉运用它。

（2）控制工作应确立客观标准——客观标准是可以定量的。

（3）控制工作应有灵活性——面临计划发生变动，出现了未预见到的情况或计划全盘错误的情况下，也应发挥它的作用。

（4）控制工作应讲究经济效益——控制所支出的费用必须是合算的。

（5）控制工作应有纠正措施——确保能采取适当的纠偏措施。

（6）控制工作应具有全局观点——从整体利益出发来控制，将各个局部目标协调一致。

（7）控制工作应面向未来——即使发现可能出现的偏差，预先采取措施调整计划。

（三）控制的功能

（1）控制活动适应环境变化。方案实施过程和结果检查、分析环境变化因素，及时反馈给决策者。

（2）限制偏差的累积、避免偏差的增大。偏差是不可避免的，但要及时纠正，否则会导致决策的失效、组织的涣散。

（3）组织形式分权的保证。分权是组织的趋势，分权需要控制来监督。

（4）降低成本、提高质量。

二、控制的基本类型

控制的基本类型见图 9-1。

（一）前馈控制

前馈控制又称预先控制，是在企业进行生产经营活动之前进行的控制，目的是为了防止问题的发生。这种控制方法是最理想的。如车辆每运行 5000 公里定期换

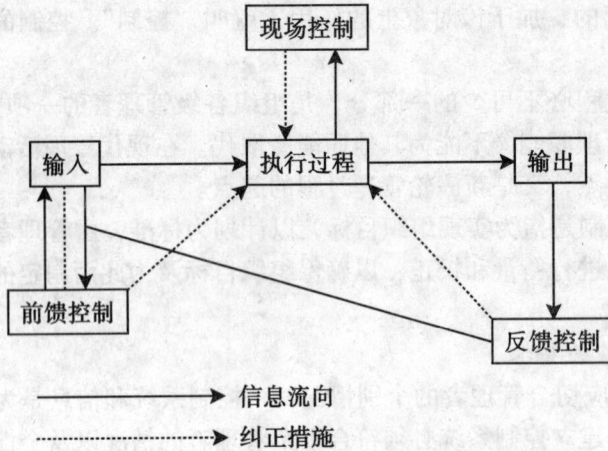

图 9-1　控制的分类

机油并检查，人力资源部门用人前的面试，生产部门原料质量检验等都是预先控制。其优越性是：能使管理者及时得到信息以便采取措施，克服了反馈控制中因时间滞差所带来的缺陷。

前馈控制的关键是在问题发生之前即采取行动。这种控制需要及时和准确的信息，但这些信息往往很难得到。这就在一定程度上限制了它在实际管理活动中的使用，使管理者不得不借助于其他类型的控制。在组织中应用最广泛的前馈控制还有：

（1）人力资源前馈控制——岗前培训、规章制度。

（2）原材料前馈控制——检查样品。

（3）资金的前馈控制——计算回收期和控制回报率。

（4）财务的前馈控制——预算、控制收支。

（二）现场控制

现场控制又称同步控制，是指企业经营活动开始以后，对活动中的人和事进行指导和监督。最典型的现场控制，就是当管理员发现错误时，立即提出修改意见并改正。这种方法非常适用于基层管理人员。

管理者通过现场监督、检查下属人员的活动，可以指导下属以正确的方法进行工作。现场监督可以使上级有机会当面解释工作要领和工作技巧，纠正下属错误的作业方法和过程，从而提高他们的工作能力。另外，现场监督可以使管理者随时发现下属在工作中与计划要求相偏离的现象，并立即采取纠正措施，从而使可能发生的问题消灭在萌芽状态，避免对组织产生不利的影响。

（三）反馈控制

反馈控制也叫事后控制，是指工作进行之后，管理人员将之与控制标准相比较，检查有无偏差并分析原因，及时拟定纠正措施，指导现在和将来。

反馈控制的主要缺点在于，管理者获得信息时浪费或损失已经发生，但它仍是目前最主要的控制类型。如财务报表就是一种反馈控制，如果报表中显示某一部门发生亏损，那么管理者这时唯一的选择就是找出销售下降的原因并改变目前的状况。

与前馈控制和现场控制相比，反馈控制有两方面的优势：一是反馈控制为管理者提供了关于计划效果究竟如何的真实信息。如果反馈显示标准与现实之间只有很小的偏差，说明计划的目的达到了；如果偏差很大，说明管理者应该利用这一信息使新计划制订得更有效。二是反馈控制可以增强员工的积极性，因为人们总是希望得到评价他们表现的信息，而反馈正好提供了这样的信息。在组织中应用最广泛的反馈控制有：

（1）财务报告分析。

（2）标准成本分析。

（3）质量控制分析。

（4）工作人员成绩评定。

三、控制原理

要使控制工作产生有效的作用，就必须遵循以下几个原理：

（一）控制关键点原理

控制关键点原理，是指管理者越是选择计划的关键点作为控制标准，控制工作就越有效。

任何控制工作不可能面面俱到，只能根据具体情况选择关键点作为控制重点，这样才能使控制工作更有效，取得事半功倍的效果。

对于管理者来说，随时关注计划执行情况的每一个细节是没有必要的。他们应将注意力集中于计划执行中的一些主要影响因素上，这样才能有效地控制那些对计划完成有着举足轻重的关键性问题。

（二）例外性原理

例外性原理是指管理者越是把注意力集中在例外情况上，控制工作就越有效。

有效控制不仅要对关键点进行控制，还要把注意力集中在例外的情况上，如组织中出现的特别好或特别坏的情况上。这样，才能使控制工作既有好的效能，又有高的效率。实际工作中，例外性原理必须与控制关键点原理相结合。

（三）适度性原理

适度性原理是指控制的范围、程度要适度。

（1）要避免控制过多或控制不足。过多则使被控者易产生不悦心理甚至逆反心理；控制不足则会导致组织活动混乱无序。有效的控制应该是既能及时发现偏差并纠正偏差，又能保护员工的积极性和主动性。

（2）适度控制要注意控制成本。任何控制都需要一定的费用，如信息的搜集、纠偏行为等都需要一定的人力、物力和财力的支出，但有效的控制能为组织带来收益。因此，要进行投入收益分析，收益大于投入的控制可以实施，收益小于投入的控制则可以不实施。

（四）反映计划要求原理

计划越是明确、全面、完整，所设计的控制系统越是能反映这样的计划，控制工作也就越能有效地为管理者的需要服务。

（五）直接控制原理

管理者及其下属的素质越高，就越能胜任所承担的职务，就越不需要间接控制。

四、控制的作用

（一）控制是完成计划的重要保障

控制对计划的保证作用主要表现在两方面：①通过控制纠正计划执行过程中出现的各种偏差。②对计划中不符合实际情况的内容，进行必要的改正、调整，使计划更加符合实际。

（二）控制是提高组织效率的有效手段

控制可以提高组织的效率，主要表现在两方面：①控制过程是一个纠正偏差的过程，这一过程不仅能使计划执行者回到计划确定的路线和目标上来，而且还能提高人们的工作责任心，防止再出现类似的偏差，使计划更加符合实际情况。②在控制过程中，施控者通过反馈可以了解到自己的决策能力和管理控制能力，有助于决策者不断提高自己的决策能力和管理控制能力。

（三）控制是使组织适应环境的重要保障

计划是组织为适应环境所做的准备。但由于环境的变动，组织在实施目标和计划的过程中就必须依靠控制使组织与环境相适应。

第二节　控制步骤与方法

控制是一个不断循环往复的管理过程，但就某一次控制活动来看，它由下面三个阶段构成：确定控制标准、考核工作成效、分析偏差并采取纠正措施。

一、控制步骤

控制步骤见图 9-2。

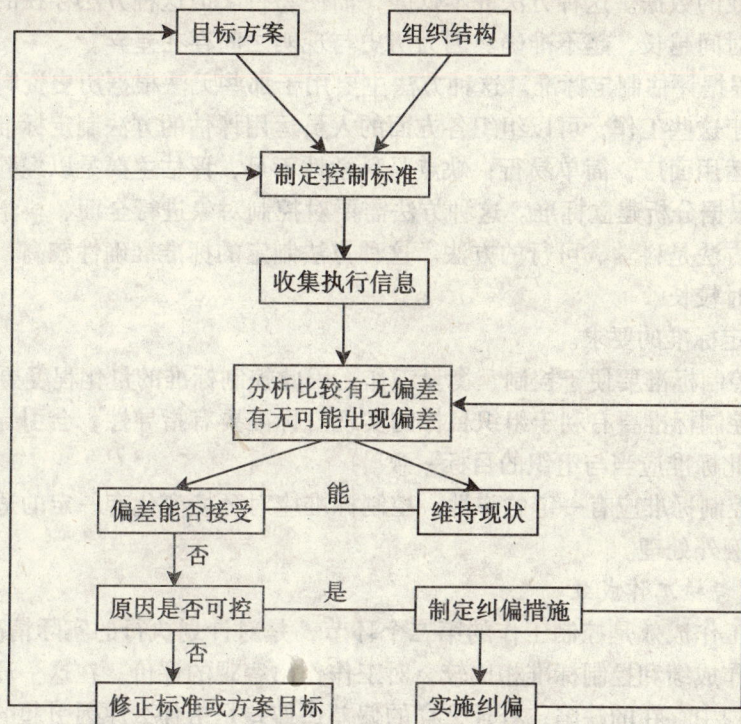

图 9-2 控制的分类

（一）确定控制标准

确定标准是控制工作的第一步，控制标准是人们检查和衡量工作及其结果的规范。

1. 控制标准的类别。

（1）历史标准，指根据组织过去的经验建立的标准，如销售金额或进货成本。

（2）比较标准，指与其他同行业组织的记录相比较建立自己的标准，如广告费、管理薪水等。

（3）实物标准，指非货币标准，如劳动力、原材料等都属于实物标准。

（4）成本标准，指以货币衡量消耗的标准。

（5）时间标准，指完成活动所必须遵守的时间。

（6）利润标准，指组织活动的期望结果，是企业效益的体现。

2. 制定标准的方法。

（1）统计方法。指利用历史资料，在统计分析的基础上，制定当前工作的控制标准。运用这种方法，得出的标准可能是历史数据的平均数，也可能高于平均数或低于平均数的数据。这种方法成本低廉，简便易行。但这种方法存在的最大问题是不准确，时间越长，越不准确。因为历史与现实之间存在差异。

（2）根据评估制定标准。这种方法主要用于那些无法根据历史资料制定标准的工作，对于这些工作，可以组织各方面的人员运用评估的方法制定标准。这种方法的优点是运用面广，简单易行；缺点是科学性不足，评估主要是以经验为依据。

（3）根据分析建立标准。这种方法需要对控制对象进行全面、科学的分析，所用的分析方法是科学、可行的方法。这种方法制定的标准准确性较高，但是成本也较高且耗时较长。

3. 制定标准的要求。

（1）控制标准要便于控制、衡量工作，因此控制标准的量化程度要高。

（2）控制标准要有利于组织目标的实现。标准要有指导性，会引导控制对象的行为，因此标准应当与组织的目标一致。

（3）控制标准应有一定的弹性。控制标准应对环境变化有一定的适应性，对特殊情况应例外处理。

（二）考核工作成效

考核工作成效是控制工作的第二个环节，是对计划执行的实际情况进行检查，将实际工作成绩和控制标准相比较，对工作作出客观的评价。在这一环节，施控者能发现计划中存在的缺陷，有什么样的偏差，偏差是由什么原因引起的，并分析采取什么样的纠正措施。因此，该环节的工作影响着整个控制效果。

为了能够正确、及时地提供能够反映偏差的信息，管理者在衡量、检查工作成绩的过程中应注意以下几个问题：

（1）获取信息、发现偏差必须要深入基层，搜集未经他人过滤的第一手资料，切忌只凭下属的汇报作出判断，必须防止检查走过场。

（2）考核工作必须制度化。通过制度化，管理者能够及时、全面地了解计划执行的情况，及时从中发现问题，迅速纠正，尽可能将重大偏差消灭在萌芽当中。

（3）考核工作的方法可以多样化。管理者可以通过亲自观察、调查研究、听取下属汇报等多种方法了解实际情况。

（4）确定适宜的衡量频度。衡量频度不仅体现在控制对象上，而且表现在对同一标准的衡量次数和频度上。对控制对象的衡量频度过高，不仅会增加控制费用，而且易引起相关人员的不满，从而影响他们的工作态度，对组织目标的实现产生负面影响。但是如果考核的次数太少，偏差不容易被及时发现，就不能及时采取纠正措施，同样会影响组织目标的实现。因此，要确定适宜的衡量频度。

（三）分析偏差并采取纠正措施

任何偏差的出现都是有原因的，只有分析产生偏差的原因，才能采取有效的纠正措施。分析偏差并采取纠正措施是控制工作的第三阶段。这一阶段的主要工作是：

1. 找出偏差产生的主要原因。首先，要判断偏差的严重程度，是否对组织构成威胁，从而去分析原因，采取纠正措施；其次，要寻找导致偏差产生的主要原因。

2. 确定纠正偏差措施的实施对象。需要纠正的可能是组织的实际活动，也可能是这些活动的计划或衡量这些活动的标准。计划或标准的调整通常是由两个原因引起的：一是原来的计划或标准制定得不科学，在执行中发现了问题；二是原来正确的计划或标准，由于客观环境发生了预想不到的变化，不再适应新形势的需要。

3. 选择适当的纠偏措施。在选择过程中应注意：

（1）纠正偏差的措施应双重优化。

（2）充分考虑原计划实施的影响。

（3）注意消除组织成员对纠偏措施的疑虑。

（4）纠偏措施一定要及时，而且要执行到位。

二、控制方法

（一）预算控制

预算是未来某一个时期具体的、数字化的计划。预算控制就是根据预算规定的收入与支出标准来检查和监督各部门的活动，衡量计划的执行情况。

1. 预算的种类。

（1）收支预算，包括收入预算和支出预算。收入预算主要是某一计划期的收益及来源，如企业销售收入，是从财务角度计划和预测未来经营管理活动的成果及为取得这些成果所需付出的费用。

支出预算就是计划期内各种费用支出的预算，是企业生产经营管理中发生的各种费用，如材料费、人工费、管理费、税金和资产折旧等。

（2）现金预算，根据收支预算确定在计划期内的现金收支和现金余额情况，通常由财务部门编制，可以帮助企业发现资金的闲置或不足。任何组织都要有一定的现金用做运营开支，如企业要购买原材料、给职工发工资、缴纳税费等。

（3）实物预算，是以实物为计量单位的预算。实物的范围很广泛，如产量预算、机时预算、人工预算、燃料消耗预算、库存预算等。

（4）综合预算，是以各种因素为考虑内容的预算，它的单位可以是货币，也可以是实物，如资产负债预算等。

2. 预算的不足之处：

（1）控制是可计量的，货币计量的业务活动容易导致控制过细。

（2）预算是刚性的，缺少弹性。

（3）容易造成短视行为和本位主义。

（4）容易导致掩盖效能低下的缺点。

3.可变预算与零基预算。

（1）可变预算：这种预算通常是随着销售量的变化而变化，所以它仅限于在费用预算中运用。但当单位可变费用（成本）不变时，可变费用总数是随销售量的变化而变化的，实际上可变预算主要是用来控制固定费用（成本）的。

（2）零基预算：在每个预算年度开始时，将所有还在进行的管理活动都看做重新开始，即以零为基础。根据组织目标，重新审查每项活动对实现组织目标的意义和效果，并在费用—效益分析的基础上，重新排出各项管理活动的优先次序。

（二）比率分析法

比率分析法是利用两个相互联系的指标，通过计算比率来考察和评价经济活动效益优劣的技术方法。企业在经营活动分析中常将企业资产负债表和收益表上的相关项目进行对比，形成一个比率，从中分析和评价企业的经营成果和财务状况。

利用财务报表提供的数据，我们可以列出许多比率，有两种常用的类型：财务比率和经营比率。财务比率是用于说明企业的财务状况，而经营比率主要用于说明企业经营活动的状况。

1.财务比率。财务比率用于说明企业的财务状况，通过对其的分析可以帮助我们了解企业的偿债能力和盈利能力等财务状况。

（1）流动比率。流动比率是企业的流动资产与流动负债的比率，反映了企业偿还流动负债的能力。其计算公式是：流动比率=流动资产/流动负债。一般来说，企业资产的流动性越大，偿债能力就越强；反之，偿债能力越弱。但是，如果企业的流动比率过高，则会导致企业财务资源的闲置。

（2）资产负债率。资产负债率是企业总负债与总资产的比率，反映了企业利用外部债权人提供的资金进行经营活动的能力。其计算公式是：资产负债率=负债总额/全部资产总额。资产负债率是企业长期偿债能力的晴雨表。一般来说，负债的比例越低，企业的偿债能力越强；反之则越弱。

（3）速动比率。速动比率是企业速动资产与流动负债的比率，主要用于衡量企业流动资产中可以立即用于偿还流动负债的能力。其计算公式是：速动比率 = 速动资产 / 流动负债。速动比率以 1:1 为最好。

（4）资金利润率。资金利润率是指企业在某一经营时期的利润总额与该期占用的全部资金的比率，它主要用于衡量投资者投入企业资本金的获利能力。其计算公式是：资金利润率=利润总额/资本金总额。一般来说，资金利润率应该高于银行存款利率或债券利率，企业才能继续经营下去。

（5）销售利润率。销售利润率是指销售净利润与销售总额的比率，反映了企业在一定时期的产品销售中是否获得了足够的利润。将企业不同产品、不同经营单位在不同时期的销售利润率进行比较分析，能为经营控制提供更多的信息。其计算公式是：销售利润率=净利润/销售收入。

2. 经营比率。经营比率又称活力比率，是与资源利用有关的几种比例关系，反映企业经营效率的高低和各种资源是否得到充分利用。

（1）固定资产周转率。固定资产周转率是销售总额与固定资产的比率，它反映了单位固定资产能够提供的销售收入，表明了企业固定资产的利用程度。其计算公式是：固定资产周转率=销售总额/固定资产。

（2）库存周转率。库存周转率是企业销售成本和平均存货比率，主要用于衡量企业销售能力和存货库存状况，表明投入库存的流动资金的使用情况。一般来说，存货周转率越高，说明企业经营效率越高，库存存货适度；如果存货周转率过低，说明采购过量或产品积压，因此应及时处理。其计算公式是：存货周转率=销售成本/平均存货，其中平均存货=（期初存货 + 期末存货）÷2 。

（3）市场占有率。市场占有率是指企业的主要产品或服务在该种产品或服务的市场销售总额中所占的比重，它反映了企业的竞争能力和发展能力。

案例分析：

1995 年 2 月 27 日，国际金融界传来一则令人震惊的消息：具有 233 年悠久历史的英国巴林银行宣布倒闭。而这一切源于巴林银行新加坡分公司的一名年仅 20 多岁的交易员尼克·里森的违规操作。里森在做股票指数期货的投机中，在日经指数大幅下降时，其日经指数期货多头风险部位达 6 万余份合约，同时在日本政府债券价格一路上扬之际，他却有空头风险部位合约 26000 余份。这样便出现了 8.6 亿英镑的损失，这几乎是整个巴林集团资本的两倍。这件事在世界各大新闻媒体引起极大关注，人们不禁要问：一个如此历史悠久的金融集团为何会被一个小小的蛀虫蚕食？巴林银行对里森的行为难道一无所知？银行是否让里森钻了空子？

年轻的里森在巴林银行被视为期货和期权方面的专家，1992 年，巴林总部派他到新加坡分公司成立期货与期权交易部门，并出任总经理。在期货交易中，出错在所难免。比如，有人会把"买进"手势误认为"卖出"，有人会在不恰当的时机购进不恰当的合同，等等。关键是如何处理。按规定，对出现的各种错误，银行必须迅速妥善处理，并转入电脑中一个被称为"错误账户"的账户中，然后向总部汇报。里森于 1992 年在新加坡任期货交易员时，巴林银行已有一个"99905"的错误账户。1992年夏天，伦敦总部全面负责清算工作的经理要求里森另行设立一个"错误账户"，记录较小的错误，并自行处理，以免麻烦伦敦总部。里森很快就设立了"88888"的错误账户。但几周以后，伦敦总部又打来电话，总部配置了新的电脑，要求新加坡分行还是按老规矩办事，所有的错误记录仍经由"99905"直接向伦敦报告。"88888"错误账户刚刚建立就搁置不用了，但它却成为一个真正的"错误账户"存于电脑之中。这个被人忽略的账户，为里森提供了日后制造假账的机会。他从1992年7月起，在其中记录了从2万英镑起，到几百万、几千万的亏空，直至到8.6亿英镑。在这期间，由于里森同时任交易部和清算部主任，给他对失误瞒天过海提供了便利。总部虽然多次来查账，但都被里森搪塞过去。即使在1995年1月11日，新加坡期货交易所的审计和税务部发函巴林，提出他们对维持"88888"账户所需资金问题的一些疑虑，而且此时里森已需要伦敦每天汇入1000多万英镑，以支付其追加保证金，但伦敦总部还是没有引起足够的重视。

最令人难以置信的是，巴林银行在1994年底发现资产负债表上显示5000万英镑的差额后，仍然没有警惕到其内部管理控制的松散及疏忽。在发现问题至巴林倒闭的两个月里，有很多巴林的高级人员和资深专家曾对此问题加以关注，更有巴林总部的审计部门正式加以调查。但是这些调查，都被里森以极轻易的方式蒙骗过去。连里森本人也说："对于没有人来制止我的这件事，我觉得不可思议，伦敦的人应该知道我的数字都是假造的。这些人都应该知道我每天向伦敦总部要求的现金是不对的，但他们仍然支付这些钱。"

案例思考：

为什么年仅20多岁的交易员里森能轻易地让历史悠久、资金雄厚的巴林银行倒闭？

练习题：

1. 什么是控制？
2. 分析控制的必要性。
3. 简述控制的过程。
4. 你能否举出现实中运用反馈控制的例子？
5. "计划工作是事前的，控制工作是事后的"这种说法对不对？为什么？

第十章　创　新

企业家精神的真谛就是创新，创新是一种管理职能。

——熊彼特

本章重点：
△创新的含义
△创新过程
△技术创新
△组织创新

学习目的与要求：
通过本章的学习，掌握创新的含义及过程，重点掌握企业的技术创新和组织创新，培养创新思维。

导入案例：

三个和尚有水吃——协作创新

我们中国有句老话，叫"一个和尚挑水吃，两个和尚抬水吃，三个和尚没水吃"。如今，这个观点过时了。现在的观点是"一个和尚没水吃，三个和尚水多得吃不完"。

有三个庙，这三个庙离河边都比较远，怎么解决吃水问题呢？第一个庙，和尚挑水的路比较长，一天挑了一缸就累了，不干了。于是三个和尚商量，咱们接力赛吧，每人挑一段。第一个和尚从河边挑到半路，停下来休息。第二个和尚继续挑，又转给第三个和尚，挑到缸里灌进去，空桶回来再接着挑。这样一搞接力赛，就从早到晚不停地挑，大家都不累，水很快就挑满了。这是协作的办法，可以叫"机制创新"。第二个庙，老和尚把三个徒弟叫来，说我们立下了新的庙规，引进了竞争机制。三个和尚都去挑水，谁挑得多，晚上吃饭加一道菜；谁水挑得少，吃白饭，没菜。三个和尚拼命去挑，一会儿水就满了。这个办法叫"管理创新"。第三个庙，三个和尚商量，天天挑水太累，咱们想办法。山上有竹子，把竹子砍下来连在一起，竹子中心是空的，然后买一个辘轳。第一个和尚把第一桶水摇上去，第二个和尚专管倒水，第三个和尚在地上休息。三个人轮流换班，一会儿水就灌满了。这叫"技术创新"。你看，三个和尚要喝水，要协作，引进新的机制，要采取办法，搞机制创新、管理创新、技术创新。办法在变，观念也在转变。一定要发挥协作精神，企业内部要协作，企业之间也要协作。

案例表明，创新是组织管理活动的核心职能，创新活动首要的是观念创新，其次是组织创新、制度创新、产品创新、技术创新。总之，创新是管理的基本职能。

第一节　创新是管理的基本职能

一、创新的含义及特征

创新并不是一个陌生的词汇，常出现于各类管理学著作和教材中。但人们对创新的理解多是和设备更新、产品开发、市场拓展和工艺改进联系在一起，很少有人将创新看做是管理的基本职能。那么，什么是创新呢？

（一）创新的定义

美籍奥地利经济学家约瑟夫·阿罗斯·熊彼特在其 1912 年出版的《经济发展理论》一书中最早使用创新这个概念。他将创新定义为"新的生产函数的建立"，即"企业家对生产要素之新的组合"。按照这一观点，创新包括技术创新和组织管理创新。他认为，企业家的职能就是要实行创新，引进"新组合"，从而使经济获得不断的发展。

创新概念包含的范围很广，有技术创新、产品创新、制度创新、组织创新、管理创新、观念创新、品牌创新等。那么什么是创新呢？创新包括五种情况：

（1）采用一种新的生产方法，这种方法在以往的生产过程中未曾使用过。

（2）研发一种新产品，这种产品消费者目前不熟悉。

（3）获得一种新的供应来源包括原料、燃料或半成品等，不管这种来源是否已经存在还是新创造出来的。

（4）开辟一个新市场，这个市场是以前不曾进入的。不管这个市场以前是否存在。

（5）实现新的企业组织体制。

这五种创新活动可以归为三大类：技术创新、市场创新、管理创新与组织创新。

从广义上说，创新是人类有目的的改变、发展自己，推动社会进步的创造性活动。具体来说，创新是指接受组织或相关环境的新变化，运用知识或相关信息创造和引进一种新事物的过程。

（二）创新的特性

当今市场的全球化、一体化，使得创新已成为组织生存发展的灵魂。要有效进行组织创新，首先必须了解创新的特性。

1. 动态性。

事物是不断发展变化的，因此组织的外部环境和内部环境也是不断变化的。组织为适应外部环境或内部环境的变化，必须及时进行动态调整，需要通过不断创新来确立企业的竞争优势。

2. 风险性。

创新活动涉及各方面的条件因素，这使创新的结果呈现出不确定性。首先，创新需要大量的资金投入，这种投入不仅用于研发部门还要用于生产、销售部门。其次，信息的不对称性。一般来说，创新者知道自己创新的内容和方向，但并不知道别人或其他企业所进行的创新活动。这就容易导致自己投入了大量资金，结果是步他人后尘。再次，创新的利润回报事前很难预计。

3. 收益性。

高风险与高收益是并存的，创新也是如此。通过创新来获取高额收益并使企业迅速壮大是现在很多企业采用的方法。

比尔·盖茨 1975 年刚创办微软公司时，仅有一种产品，3 名员工，年收入仅有1.6 万美元。但比尔·盖茨不断进行创新，使得微软一跃成为最大的软件公司，比尔·盖茨本人也因此成为全球首富。

（三）创新是管理的基本职能

（1）从系统学的角度看，创新是组织生存和发展的基本条件。组织是由众多要素构成的、开放的非平衡态系统，要使组织生存和发展，就必须保持组织的有序统一。

（2）从稳定和变革的关系看，创新是管理的基本功能之一。稳定是指组织在一定的时空条件下，其宗旨、性质、目标、基本结构和行为方式保持不变，稳定对于组织的存在和发展是非常必要的。但稳定是不够的，真正的稳定是发展中的稳定，随着环境的变化对组织加以变革和创新才能求得组织的真正稳定。

（3）从当今时代的发展看，学习和创新是管理的新趋势。

（四）管理创新的主要内容

（1）管理观念创新。

- 树立知识是组织最重要的资源观念。
- 树立创新是企业管理的灵魂观念。
- 树立以人为本的管理观念。

（2）经营目标创新。

- 企业在追求利润时要顾及自己的社会责任，要为社会进步和人类自身的发展提供更多的精品。
- 企业在追求利润时要顾及子孙后代，要从可持续发展的原则出发，运用高科技手段尽量节省资源，避免污染。
- 企业在追求利润时要立足人的全面发展，以人的智力开发、潜能的发挥、创造力的提高为最高境界。

（3）企业组织的创新。

- 变扁——传统的金字塔的结构趋于扁平化。
- 变瘦——将一些服务性、辅助性甚至生产部门变成相对独立的公司。
- 变活——建立柔性化、个性化、灵活化的组织结构，矩阵型组织是一个发展趋势。
- 变小——企业两极分化，一方面是大型企业不断联合兼并，另一方面是中小企业迅速崛起，趋于小型化、个性化、微型化、家庭化。

（4）企业制度创新。

- 产权制度——这是决定企业其他制度的根本性制度，规定着企业生产要素的所有者对企业的权力、权益和责任。产权制度的创新要根据企业的性质、规模、社会地位等因素探求"个人所有"和"共同所有"的最佳组合形式。在产权制度创新中，知识、技术、才能也应获得应有的产权，并且在产权结构中的比重越来越大。
- 经营制度——有关经营权的归属及行使条件、范围、限制等方面的基本规范。确定谁是经营者，谁来掌握企业生产资料的占有权、使用权和处置权，谁来保值增值，探求企业生产资料包括各种无形的产权最有效的利用形式。
- 管理制度——行使经营权，组织企业日常经营活动中的各种具体规则。分配制度是其最重要的内容之一，分配制度的创新在于不断追求和实现报酬和贡献之间的平衡。

（5）管理技术创新。包括管理信息系统、战略信息系统、决策支持系统、计算机系统等。

二、创新的原则

（一）创新与维持相协调的原则

作为管理的基本职能，创新与维持对组织的存在是非常重要的。

维持是保证组织活动顺利进行的基本手段，也是管理者特别是中层和基层管理者大部分时间所从事的工作。没有维持，计划就无法落实，工作就有可能偏离计划的要求，组织各部门就会各行其是，容易出现混乱的状况。但是，组织的外部环境和内部环境是不断变化发展的，组织内部环境的某个变化会引起组织内部的连锁反应。组织需要进行及时调整，不然则会被变化的环境所淘汰。这种及时调整就是管理的创新职能。

（二）奖励创新、允许失败的原则

创新的特性决定了组织对创新应进行奖励，应积极鼓励员工进行创新，对有创新成果的，不仅在职称、职务上予以奖励，还要进行精神鼓励。例如，海尔用员工的名字来命名员工发明的工具。

创新的失败率是很高的，具有高风险性。允许失败是对员工积极性、创造性的保护和支持。

（三）统一性与灵活性相结合的原则

有组织的创新，必须要有统一明确的目标。没有统一的目标就会使创新活动失去方向，从而错失良机，导致失败。但是，创新本身是偶然的，不在既定的计划之内。因此，组织要具有灵活性，放松对员工的控制，使计划具有弹性，这样就有利于充分调动员工的积极性。

（四）开拓进取、求实稳健的原则

开拓进取是创新的本质要求，所谓开拓进取就是不断地向新的领域、新的高度进发。组织创新总是在现实基础上的创新，任何成功的创新都需要开拓进取的精神。求实稳健并非安于现状、墨守成规，而是面向社会、面向市场，从实际出发，实事求是，量力而行，这是创新成功和稳步发展的保证。

第二节　企业的技术创新和组织创新

一、企业的技术创新

技术创新是通过降低产品的成本使企业在市场上具有价格竞争优势。虽然技术

创新概念的提出至今已有 70 多年的时间，但尚未形成一个严格、统一的定义。这主要是因为技术创新是一个涉及面广泛，而又十分复杂的过程，需要从不同角度去研究和定义。大部分研究人员一般倾向于采用以下的定义：技术创新是一个从新产品或新工艺设想的产生到市场应用的完整过程，它包括新设想产生、研究、开发、商品化生产到推广等一系列的活动。这个定义比较全面地说明了技术创新的含义，即技术创新是一个科技、经济一体化的过程，强调了技术创新的最终目的是技术的商品化应用和新产品的市场成功。

技术创新源于企业内部和外部的各种不同机会和因素：①意外的成功或失败。②企业不协调。③过程改进的需要。④行业和市场结构的变化。⑤人口结构变化。⑥观念的改变。⑦新知识的产生。

（一）技术创新的类型

技术是通过一定的物质载体和利用这些载体的方法实现的，与企业生产相关的技术创新包括以下几个方面：

1. 材料创新。

材料是产品生产的物质基础，也是生产工艺和加工方法作用的对象。因此，在技术创新的各种类型中，材料创新是最为重要的。材料创新的内容有：①开辟新的材料来源。②开发廉价的普通材料。③改造材料的质量和性能，提高产品质量。随着科学的发展，人们利用新知识和新技术不断制造出各种合成材料，材料创新的内容也正逐渐地向合成材料的创造这一方向转移。

2. 设备创新。

设备就是生产的物质条件，即生产设备、储运设备和检验设备等。设备状况对企业生产力水平具有决定性意义。设备创新主要包括两方面内容：一是将先进的科学技术成果用于改造和革新原有的设备，以延长原有设备的寿命并提高其效能；二是用更先进、更经济的生产手段取代落后、过时的机器设备，使企业生产建立在更加先进的物质基础上。

3. 产品创新。

产品的市场占有率多少是一个企业在市场竞争中成败的主要标志。只有不断地进行产品创新，企业才能保持持久的竞争优势。产品创新主要包括两方面内容：一是研制开发新产品，利用新原理、新技术开发出一种全新的产品；二是对老产品进行改造，通过对老产品的结构、性能、材质等某一方面或几方面进行改进和提高。

4. 工艺创新。

工艺创新包括操作方法的改进和生产工艺的改革。操作方法是员工利用生产设备在具体的生产环节中对原材料、零部件或半成品加工的方法；生产工艺是劳动者利用劳动手段加工劳动对象的方法，即企业制造产品的总流程和方法，包括工艺过程、工艺配方和工艺参数等。

工艺创新既要根据新设备的要求，改变原材料、零部件或半成品的加工方法，也要在不改变现有设备的前提下，不断研究和改进操作技术和生产方法，使现有的设备得到充分的利用。工艺创新与设备创新是相互促进的，设备创新要求工艺方法进行相应的调整，而工艺的创新必然促进设备的改进和更新。

(二) 技术创新的战略选择

1. 创新基础的选择——在组织之中层次上组织创新。

●利用别人的创新成果对本企业的生产过程、工艺技术、产品设计等进行改造。

●利用新理论、新知识，对原有的生产工艺、作业方法、产品结构进行创新。

●基础理论的创新。

2. 创新对象的选择。

●产品创新。

●工艺和生产手段的创新。

3. 创新水平的选择——先发制人还是赶超他人的目标。

4. 创新方式的选择——利用自己的力量独家开发创新，与外部生产机构、科研机构联合共同开发。

二、企业的组织创新

组织创新是由组织存在和发展过程中内部因素和外部因素的变化所导致的。组织创新是指组织交易方式、手段或程序的变化。这种创新分为两类：①组织的增量式创新，指组织不改变原有结构，只是在交易方式、手段或程序上发生较小的变化。这种创新呈现出两种趋势：一是"变扁"，由金字塔形的结构趋于扁平化；二是"变活"，根据新的任务对组织结构进行调整，如我们前面所学的矩阵结构就是这种变化的趋势。②组织的彻底性创新，指组织的结构发生根本性变化，如 U 型组织、虚拟型组织和学习型组织。

三、学习型组织

(一) 学习型组织概念

1990 年，美国学者彼得·圣吉在《第五项修炼》一书中提出"学习型组织"这一管理观念。圣吉认为：在面临变迁剧烈的外在环境下，企业应建立学习型组织。组织应力求精简、扁平化、弹性响应、终身学习、不断自我组织再造，以维持竞争力。

学习型组织包括五项要素：

(1) 建立共同愿景 (Building Shared Vision)：愿景可以凝聚公司上下的意志

力，通过组织共识，大家努力的方向一致，个人也乐于奉献，为组织目标奋斗。

（2）团队学习（Team learning）：团队智慧应大于个人智慧的平均值，以作出正确的组织决策，通过集体思考和分析，找出个人弱点，强化团队向心力。

（3）改变心智模式（Improve Mental Models）：组织的障碍多来自于个人的旧思维，例如固执己见、本位主义，唯有通过团队学习，才能改变心智模式，有所创新。

（4）自我超越（Personal Mastery）：个人有意愿投入工作，专精工作技巧，个人与愿景之间有种"创造性的张力"，这是自我超越的来源。

（5）系统思考（System Thinking）：应通过信息搜集，掌握事件的全貌，培养综观全局的思考能力，看清楚问题的本质，有助于清楚了解因果关系。

企业如果能够顺利导入学习型组织，不仅能够得到更高的组织绩效，更能够带动组织的生命力。

（二）理想学习型组织的基本特征

（1）组织中每一个人都有强烈的学习欲望和学习能力。

（2）学习渗透到组织的每一个层次，人人参与学习讨论和管理决策。

（3）组织内部具有和谐的工作环境、高效通畅的信息沟通、富有成效的协调、生机勃勃的工作团队。

（4）组织中每一个成员都有自我发展的机会，且每个人的发展目标都和组织的整体目标相吻合。

（5）组织具有高度的柔性，适应能力强，能不断调整、更新和改造自我，主动适应环境变化。

（6）学习型组织表现出强大的能力和组织业绩的蒸蒸日上。

（三）学习型组织是新经济下组织创新的必然趋势

（1）工作和学习融为一体，企业既是工作组织又是学习组织，工作（运用知识）和学习（获得知识和创造知识）密不可分。

（2）经济全球化使企业面临前所未有的竞争挑战。

（3）环境变化的迅速、复杂和飘摇不定给企业造成巨大的压力。

案例分析：

得利斯集团总裁郑和平酷爱读书，每每看到精彩的文章，总要推荐给员工。一次，某杂志"名牌列传"专栏刊载的一篇文章《"同仁"最是真》引起他的共鸣。郑总一连在十五处文字下画了着重号，这些内容集中反映在：做精品要严格规范、精益求精；做事要兢兢业业、埋头苦干；做人要认认真真、实实在在……郑总认为，同仁堂造药、得利斯造食品都是吃的东西，是关系到人身体健康的东西，两者具有很多相似之处。郑总将这篇文章向全体员工推荐，他希望这篇文章对全体员工有所启示。

案例思考：

1. 你对总裁推荐这篇文章的做法是否赞成？
2. 构建学习型组织对企业的领导者提出了什么要求？
3. 学习型组织中员工的角色发生了什么样的变化？

第三节　创新过程

一、创新的基本阶段

（一）寻找机会

创新是对原有秩序的否定和超越。之所以要否定原有秩序，是因为这种秩序与组织产生不协调现象。这种不协调对组织的发展产生某种不利的威胁。创新活动正是从发现和利用这些不协调的现象开始的。

旧秩序中的不协调既可存在于系统的内部，也可产生于对系统有影响的外部。就系统的外部说，有可能成为创新契机的变化主要有：

（1）人口的变化，能影响劳动力市场的供给和销售市场的需求。

（2）技术的变化，能影响企业生产资源的获取、生产设备和产品的技术水平。

（3）宏观经济环境的变化，迅速增长的经济背景可能给企业带来不断扩大的市场，而整个国民经济的萧条则可能降低企业产品需求者的购买能力。

（4）文化与价值观念的转变，从而可能改变消费者的消费偏好或劳动者对工作及其报酬的态度。

就系统的内部来说，引发创新的不协调现象的变化主要有：

（1）生产经营中的瓶颈，可能影响劳动生产率的提高或劳动积极性的发挥，因而始终困扰着企业的管理人员。

（2）企业意外的成功和失败，如副产品的利润贡献出人意料地超过了企业的主营产品，老产品经过精心改造后并未取得预期的效果。这些意外的成功或失败，使企业从原先的思维模式中走出来，成为企业创新的一个重要源泉。

（二）提出构想

敏锐地观察到了不协调现象产生之后，还要通过现象分析其原因，并据此预测不协调的未来变化趋势，估计它们可能给组织带来的积极或消极后果，并在此基础上，努力利用机会或将威胁转换为机会，采用德尔菲法、头脑风暴法等多种方法解决问题，消除不协调，使系统在更高层次实现平衡的创新构想。

（三）迅速行动

创新成功的秘密主要在于迅速行动。不管提出的构想是否完善，只有将这种构想立即付诸行动才有意义。如果一味追求完美，减少受讥讽、被攻击的机会，就可能坐失良机，把创新的机会白白地送给自己的竞争对手。20世纪70年代，施乐公司为了把产品搞得十全十美，在罗彻斯特建造了一座全由工商管理硕士占用的29层高楼。这些硕士们在大楼里对第一件可能开发的产品设计了拥有数百个变量的模型，编写了一份又一份的市场调查报告……然而，当这些人还在分析研究的时候，竞争者已把施乐公司的市场抢走了50%。创新的构想只有在不断的尝试中才能逐渐完善，企业只有迅速地行动才能有效地利用不协调提供的机会。

（四）坚持不懈

构想经过尝试才能成熟，而尝试是有风险的，不可以"一击就中"的。创新的过程是不断尝试、不断失败、不断提高的过程。因此，创新者在开始行动以后，要想取得最终的成功，就必须坚定不移地继续下去，绝不能半途而废，否则就会前功尽弃。

二、创新过程和创造性思维

（一）创新活动的组织

（1）正确理解和扮演管理者的角色。

（2）创造促进创新的组织氛围和条件。

（3）制订有弹性的计划。

（4）正确对待失败。

（5）建立正确合理的评价奖酬体系。

（二）创造性思维

1. 创造性思维的概念。创造性思维是以创造性思维素质为基础，以新颖性、开拓新的未来实践为内容，以综合性的思维形式为手段，以探索发掘他人、前人没有发现和提出的思维成果为主要目的的思维过程。通过这种思维不仅能揭示客观事物的本质及其内部联系，而且能在此基础上产生新颖的、独创的、有社会意义的思维成果。它是人类思维的高级过程，是人类意识发展水平的标志。所以，训练良好的思维能力，特别是创造性思维能力，意义颇大。

2. 创造性思维的基本特征。

（1）广阔性。思维的广阔性是指创造性思维极少受原有框框的束缚，能够全面、系统、周密地思考问题，把思路引向比较广阔的领域，在时空中大幅度地搜索"答案"或目标。这种思考的广阔性打破了常规性思维那种"自我"封闭、囿于原有经验的狭小领域，可以从众多的领域中吸取有价值的信息，或从同一来源中产生各式各样的构想。

（2）灵活性。思维的灵活性是指创造性思维不受方向上的限制，能够灵活变换思路，善于将思维的角度回转、跳跃，不断把思路从一个方向转移到另一个方向。在解决问题时随机应变、不拘一格，经常变换思考角度，用多种思维方式"进攻"目标。逆向思维与发散思维比较典型地反映了创造性思维的这种灵活性。灵活在于思维角度不确定，思维模式不单一。

（3）洞察性。思维的洞察性是指创造性思维能有效及时地把握和领悟事物的本质，以小见大，敏锐地捕捉有价值的任何信息。许多科学家和发明家之所以取得众多的科学和发明成果，在很大程度上是得益于他们比常人具有更强的洞察力。世上很多事物在平常人看来都是司空见惯的，而在他们眼里，却通过表面现象中的细枝末节，认识和掌握它的重要所在。每个人在这方面表现出的能力是大不相同的，但这不等于洞察能力只赋予少数人。只要注意培养和训练，留心事物的发展变化，任何人都可以提高这方面的能力。

（4）坚定性。思维的坚定性是指创造性思维对事物的本质有着深刻的理解，思维不会受偶然因素和权威的影响而犹豫和动摇，能在逆境下坚持独立、冷静地思考。这方面的思维特性在很大程度上取决于发明创造者的个性和毅力。许多的科学家和发明家都具有这方面的品质，这也是他们成功的一项基本素质。无论是进行科学探索，还是从事发明创造，思维的坚定性都是必不可少的。

（5）批判性。思维的批判性是指创造性思维在认识事物和领悟某些权威观点时采取慎重的态度，不盲从，不随波逐流，敢于打破"常规"，勇于探索。在科学史上无论是科学发现，还是科技发明，总是新的事物取代旧的事物，旧的理论让位给新的理论。所谓创造性思维，就是具有批判意识，破除不合时宜的一切东西，不断地发展和创新。这种批判意识是建立在以客观事实和严密的理性基石上的，而不是盲从的、无根据的。

3. 创造性思维的素质。

- 知识：丰富的知识和优化的知识结构是创造性思维必备的素质之一。
- 能力：这是创造性思维素质的核心。
- 个性：创新者的个性对于创造性思维有着很大的影响作用。

（三）创造性思维的程序和方法

1. 程序。

● 发现问题和广泛收集材料，这是创造性思维的出发点。要创新，就要有激发创新的动因。动因产生于对面临问题和发展机遇的知觉。管理者只有觉察到问题和机遇的存在，形成对问题的强烈不满，产生抓住机遇、解决问题的强烈愿望，才会激发创造性思维。

● 冥思苦想、深思熟虑，对材料进行思维加工。这个阶段需要绞尽脑汁、艰苦思索，它是创造性思维的关键。

● 豁然顿悟和调整成熟。经过冥思苦想和修整待发以后，一旦遇到某些事物的刺激，就会在脑子里产生一系列联想，前一段已经建立起来的零星的、间断的、短暂的联想就会一通百通、大放光明，新的设想、意想不到的方案突然涌现。

2. 方法。

● 怀疑：这是创造性思维的手段，目的是为了否定现存而创新，怀疑是创造性思维的出发点和契机。

● 联想：这是由此及彼、有此思彼的思维方法，即在思维中将有差异甚至相差很大的事物连接起来，设想它们之间的联系，由此产生新的思想、理论或形象。

● 灵感：它是在脑海中冒出来的某种创造性设想，灵感具有突发性、偶然性和跳跃性等特点。

案例分析：

小天鹅的"末日管理"

无锡小天鹅公司是一个以国有资本为主体的股份制企业。几年来，公司在企业内部推行"末日管理"，以建立全球性"横向比较"的信息体系为手段，以全员化、立体化、规范化的营销管理体系为支柱，以强有力的人才开发机制为保证，从追求卓越到追求完善，危机意识已成为全体小天鹅人的共同意识。

（1）竞争就是争取消费者。小天鹅运用特殊的比较法参与竞争，将传统的"纵比"改为"横比"，比出了"危机"：其一，与国际名牌比，找出与世界水平的差距，争创国际品牌；其二，与国内同行比，学习兄弟企业的长处，保持国内领先；其三，与市场的需求比，目光紧紧瞄准用户，把握市场命脉；其四，以己之短比人之长，努力避免骄傲自满，要警钟长鸣。

（2）参与竞争就是提高市场占有率。市场占有率既是企业成功的条件，又是企业成功的标志，占有了市场就是争取了消费者。小天鹅认为，企业生产的不仅仅是产品，还是质量和信誉，是广大消费者给我们发了工资和奖金。今天的小天鹅不仅完成了这个观念上的转变，而且已经实现按订单生产，成为"无仓库企业"。小天鹅又提出了"365天运行才是真正经营"的经营理念，实行双班制生产，推行24小时热线服务，进一步提高小天鹅的市场应变能力和效率，确保了市场占有率。

（3）建立面对市场的全员化、立体化、规范化的营销管理体系。全员化就是多让职工参与营销。立体化就是企业内部在生产、科技、营销、人事等方面发扬团队精神，参与市场竞争。规范化就是把行之有效的营销方式制度化，这包括：①小天鹅的企业精神："为国贡献，团结拼搏，进取敬业，全心服务，文明礼貌。" ②小天鹅的规范管理：人事管理推行《职工就业规则》，对职工的权利和义务都进行了详尽而明确的规定；财务管理实行"裁决顺序和签字原则"，明确总经理、副总经理和部长的权限，对公司日常事项的决定进行了详细的规定。③实行成品零库存制度，如果产品三天卖不掉，宁可停产。

（4）注重服务。小天鹅在服务上推出了"金奖产品信誉卡"的承诺，将服务监督权交给用户，把服务公约公布于众，坚持做到"一二三四五"的特色服务，即"上门服务带一双鞋，进门两句话，带好三块布（一块修机布，一块垫机布，一块擦机布），做到四不准（不准抽用户的烟，不准喝水，不准乱收费，不准拿用户礼品），五年保修，随叫随到，如有违反甘愿受罚"，并为用户办理了责任保险；坚持"名品进名店"，与全国经联会、贸联会、新联会、华联和交电系统的一百多家商界台柱子商场建立友好的业务往来。

（5）实施名牌战略，扩大经济规模，提高竞争力。经营只是今天，创新才是明天。随着市场经济的深入，"末日管理"又有了新的拓展，推行战略联盟，壮大销售同盟军，也壮大了小天鹅自己。为实现自己的"旭日目标"，小天鹅的做法是：①与同行联盟。小天鹅只有波轮全自动洗衣机，没有滚筒洗衣机，也没有双缸洗衣机。从这点看，小天鹅要抢占市场份额，确有难度。而上海惠尔浦、长春罗兰、宁波新乐有设备、有产品也乐于接受定牌，扩大生产量。小天鹅紧紧抓住这个机遇，与它们成功地进行战略联盟，达到了双赢。②与相关产品联盟。洗衣机和洗衣粉密切相关，小天鹅与广州宝洁公司建立了伙伴式的营销联盟。宝洁公司在它们生产的"碧浪"洗衣粉包装袋上印上了"一流产品推荐"的字样，并标明了小天鹅的商标。小天鹅公司在销售产品时也为宝洁公司分发碧浪洗衣粉的试用样品。③与国外大公司联盟。小天鹅公司与德国西门子公司双方投资，组建了博西威家电有限公司，生产滚筒洗衣机，又与松下公司合资生产绿色冰箱，与摩托罗拉、NEC分别结盟成立实验室，使小天鹅的产品始终与世界先进技术保持同步。

案例思考：

1. 管理的创新职能在这个案例中体现在什么地方？
2. 小天鹅 "末日管理" 的最大特点是什么？

练习题：

1. 什么是创新？创新有哪些特点？
2. 什么是管理创新？管理创新的内容有哪些？
3. 导致技术创新的因素有哪些？技术创新包括哪些内容？
4. 如何培养创新性思维？

附录：综合案例分析

巨人集团的兴衰——史玉柱访谈录

1996 年年底，声名显赫的巨人集团陷入财务危机，巨人大厦被迫停工，生物工程由盛及衰，负债结构中出现恶性债务，讨债者蜂拥上门，集团资金周转不灵，最后酿成风波。

有人说，史玉柱运气不好，盖巨人大厦恰好碰上中国加强宏观调控，银行紧缩，地产降温。此外，施工中打地基又碰上断裂带，珠海两次发大水又将地基全淹。开发保健品，恰好撞上全国整顿保健品市场，保健品降温。其实，这些客观因素不是致命的。

从主观因素上笼统分析，史玉柱承认两点：一是决策失误，摊子铺得太大；二是管理不善，经营失控。如果从个人因素上刨根问底，史玉柱也承认对宏观形势估计不足，巨人集团一帆风顺使他过于自信，头脑发热。

然而，当你在史玉柱 300 平方米的办公室里，沉浸于那窗帘低垂近乎灰暗的氛围里，关起门来与他聊上 3 天，你会发现，抽象的结论变得非常具体，概括性的总结变得无足轻重，而许多的偶然因素反倒影响着史玉柱的决策，史玉柱有一堆困惑，而这些困惑也不是他能解释的。

当史玉柱流露出他的困惑，我们也许会感到，巨人的危机实际上是整个民营经济的危机，正如史玉柱所言："我只是先行一步触礁。"

我们一直认为，困扰国有企业的主要因素之一是产权不清，而巨人集团是典型的民营企业，史玉柱控股 90% 以上，他辛辛苦苦创下一份产业，可又在他的手里付之东流，问题到底出在哪里呢？

许多民营企业主可能都意识到同样的问题：在创下一份产业后，驾驭和管理这份产业是复杂而微妙的事情，绝非轻而易举。

记者：你什么时候着手巨人大厦？预计投资多少？当时巨人集团的资产是多少？可用于巨人大厦的资金是多少？

史玉柱：我们1992年决定盖巨人大厦的时候，曾经打算盖18层，但这个想法一闪而过，出来的方案是38层，当时巨人集团的资产规模已经有1个亿了，流动资金约有几百万元，我们计划盖38层的本意是大多数自用，剩下一小部分租出去，并没想去进军房地产业，因此楼层面积设计也不是很大。后来，设计方案一改再改，从38层蹦到70层。

记者：巨人大厦的设计从38层怎么变成70层，最初的自用为何变成房地产开发？这是巨人集团投资方向的一个重大转折，是什么因素影响你的决策？这一改动投资预算增加多少？

史玉柱：38层的想法出来不久，1992年下半年，一位领导来我们公司参观，看到这座楼位置非常好，就建议把楼盖得高一点，由自用转到开发地产上。于是，我们把设计改到54层。后来，很快又把设计改到64层，此中因素有两个：一是设计单位说54层和64层对下面基础影响都不大；二是我们也想为珠海市争光，盖一座标志性大厦，当时广州想盖全国最高的楼，定在63层，我们要超过它。1994年年初，又一位领导来珠海视察，同时要参观巨人集团，我们大家觉得64层有点犯忌讳，集团几个负责人就一起研究提到70层，打电话向香港的设计单位咨询，对方告之技术上可行，所以就定在70层。

如果盖38层，工程预算大致为2亿元，工期两年，后来改为70层，预算增加到12亿元，大约6年完工，我们做这一系列决策时，正赶上全国房地产热，全国在发烧，我们也昏了头。

记者：你最初准备建38层，需投资2亿元，而巨人集团当时可用于大厦建设的资金只有几百万元，你打算如何筹措？

史玉柱：1992年，中国经济走上快车道，宏观调控也没开始，房地产形势特别好。虽然手中只有几百万流动资金，但在1993年时巨人M-6403汉卡在市场上卖得非常好，销售额比上年增长300%，如果一年回报四五千万，资金是不成问题的，两年就是1个亿。另外1个亿资金靠卖点楼花也能筹到，房地产正热嘛。此外，施工过程中很多款可以等完工之后再付，这样就有资金使用周期的空当，实际建设中用不了2个亿，今天看来，38层的方案我们是能承担的。

记者：当你将巨人大厦更改为70层时，投资已增至12亿元，你又将如何安排资金？

史玉柱：大厦全部投资是12个亿，但实际操作上我们略改了设计，用不着掏那么多，因为巨人大厦是写字楼，不用装修，由租楼或买楼者按自己的风格装修。装修在建筑里面比重是相当大的，除掉这块只需要7个亿资金就够了。当时的想法是，这7个亿我们自筹1/3，卖楼花筹划1/3，剩下1/3向银行贷款。虽然动用自有资金这一块，从1个亿涨到2亿多，但因盖70层工期也延长3年，而且当时生物工程起势正火，这点儿资金不难。

记者：大厦动工后，你实际筹措到多少资金？

史玉柱：大厦动工后，总共筹了2亿元资金，其中我们自己投入6000万元。银行方面我们没贷一分钱，很大一部分靠卖楼花。巨人大厦的楼花在香港卖得相当火，一平方米一万多港元，我们拿到8000万港元，另外还有5000万港元要到交楼的时候才能拿到，在8000万里实际能有6000万，给了香港代销的律师楼和代理商2000万港元，国内我们卖楼花筹到4000万元，楼花上总共拿了1.2个亿。

在香港卖的楼花很规范，不退款的。在国内签订楼花买卖契约规定，三年内大楼一期工程（盖20层）完工后履约，如果未能如期完工，退定金并给予经济补偿，三年的合同期限是从1994年年初到1996年年底。

记者：巨人大厦变为70层后，成为珠海市标志性建筑，你得到当地政府哪些支持？

史玉柱：首先，是地皮上的优惠。我们在地价上只花了1500万元，等售楼后再补交。巨人大厦原本地价是每平方米1600元，政府将地价降为每平方米700元，最后大厦5万平方米地皮是按每平方米350元收的。这一项政府就优惠了6000万~7000万元。其次，巨人大厦最初主项是自用，后来改为房地产开发，在报批和成立房地产公司时，有关部门也是一路绿灯，很顺利。

记者：按房地产业的常识来讲，没有银行支持是不可能做成的。据我了解，在巨人大厦动工那年，你被评为"中国改革十大风云人物"，而且中央领导也频频到巨人集团视察，你也名声大振，这些条件使你从银行贷款并不难。何况，你在资金筹措计划中，原打算有1/3从银行贷款，为何没有实施？

史玉柱：我们在计划盖巨人大厦的时候是想过要贷款，只不过后来没有贷。1993年下半年，正当我们想在这方面做些工作时，宏观调控开始了。

刚开始，我们倒不觉得贷款很迫切，因为前期卖楼花的形势不错，没有为资金担心，觉得没有银行贷款问题也不是很大。1994年下半年，宏观调控影响加深，对香港地区也产生了作用，这时卖楼花也不行了，就把楼花全部停掉。

不过，1994年年底到1995年上半年，巨人集团效益非常好，我们因此没感觉到需要找银行借钱。1995年上半年是巨人最辉煌的时期，每个月账上这笔钱还没用完，上千万的钱又来了，我印象最深的是，一次在青岛开会，我把一个分公司经理批评了一顿，因为他一个星期只上交了800万元，而这个分公司一般一星期汇来的钱至少在1000万元以上，多时到2000万元。这种形势使我们认为就用自有资金盖楼，应该没有什么问题。

记者：据报道，巨人大厦建设资金的枯竭，导致巨人集团全面财务危机，是什么直接诱因形成这一恶果，施工中的问题还是资金安排上的问题？

史玉柱：两方面都有。在施工中我们碰到断裂带，如果当初决定盖38层也会碰到，但只需加进岩层10米就行，实施70层方案后，要打进岩层30米。加上运气不好，两次发大水把地基全淹了。结果不仅资金预算增加，更重要的是拖长了工期。

巨人大厦几次加高，费用跟着大量增加，计划盖64层的时候，我们在地基上的预算是6000万元，可等70层楼的地基打完，整个投进去1个亿。当卖楼花的钱用完后，我就从生物工程方面抽调资金，由于抽调过度，导致这一新兴产业过度贫血，生物工程出现萎缩，提供的资金越来越少，几近枯竭。

1996年6月以后，我们迫切感到需要向银行贷款。在这之前，大楼从来没有因为资金问题停过一天工。但这时候我们开始预感再往后发展，单靠自己的资金力量肯定耗不起。到了10月份，这种感觉非常强烈了。

但这次巨人集团的财务危机真正的导火索是卖给国内的那4000万元楼花。按合同上讲，大厦施工三年盖到20层，1996年年底兑现。可由于施工拖期，没有完工，当债主上门后，我至少要4000万元本金。到目前为止，我已经咬牙退了1000万元，那3000万元因财务状况已经不良，无法退赔，结果债主天天上门催讨。

记者：到1996年下半年，你才意识到银行贷款的紧迫性，为时已晚。从宏观上看，货币从紧政策已影响至深，各处钱都紧。从微观操作上，"临时抱佛脚"根本来不及。一头自有资金断线，一头贷款没有着落，两头一逼财务危机自然产生。

史玉柱：巨人大厦实际上最难的已经做完了，工作量都在地底下，如果能有贷款，巨人的情况也不会这么严重。但巨人集团还有一个很大缺点，以前没和银行打过交道，除了存点儿钱或资金走账之外，与银行基本没有信贷关系，巨人这回是第一次想大量贷款。因为原来很少主动找银行，这次突然去建立这种关系，而且所需贷款不是一个小数目，难度很大。我本人最不擅长的就是搞公关，不喜欢往外跑，常常吃饭睡觉就在办公室里，一个星期不下楼。可像贷款这种事还非我本人去，不去还不行，硬着头皮去跟陌生人讨贷款，效果可想而知。

记者：在1993年时，你只有几百万资金就想盖38层大厦，已经令人瞠目结舌。而你又把38层一下变成70层，使资金预算猛增到12亿元，真可谓气吞山河。更让人吃惊的是，资金需求如此巨大，大厦一期工程中，竟把银行搁置一边，靠自己的力量干，虽然现在意识到必须贷款，可你的资金缺口还有三四个亿，银行能贷给巨人集团吗？

史玉柱：不仅常人想不到，人民银行总行也想不到巨人大厦没有贷款。在传闻巨人破产后，银行马上派了一个工作组到珠海检查，看银行损失了多少钱，给银行造成损失的根源是什么？是哪个银行做的？工作组来了之后真不敢相信，我们没向银行贷一分钱。

危机出现后，我们四处求贷，总算有一家银行答应贷1000万元，但要求把已经投了1.7个亿的整座巨人大厦全作抵押。后来，1000万元的贷款也没有全部兑现，只给350万元的3个月短期贷款。价值至少2个亿的巨人大厦抵押出去，只贷到这么点钱，而且所有相关的法律文件全让人家拿走了，我再也不能拿巨人大厦作抵押了。可不这样又能怎么办？病急乱投医，迫不得已呀！

记者：你为什么会涉足生物工程这个新兴领域？是什么因素影响了你的决策？当你一步跨入后，采取什么战略拓展市场？

史玉柱：1992年时，我便萌生进军生物工程的念头，当时只是朦胧意识到生物工程是一个利润很高的产业。1993年下半年，王安电脑公司破产对我影响很大，感到巨人集团也迫切需要新的产业支柱。出于这两方面考虑，我就决定跨入生物工程领域。开始找项目时，有一位在美国定居的同学，手上有"脑黄金"的技术。这种产品在美国已经卖得比较好了，我就高薪聘请他过来，帮助设计"脑黄金"项目。1994年8月，在我把"脑黄金"投入市场的时候，实际上已开发出10余个产品了，完全能形成一个保健产品系列。

我最初做电脑生意时，采取的营销战略是广告开路。开发启动生物工程也采取同样的思路：搞一个项目，开发出产品，然后打广告做销售，等有了回报接着再做下一个项目。1993年，集团注册成立了康元公司。

集团给康元公司投资300万元，让它启动"脑黄金"，结果一炮打响，效益显著。那时巨人的声誉很好，生产厂家只要有定金，三五个月甚至一年以后付款都行，所以生产上和资金上都没遇到什么问题。巨人只花1000万元，就开发出系列产品，生物工程全面启动。

记者：初战告捷是否坚定了你的信心，然后大举杀入生物工程，短短两年使巨人在这一新兴领域迅速膨胀？

史玉柱："脑黄金"的成功，效果完全出乎意料，于是在1995年年初，我提出发动"三大战役"。这一年集团在生物工程上投入广告费增到1个亿，一下子向市场推出12种产品。这样一来，巨人进入保健品市场不到半年就达到鼎盛。

在生物工程急剧膨胀的同时，我也发现保健品与电脑软件在营销上的差别。前者要直接面对每个消费者，后者只需与中间商接洽。因此，建立全国的直接的营销网络迫在眉睫。我立刻在全国设立了八个营销中心，号称"八大军区"，下辖各地180个营销公司，营销队伍迅速壮大。我还一下子把上千名学员集中到总部学营销，颇为壮观。

记者：在生物工程领域如此膨胀，确实显现出你当时的雄心和魄力。但在一个陌生领域如此快速推进，一般会因准备不足，带来很多隐患，你的切身感觉如何？

史玉柱："脑黄金"是投石问路，没想到一下子成功了。在大规模推出系列产品后，初期效益也特别好，就掩盖了很多问题和矛盾。其实，我们对这个新市场是不甚明白的，不了解这个领域的消费者，尤其是对这个领域的资金运作和营销策略以及队伍管理都不熟悉。

全国营销网络铺开之后，如何管理这个庞大网络的问题逐渐突出。我每个月开一次全国分公司经理会议，听取各方面汇报。另外，每年巡视两遍下属的180多个子公司，一趟差不多个把月。这时，我渐渐感到自己难以管理这么多企业，开始有意识地尝试放权。我把康元公司的领导班子搭好后，就撒手让他们干，可实际结果比我预想得还糟，两年间换了四五任经理，每一次都得我来收拾烂摊子。

也许是受我头脑发热的影响，康元公司的领导当时也跟着发热。在根本没摸清市场的情况下，一下生产了价值上亿元的新产品，而且成本控制相当不好。结果产品大量积压，原本康元公司的起势很好，但产品积压使这个公司喘不过气来。加上财务管理混乱，债权债务搞不清，日常管理又松懈，浪费严重，逐渐地债台高筑，现在累计债务达1个亿，扣除债权剩5000万元左右的债务。康元公司的亏损，明显暴露出巨人集团管理人才的准备不足，管理不善是我们的一个致命内伤。

记者：在集团整体财务运作上，生物工程为巨人大厦提供了大量资金。可以说，生物工程是支撑巨人大厦建设的最主要的产业支柱。按理讲，开拓一个新兴市场需要大资本支持，而你非但不给生物工程源源不断输血，反倒大量抽血，由此带来的后果是什么？

史玉柱：1995年上半年，生物工程这边形势还不错，到了下半年就开始衰气渐显，但由于对大厦考虑过重，我仍未停止抽血。大厦从开工到1996年6月，我没因为资金问题让大厦停过一次工，主要是靠生物工程提供的6000万元资金，到1996年下半年，因为我过量抽血，一下子把生物工程搞得半死不活，这一新兴产业逐渐萎缩，到后来，生物工程不能造血，整个巨人集团的流动资金也因此枯竭。

记者：从巨人集团的整体财务运作上，你最初想形成资产运作的一种良性机制。先用巨人大厦这个项目融资，然后撑起生物工程，再用其利润反哺巨人大厦。但你实际的运作走入一个怪圈，以致形成全面危机。

史玉柱：最初的财务运作是良性循环的，但由于摊子铺得太大，又未赢得银行支持，结果巨人大厦和生物工程两个很好的项目，都因资金问题捉襟见肘。如果前两年在财务运作上好一点，在管理上减少一些浪费，我们不致陷入如此深重的危机，起码有喘息的机会。

在生物工程上，暴露出巨人集团的管理机制不行了，这是巨人的要害。康元公司虽屡换经理，可效益一直上不去。后来我们分析康元的债务，发现它有很多债务是不属实的，其中相当一部分是虚的。事后搞清楚了，当事人是先和外面的企业签了个合同，拿了一笔回扣就走了。而时过境迁，我也没办法追查了。

现在想起来，进入生物工程领域时我并没有一个全盘考虑，也没有成熟的计划。一两个产品的成功，让我们头脑发热，全面推进的节奏太快，显得管理人才准备不足。另外，因为巨人大厦从生物工程上抽取资金使产业萎缩，这又反映出我们财务运作上的问题。

虽然"脑黄金"等产品在市场上赢得很大的成功，但从电脑到保健品这个惊险的一跃，注定要失败的，只是个时间问题。一个企业在拓展新产业时，一般是做自己最熟悉的，我恰恰违反了这个原则。我们摸索两年后，付出了上亿元的学费才明白这点。我有时会冒出一个怪念头，如果我们投石问路做"脑黄金"时，没有一下蹿红，没有那么一帆风顺，也许就好了，那么只需付几百万元学费。人人渴望一夜成功，实际上历经磨难的成功才最稳定，一两个机遇的成功很飘浮不定。

记者：现在社会上有一种说法，巨人集团可能破产，你如何认为？

史玉柱：巨人集团不可能破产。从资产负债状况看，还没有到资不抵债的地步，巨人现在拥有的资产规模是 5 个亿。而从债务结构看，香港卖楼花得款 8000 万元，但这是良性债务，因为香港的楼花不能退楼；国内卖楼花 4000 万元，已还 1000 万元，还剩 3000 万元，这是恶性债务，因为卖楼花合同到期未能兑现，至少应退人家本金。也就是说，我的恶性债务也就 3000 万元，巨人集团哪能因为这笔钱而破产呢？

从政治上考虑，巨人集团也不能破产。从我本意上讲，眼看香港回归和十五大召开，社会需要稳定，我千方百计也不能让巨人倒了，大厦有香港同胞 8000 万元的楼花，我不能给政府抹黑呀！

记者：一些新闻媒体说，你准备将巨人大厦忍痛割爱，利用资产重组或扩股的方式，度过财务危机。那么你目前的进展如何，摆脱财务全面危机的曙光在哪里？

史玉柱：由于巨人大厦和生物工程的财务运作搅在一起，结果两败俱伤，累及整个集团。我现在将其断开，分而治之。巨人大厦靠我自己的财力已无法支撑下去，必须扩股融资，然后进行企业重组。我打算，先将巨人大厦与茂人集团断开，再把巨人大厦改造成股份有限公司。巨人大厦如果 70 层全部盖完，尚需三四亿元资金。如果只完成一期工程盖到 20 层，只需 5000 万元资金就够。因此，我提出两个计划：一是由收购方一揽子解决，包括还国内买楼花者的 3000 万元退款，加上完成一期工程所需资金 5000 万元，总计 8000 万元，作为交换条件我决定出让 80%的股份；二是如果收购方只出资 5000 万~6000 万元，我可以出让过半股份。

生物工程方面的危机目前已基本度过。在保健品上，"脑黄金"和"巨不肥"等三四个产品市场销量一直很好，但这些市场看好的产品缺乏广告促销费用，以至于出现萎缩。现在，我与广东一家公司组建一家营销公司，对方出资 3000 万元，占公司股份 50%，我占 50%股份，公司由我代管。眼下资金已到位，4 月将全面启动广告宣传。生物工程还有一个包袱，就是康元公司，它现在债务近1亿元，债权5000多万元，自有资产也有5000万元。我决定按法律进入破产程序，甩掉这个累赘。这几步棋一走，生物工程便可轻装上阵，满盘皆活。

记者：你在巨人大厦上已投入1.6亿元资金，加上政府当年在地价上优惠的6000万至7000万元，至少巨人大厦值2.5亿元左右。而你以8000万元甚至6000万元的代价，便出让控股权，岂不可惜？有没有更好的办法？

史玉柱：我请人按现在实际价值对巨人大厦进行了评估，它值3个亿，除了我的投入，还有地皮和已盖起的3层楼的增值，但我现在万般无奈，不得已而为之。巨人集团摊子铺得太大，我也想收缩战线，今后主攻生物工程，没有多大财力顾及巨人大厦，而找一个新的投资伙伴，把巨人大厦做起来，既可了却心愿，也无后顾之忧。

说实话，出让巨人大厦，我是心如刀绞。实际上，大厦只需1000万元资金就可动起来，化解诸多矛盾。现在讨债的兵临城下，而大厦又停工，人们怎能不慌，看不到希望呀！如果有1000万元资金，让大厦开工，一层一层往上盖，人心自然安定，支撑几个月，生物工程启动后，留足滚动发展资金，利润仍可观，再投入大厦建设，从电脑软件方面再拆借点钱完成一期工程没有问题。待20层盖完，我不仅兑现合同，再多拿出一些楼面补偿买楼花者，危机自然化解，目前就是资金周转不灵，卡在这个坎上了。

记者：按照你的说法，你现在就需要1000万元资金，以解燃眉之急，生物工程的财务危机已基本化解，你也决定对巨人大厦进行资产重组，甚至由别人控股。只是这场重组需要时间，而各种矛盾又汇聚眼前，一触即发，不容你喘口气。所以迫切需要这1000万元资金，让大厦继续动工，缓解矛盾冲突，而眼下就苦于这笔钱没着落。如果我们把这个症结想得更广泛一点，像你这个拥有5亿元资产的集团，竟被1000万元压得喘不过气来，是否说明中国的资本市场尚不发达，对于民营企业来说，融资渠道更为狭窄？

史玉柱：什么叫一分钱难倒英雄汉，这就是。巨人集团发展到现在，资产规模滚到5个亿，区区1000万元的小数目根本不算什么，可眼下这一关就是过不去。去年年底，我拿巨人大厦这么大资产去抵押贷款1000万元，够委屈的。可新闻媒体一曝光，说巨人大厦要破产，弄得银行也不敢贷款了，许多经销我们产品的公司，不是不付款，就是撕毁订货合同，断了资金补给线，把我逼上梁山。

记者：当初巨人集团在调整产业结构时，各级领导都表示赞赏，并鼓励你们"不要受条条框框限制，要大胆试验"，还说"失败了也不要紧"。那么今天你遇到危机，政府方面有什么姿态？政府有没有托管的可能？

史玉柱：巨人集团遇到重大困难后，珠海市委市政府高度重视，并几次约我去汇报，而且几次专门开会讨论巨人集团的问题。市领导也公开表态，要帮助巨人摆脱目前的危机，至于用什么办法和渠道帮助，我现在尚不能公开。我认为，尽管巨人集团是民营企业，但也离不开政府的支持。我不是要依赖政府，但我需要政府的帮助。

巨人大事记

一、史玉柱创业过程

1962 年，史玉柱出生于安徽怀远县城一个普通家庭，父亲是县公安局干警，母亲是一名工厂女工。

1982 年，史玉柱以全县第一的成绩考上浙江大学数学系。毕业后，他成为深圳大学知名学者杨纪珂的研究生。1989 年年初，史玉柱完成硕士论文答辩，从深圳大学软科学管理系研究生班毕业。同年 7 月，他辞去安徽统计局的工作，回到深圳开始创业。这时他身上仅有东挪西借的 4000 元钱和自己开发出来的 M-6401 桌面排版印刷系统。

1989 年 8 月，史玉柱和三个伙伴用仅有的 4000 元钱承包了天津大学深圳科技工贸发展公司电脑部。他觉得 M-6401 可以推向市场，在仅有 4000 元的情况下，史玉柱"赌"了一把，他利用《计算机世界》先打广告后付款的时间差，做了一个 8400 元的广告。广告打出后 13 天，8 月 15 日，史玉柱的银行账户第一次收到三笔汇款共 15820 元。巨人事业由此起步。

到 9 月下旬，收款数字升到 10 万元。史玉柱全部取出再次投入广告。四个月后，M-6401 的销售额一举突破百万元大关，奠定了巨人的创业基石。

1990 年 1 月，史玉柱再次把自己关进深圳大学的两间学生公寓里，整日整夜伏在电脑前，一星期只下一次楼买方便面。150 天后，史玉柱推出"M-6402 文字处理软件系列产品"，但当他满怀喜悦回到宝安大厦的家里时，家具不翼而飞，数月未曾见面的妻子不辞而别。不久后，妻子和他离婚了。1991 年 4 月，珠海巨人新技术公司注册成立，公司共 15 人，注册资金 200 万元，史玉柱任总经理。

8 月，史玉柱投资 80 万元，组织 10 多个专家开发出的 M-6403 汉卡上市。

11 月，公司员工增加到 30 人，M-6403 汉卡销量跃居全国同类产品之首，获纯利达 1000 万元。

1992 年 7 月，巨人公司实行战略转移，将管理机构和开发基地由深圳迁至珠海。

9 月，巨人公司升为珠海巨人高科技集团公司，注册资金 1.19 亿元，史玉柱任总裁,公司员工发展到 100 人。

12 月底,巨人集团主推的 M-6403 汉卡年销量 2.8 万套,销售产值 1.6 亿元,实现纯利 3500 万元,年发展速度为 500%。

1993 年 1~3 月,党和国家领导人杨尚昆、李鹏、田纪云、李铁映等先后视察巨人集团。李鹏总理题词:"青年科技人才是国家的希望。"这给巨人事业极大的鼓舞。

1 月,巨人集团在北京、深圳、上海、成都、西安、武汉、沈阳、香港成立了 8 家全资子公司,员工增至 190 人。

6 月 26 日,史玉柱获珠海市第二届科技进步特殊贡献奖,获得奖金 632620 元人民币,奥迪牌轿车一辆和 103 平方米住房一套。

8 月,巨人集团开发出 M-6405 排版系统、巨人财务软件等 13 个新产品,其中有巨人中文手写电脑、巨人中文笔记本电脑。

9 月,巨人集团总裁史玉柱当选为"广东省第三届十位优秀科技企业家"。

12 月,巨人集团发展到 290 人,在全国各地成立了 38 家全资子公司,集团在一年内推出中文手写电脑、中文笔记本电脑、巨人传真卡、巨人中文电子收款机、巨人钻石财务软件、巨人防病毒卡、巨人加密卡等产品。与此同时,巨人实现销售值 3.6 亿元,利税 4600 万元,巨人已成为中国极具实力的计算机企业。

1994 年 1 月,中国计算机界划时代的产品——巨人中文手写电脑投入全国市场,市场反应良好。

2 月 2 日,国务院总理李鹏第二次视察巨人集团,在巨人手写电脑上题写了"巨人集团在软件开发领域取得重大成果",并为"巨人科技大厦"题字。同时,高 70 层、投资十几亿元的巨人科技大厦破土动工。

3 月,巨人集团推行体制改革,史玉柱出任董事长,聘请原北大方正集团总裁楼滨龙教授任巨人集团总裁。

5 月,投资 5400 万元购买及装修的巨人总部大厦启用。集团总部进入新总部大楼办公。同月,史玉柱荣获珠海市首届企业"十大新闻人物"称号。巨人集团预计 1994 年产值达 8 亿元。

6 月 17 日,中共中央总书记、国家主席、中央军委主席江泽民视察巨人集团,在试写巨人中文手写电脑时,他说:"中国人就应该做巨人。"

当年,史玉柱当选"中国十大改革风云人物",达到他事业的顶峰。

1995 年 2 月 21 日,集团隆重召开表彰大会,对在巨人"脑黄金"战役第一阶段作出重大贡献的一批"销售功臣"予以重奖。

4 月 22 日,珠海市委书记、市长梁广大带领市府办等部门负责人到巨人集团进行现场办公,对巨人集团的高速发展给予了充分肯定,对巨人集团企业改革、调整产业和产品结构表示赞赏，并鼓励巨人不要受条条框框限制，要大胆试验，失败了也不要紧。

5月18日，巨人"三大战役"正式在全国打响，"三大战役"是指电脑、健康品、药品的销售战役。这一天，在全国各大报几乎都刊登了有关巨人产品的广告。

5月29日，李鹏总理第三次视察巨人集团，对"管理也是生产力"的理论表示肯定，关切地询问了巨人多媒体教育软件和手写电脑的情况及员工的生活、工作情况。新华社于31日发表了题为《总理三度访"巨人"》的全国通稿。

9月，巨人建立新的营销体系，在全国成立200多家子公司。

9月7日，珠海市市委书记、市长梁广大一行3人亲临巨人大厦工地视察，梁市长希望巨人大厦的建设顺利进行，争取早日投入使用，并表示将大力支持大厦工程的建设。

10月15日，国家科委和国家统计局颁布了全国民营科技企业技工贸总收入100强，巨人集团名列第六。

11月28日，巨人成立"巨不肥"开发小组，不到一个月时间，"巨不肥"营销计划顺利展开。

1996年2月26日，巨人集团在召开全国营销会议后，宣布进入"巨不肥"会战战备状态。战备状态于5月31日结束，参加会战的"正规军"和"民兵"逾7000人，组成三大"野战军"。

4月2日，国务院副总理李岚清到巨人视察。

8月11~18日，巨人集团召开第七次全国营销会议，组织秋季攻势。

9月，巨人推出M-6407桌面排版系统。

二、巨人的企业文化

创业精神：要做就做第一。

目标精神：中国人就要做巨人。

献身精神：奋发进取，乐于奉献。

革命精神：勇于开拓，敢于冒险。

竞争精神：只认板凳不认人。

自主精神：能独当一面，耐高温高压。

时效精神：时间就是金钱，效益就是生命。

团队精神：精诚合作的协调意识，荣辱与共的家庭氛围。

三、史玉柱第二次创业与"三大战役"

1994年年初，楼滨龙接任总裁后，史玉柱一直未召开员工大会，他一直在构想着一个伟大的计划。8月,史玉柱突然召开全体员工大会,抛出"巨人集团第二次创业的总体构想",他直截了当地剖析了巨人集团的五大隐患:①创业激情基本消失;②出现大锅饭机制;③管理水平低下;④产品和产业单一;⑤开发市场能力停滞。在此基础上,史玉柱明确提出二次创业的总体目标,跳出电脑产业走产业多元化的扩张之路,以发展寻求解决矛盾的出路。为实现第二次创业,史玉柱同时解除了原集团所有干部的任命,全部重新委任。

很显然,巨人集团第二次创业的直接动机是,电脑行业走入低谷。但二次创业的真正动力之源是,史玉柱已感到潜在的危机四伏。他想通过扩张调动员工士气,以人气旺弥补管理机制的缺陷,同时以新兴产业取代发家产业的衰落。

史玉柱的第二次创业却回避了最关键的问题——企业内部的产权改造和机制重塑。史玉柱受到一种思维定式的局限,因为巨人集团从1989年到1992年,一直靠创业精神支撑而发展起来,那时候没有完善的制度和科学的管理,也神速腾飞了。

人们今天很难想象,史玉柱的第二次创业规模多么宏大。

在房地产方面,投资12亿元兴建巨人大厦,投资4.8亿元在黄山兴建绿谷旅游工程,投资5400万元购买装修巨人总部大楼,在上海浦东买下了3万平方米土地,准备兴建上海巨人集团总部。在保健品方面,准备斥资5个亿,在一年内推出上百个产品。产值总目标:1995年达到10亿元,1996年达到50亿元,1997年达到100亿元。

1995年2月10日,巨人集团员工在春节后上班第一天,史玉柱突然下达一道"总动员令"——发动促销电脑、保健品、药品的"三大战役"。史玉柱把这场促销战模拟成在战争环境中进行,他亲自挂帅,成立"三大战役"总指挥部:下设华东、华北、华中、华南、东北、西南、西北和海外8个方面军。其中30多家独立分公司改编为军、师,各级总经理都改为"方面军司令员"或"军长"、"师长"。史玉柱在动员令中称,"三大战役"将投资数亿元,直接和间接参加的人数有几十万人,战役将采取集团军作战方式,战役的直接目的要达到每月利润以亿为单位,组建1万人的营销队伍,长远目的则是用战役锤炼出一批干部队伍,使年轻人在两三个月内成长为军长、师长,能领导几万人打仗。

总动员令发布之后,整个巨人集团迅速进入紧急战备状态。5月18日,史玉柱下达"总攻令"。这一天,巨人产品广告同时跃然于全国各大报,均是整版篇幅,由此"三大战役"全面打响。霎时间,巨人集团以集束轰炸的方式,一次性推出电脑、保健品、药品三大系列的30个产品,其中保健品一下推出12个新产品。继而,广告宣传覆盖50多家省级以上的新闻媒体,营销网络铺向全国50多万个商场,联营的17个正规工厂和100多个配套厂开始24小时运转,各地公司组织200名财务人员加班加点为客户办理提货手续,由百辆货车组成的储运大军日夜兼程,营销队伍平均每周加盟100多名新员工。不到半年，巨人集团的子公司从38个发展到228个，人员从200人发展到2000人。

如此大规模的闪电战术，确实创造出奇迹：30个产品上市后的15日内，订货量就突破3亿元。更显赫的战果是，新闻媒体对巨人集团形成一次大聚焦，上百家新闻单位在1个月内把笔锋集中在巨人身上。其中，《人民日报》在半个月内，4次以长篇通讯形式报道了巨人，新华社5次发通稿。

但是，大发展带来大振奋，也带来大漏洞。巨人集团的自身弊端在"三大战役"中突出暴露。首当其冲的是集团整体协调能力乏力。由于产品供应的短腿难以追上营销的长腿，错过销售黄金时节，公司损失较大。渐渐地，更深层次的矛盾凸显：原有干部队伍因动力不足而惰性尽显，新的骨干队伍难以补充，管理失控。这样一来，急剧的外延式扩张不但没有激发原有系统的活力，而且还因无法形成新的机制而使管理上破绽百出。

7月11日，在提出第二次创业的一年后，史玉柱在全体干部会议上不得不宣布：巨人必须进行二次创业整顿，包括三个方面——思想整顿、干部整顿和管理整顿。核心是干部整顿，进行一次干部大充血，凡是过去三个月中没有完成任务的干部，原则上一律调下来。

史玉柱使用的第一招是，通过竞争上岗进行大换血。他宣布整顿的三天后，从7月14~22日，人事部门庭若市，前来竞聘的员工达46人，其中自荐者43人，许多分公司的员工也打来长途。半个月后，7月31日，宣布了此次干部调整结果：总部任命87人，其中晋升49人，直接由普通员工提升的32人。有人加盟巨人不到两个月，便走上领导岗位。被免职、降职者11人。

8月，史玉柱使出第二招，集团向各大销售区派驻财务和监察审计总监，财务总监和监审总监直接对总部负责。同时，监审与财务总监又各自独立，双轨并行互相监控。

8月26日，史玉柱的第三招出台，成立干部学院，将180名干部集中到南京海军学院，进行为期一周的军训，以增加团队意识和纪律性。

但是，整顿没有从根本上扭转局面，1995年9月，巨人的发展形势急转直下步入低潮。面对大起大落，史玉柱将其描绘成开始进入发展史的"长征时期"。10月2日，史玉柱发动"秋季战役"，规模和声势大大减弱。他在动员会上下了一道死命令，"秋季战役"对分公司的经理来说是一场生死之战，成则英雄，败则落马，集团只问结果，不问过程。

"秋季战役"使巨人集团的营销有所回升，但再也没有昔日的高潮迭起。巨人出现了衰态征兆，史玉柱已感到严峻形势的压力，他决定出巡大西南，沿着红军长征的路线一路考察，似乎要汲取一种力量。一路上，他去了太平天国起义旧址金田，仔细研究了洪秀全的成败得失。在遵义会议旧址，他思考的是战略与战术的转变。来到大渡河那天恰逢阴云密布、秋风怒号，史玉柱陡生一种悲壮之气，面对滔滔河水而仰天长叹："我们面前就横着一条大渡河呀！"

当辗转到成都时，史玉柱召开集团最高决策层会议，提出开展"批评与自我批评"。他承认，巨人集团由于机构迅速扩张，已出现人浮于事、大锅饭、低效率等问题，二次创业尚未完成，"革命"又处于低潮。在这次会议上，营销总公司总裁杨军大胆指出："迅速扩张的子公司只有少数情况良好，大多数子公司没有带来效益，反成危害。目前营销必须收缩战线，不能再盲目扩大，盲目上项目，盲目冒进。集团当务之急要进行战略上的抉择。"

对于 1995 年，巨人集团一位老职工有一段形象的概括："1994 年的巨人只是一条载着 200 人的木帆船，航行在窄窄的季节河上。1995 年的巨人，已有载着 2000 多名年轻水兵的三艘战舰，劈波斩浪于江洋大海。但是，1995 年是巨人的转折年，上半年达到辉煌的顶峰，下半年踏上了黄昏路。"

1995 年年底，巨人营销出现严峻形势，集团财务状况吃紧，史玉柱立刻宣布进入"紧急状态"，各省总公司的一批总经理被撤职，巨人迎来有史以来最寒冷的冬天。

1996 年的元旦，巨人集团过得有些沉重。因为巨人在 1995 年经历了前所未有的阵痛，一些员工相继离去，一批干部的忧患意识渐浓。史玉柱元旦没有休息，而是召开营销会议。他在会上承认：1995 年的"三大战役"和"秋季攻势"都未达到预期目标，这是因为干部队伍暴露出缺陷，集团综合协调系统发生问题。最后，史玉柱以红军长征作比喻："巨人正处于长征后期，肯定会淘汰一批沙子，能走完长征的人将是巨人的核心和骨干。吹尽狂沙始到金。"

1996 年年初，史玉柱为挽救颓势，营销战略从全面进攻转向重点战役，在开发出减肥食品"巨不肥"后，他打算发动"巨不肥会战"。春节一过，史玉柱成立"会战总指挥部"，他出任总指挥，下辖三大野战军，每支野战军率领七八个兵团（各省总公司），各兵团又有几支纵队（子公司）。各部门还挑选精干人员组成冲锋队，《巨人报》的记者成为前线战地记者。2 月 10 日，"三大野战军"司令员举行阵前盟誓。2 月 25 日，史玉柱总指挥高举酒杯，为奔赴前线的将士壮行。2 月 26 日，宣布进入全线战备状态。3 月，会战打响，此次会战没以大规模的广告覆盖为先导，而是举行"巨不肥大赠送"，此次战役的宣传口号为"请人民作证"。据《巨人报》报道，参加会战的"正规军"为 2000 人，"民兵"5000 人。

"巨不肥"会战在 4 月取得战绩，销售大幅回升，1995 年年底的严峻形势得以缓解。巨人喘上一口气。

营销形势好转并非整体状况好转，更不意味着形成良好机制。相反，集团内部一些人把"巨不肥会战"当成最后一顿晚餐，侵吞私分巨人利益的现象集中爆发。1996年7月，监事会主席周良正在一份报告中认为，巨人集团出现各类违规、违纪、违法案件，截留、坐支、挪用公款，搞虚假广告、冲货的人屡见不鲜。《巨人报》在这一时期专门发表社论：我们有许多人可能想不到，在我们巨人集团竟有这么多触目惊心的违法案件。几万、十几万、几十万甚至上百万元资产在阳光照不到的地方流失了。这篇社论最后提出巨人集团面临一个"如果这样，集团怎么办？"的局面。鉴于这种迹象日趋明显，7月8日，史玉柱组织全国总公司经理和总部中层以上的干部，参观了广东省高明市重刑犯监狱。

到1996年下半年，一个更大的压力向史玉柱袭来——巨人大厦急需资金。这可是硬碰硬的压力，逼迫他迅速作出抉择：是停掉巨人大厦，还是拆东墙补西墙。实际上，史玉柱此时已经意识到，仅靠巨人的生物工程和电脑两个产业支柱，不足以支撑巨人大厦，但史玉柱还是作出一个违背企业行为的决定，抽调生物工程的流动资金，去支撑大厦的建设资金，活钱变死钱。

从资金运作角度，史玉柱当时应该让巨人大厦停工，将资金投放于已染上贫血症的生物工程，使其恢复元气。史玉柱事后说，他是明知故犯，因为巨人大厦是珠海的标志性工程，国家领导人都非常关注，所以他决策时非经济因素占上风，没有过多考虑经济规则。

巨人大厦是史玉柱有生以来第一个重大的投资失误，他根本没有实力盖一座全国最高的大厦，这是个人狂热的一个典型之作。更让人瞠目结舌的是，大厦从1994年2月动工到1996年7月，史玉柱竟未申请过一分钱的银行贷款，全凭自有资金和卖楼花的钱支撑。稍微懂点经济的人都知道，房地产必须有金融资本作后盾，可史玉柱将银行搁置一边。他对此的解释是，到1996年6月前，我没感到资金紧张，生物工程方面的销售回款源源不断，账上的钱花都花不完。

直到1996年5月，史玉柱依然据此做法建设大厦，甚至达到顶点。这个月，各子公司交来毛利2570万元人民币，史玉柱把净留下来的850万资金全部投入了巨人大厦。这是投放资金最高的一个月。

史玉柱就那么点儿资金，又要在两条战线上作战，当然顾此失彼。到1996年下半年，他感受到需要外援时，因宏观调控影响至深，各处都资金吃紧，只好竭泽而渔。

进入7月以后，保健品销量急剧下滑，维持生物工程正常运作的基本费用和广告费投入不到位，许多公司一筹莫展，只好等待总部政策。进入8月，史玉柱发动了一场秋季攻势，力挽颓势，但并未奏效。所有公司的任务完成率都有不同程度的下降。

巨人大厦抽干了巨人产业的血，史玉柱把生产和广告促销的资金全部投入到大厦，结果生物工程一度停产，资金补给线戛然中断。

从 11 月开始，史玉柱控制住从巨人产业流向巨人大厦的每一分钱。一刀斩下，巨人大厦与巨人产业瞬间泾渭分明，但为时已晚。

1996 年 9 月 11 日，巨人大厦终于浮出地面，完成地下工程。11 月，相当于三层楼高的首层大堂开工。此后，巨人大厦将以每五天一层的速度进入建设的快速增长期，可史玉柱已经没钱了。

老天好像和史玉柱成心作对，巨人大厦非常不巧地建在三条断裂带上，为解决断裂带积水，大厦支柱必须穿越 40~50 米的沙上面达到岩石层，多投了 3000 万元，大厦桩基为此竟达 65 米深。其间，珠海还发生两次水灾，大厦地基两次被泡，整个建设工期耽误 10 个月。

在 1996 年下半年，巨人集团财务运作日益窘迫，营销状况衰势尽现，员工士气不振。在整体状态疲软下，公司管理陷于混乱。9 月 21 日，巨人财务会议举行，监审委总裁李敏在会上指出总公司对子公司不同程度地失控，子公司私自坐支贷款，财物丢失严重。财务账不能及时反映公司经营状况，特别是低价抛售货物，应收账款已结账，但仍挂在账上反映。有些人胆子更大，严重侵占公司财产。监事会周良正主席在会上尖锐地指出，如何维护集团财产的安全已是当前刻不容缓的事情。

尽管史玉柱勉力支撑，但他已回天乏力。直到 1997 年 1 月 12 日，危机总爆发，巨人轰然倒塌。当大难临头之际，没人能帮史玉柱。尽管他坚信巨人不会因此趴下，终有东山再起之日，但已身陷四面楚歌的境地。

巨人能否力挽狂澜？史玉柱独上高楼，望尽天涯路。

四、史玉柱：我的四大失误

第一，盲目追求发展速度。巨人集团的产值目标可谓大矣：1995 年 10 亿元，1996 年 50 亿元，1997 年 100 亿元。然而目标越大风险越大，如果不经过科学的分析论证，没有必要的组织保证，必然损失惨重。

第二，盲目追求多元化经营。巨人集团涉足了电脑业、房地产业、保健品业等，行业跨度太大，新进入的领域并非优势所在，却急于铺摊子，有限的资金被牢牢套死。巨人大厦导致的财务危机，几乎拖垮了整个公司。巨人的主业——电脑业的技术创新一度停滞，却把精力和资金大量投入到自己不熟悉的领域，缺乏科学的市场调查，好大喜功，没有形成成熟的多元化管理的能力。

第三，"巨人"的决策机制难以适应企业的发展。巨人集团也设立董事会，但那是空的。史玉柱个人的股份占 90%以上，其他几位老总都没有股份。因此在决策时，他们很少坚持自己的意见。由于他们没有股份，也无法干预史玉柱的决策。

这种高度集中的决策机制，在创业初期充分体现了决策的高效率，但当企业规模越来越大、个人的综合素质还不全面时，缺乏一种集体决策的机制，特别是干预一个人的错误决策之力，那么企业的运作就相当危险。

第四，没有把企业的技术创新放在重要位置。从 1989 年的 M-6401 桌面排版印刷系统、1990 年的 M-6402 文字处理软件系统，到 1993 年的巨人中文手写电脑、巨人软件等，这是当初巨人成就辉煌的关键。电脑业走入低谷以后，巨人集团忽视了技术创新这一"巨人"电脑的生命线，连续两年在业界反映平平。到 1996 年，"巨人"才推出了 M-6407 桌面排版系统。"巨人"二次创业的失利与此有很大关系。

五、史玉柱的重生

1998 年年初，史玉柱黯然离开成就他一番事业的珠海。离开珠海的时候，史玉柱几乎身无分文，曾经的富豪仅仅成为了一个概念甚至是一个负重。他连手机都因交不起话费而不用了。直到 1999 年，他才重新用上手机。史玉柱今天回忆说："最难过的一段日子是 1998 年上半年，即脑白金上马前后。那时，我连买一张飞机票的钱也没有。有一天，为了到无锡去出差，我只能找副总借。他个人借了我1000 元飞到上海。当天赶到无锡，在 30 元一晚的招待所住的时候，女服务员认出了我，但她并没有讥讽我，相反还送了我一盆水果。那段日子，真是一贫如洗。"

吃够了"树大招风"亏的史玉柱，在蛰伏的这几年，选择了隐姓埋名，并攀登了珠穆朗玛峰。但他的事业心并没有死去。离开珠海的时候，新公司的思路包括产品来源都已经有了，但是史玉柱没有钱。这位昔日中国富豪，只好靠替一个朋友的公司做营销策划来完成再一次的"原始积累"。他的朋友先后给了他 50 万元，这成为史玉柱再创业的启动资金。

在新公司里，史玉柱依然隐姓埋名——新公司的出资人名单、经理人名单里都没有他的名字。他只能成为一个影子——这使他面临着一种致命的风险：他可能被他的伙伴一脚蹬掉，因为他的新公司的权益并无法律上的保障。但史玉柱似乎并无忧虑，因为他的伙伴多是昔日荣辱与共的旧部下。

由于资金有限，刚开始的时候，史玉柱采取的是委托加工的生产方式，先生产出一批产品试销，考察市场。在无锡，史玉柱作为一个谁都不知道其真实身份的科技人员，走访了许多消费者。"当时，我走访了无锡许多街道居委会，听到他们服用脑白金之后的赞誉之词，使得我们的信心大增。"南京、常州、苏州、苏南地区就这样做起来了，之后延伸到浙江、山东等地。直到 2000 年 3 月，我们收购了江苏一个地方负债率很高的药厂，才有了自己的生产线。

从小地方开始，默默开拓。这既适合保健品最大限度占领市场的特性，也适合史玉柱本人的处境。脑白金市场的崛起之快，史玉柱低姿态的"游击战略"是关键。脑白金是 1998 年 5 月才问世的，而史玉柱进入上海市场的时候，已经是 1999 年春天。史玉柱确实不简单。到 2001 年，他的上海健特公司脑白金销售额已达到 2 亿元。2003 年 12 月，史玉柱以 12.8 亿元的价钱将脑白金卖给四通电子（据报道，四通电子和上海健特之间的总交易金额将达 27 亿元，将分两期购买脑白金和黄金搭档的相关资产）。2006 年 4 月 8 日，史玉柱在上海金茂大厦举行豪华的新闻发布会，为自己投资 2 亿元打造的网游游戏产品《征途》进入公测大造声势。这也是史玉柱创业里程中的第三次转行。对于软件工程师出身的史玉柱，此次进入网络游戏行业，算是一次专业和行业的"回归"。史玉柱表示，今后可能不会再转行涉足其他行业。

案例思考：

1. 史玉柱的两次创业为何能成功？
2. 巨人集团破产的主要原因是什么？能给人们什么启示？
3. 从史玉柱的创业成长过程中，你认为作为一个企业家必须具备什么素质？
4. 假如你是当年巨人集团的总裁——史玉柱，你会采取何种方案摆脱危机？

海尔集团

一、海尔管理的启示

2001 年的 3 月 7 日，莱茵河畔的德国城市科隆，荟萃世界家电精品的科隆国际博览会拉开帷幕。来自中国海尔的太空系列网络家电一亮相，就立刻吸引了参观者的目光。身着银色衣裳的 28 款家电产品，融聚网络信息尖端技术，外观造型新颖超前，在变幻的灯光下熠熠闪亮。西门子公司一位部门经理把海尔的展品逐一"研究"之后，脱口赞叹："这就是世界家电发展的趋势！"

订单纷至沓来，微笑写在了海尔人的脸上。海尔人当然不会忘记，16 年前的那个春节，已亏损 147 万元的企业年关难过，是当家人张瑞敏四处求人借了点儿钱，全厂职工过了个苦涩的年。是什么让当年那个濒临破产的"丑小鸭"，变成了今天跻身世界家电十强的"海尔龙"？

海尔董事长张瑞敏介绍：在海尔创业初期采取的是直线职能式管理，它是根据企业当时的情况确定的。当时工厂有 600 名员工，由于企业连年效益很差，所以工厂情况十分混乱，采取直线职能式管理，易于控制强化管理和解决混乱局面。在海尔进入多元化的发展阶段，采取的是矩阵结构管理，以项目组为主，使职能与项目有机地结合，促进企业发展。在新经济时代，海尔采取了"市场链"。一边整合企业外部资源，一边满足消费者个性化的需求，每个部门、每个员工都面对市场，变职能为流程，变企业利润的最大化为顾客满意度最大化。新的业务流程从市场获得消费者个性化需求的信息，然后把这个信息转化为订单：物流根据订单采购；制造系统按订单生产；商流把产品送到用户手中。由于消费者的需求永远是动态的，因此企业永远保持着非平衡的、有序的动态发展状态。我们来看看海尔几种成功的管理模式。

（一）OEC 管理法

"OEC"管理法，即英文"Overall，Every，Control and Clear"的缩写。其内容：O—Overall（全方位），E—Everyone（每人）、Everything（每件事）、Everyday（每天），C—Control（控制）、Clear（清理）。"OEC"管理法也可表示为："日事日毕、日清日高"，即：每天的工作每天完成，每天工作要清理并要每天有所提高。

"OEC"管理法由三个体系构成：目标体系→日清体系→激励机制。首先确立目标；日清是完成任务的基础工作；日清的结果必须与正负激励挂钩才有效。

这个管理法的执行过程是非常枯燥的。它的实施需借助于一个叫做 3E 卡的记录卡，要求每个工人每天都要填写一张 3E 卡，3E 卡将每个员工每天工作的七个要素（产量、质量、物耗、工艺操作、安全、文明生产、劳动纪律）量化为价值，每天由员工自我清理计算日薪（员工收入就跟这张卡片直接挂钩）并填写记账、检查确认后给班长，不管多晚班长都要把签完字的卡拿回来，再签完字交给上面的车间主任，车间主任审核完后再返回来。就这样单调的工作天天填月月填，不管几点钟下班都得完成。据说海尔就这样一直进行了 16 年，并且到目前为止还丝毫没有准备放弃的迹象！

OEC 管理法中的"一核心"、"三原则"、"四阶段"。一个核心：市场不变的法则是永远在变，根据变化的市场不断提高目标。三个基本原则：闭环原则——凡事要善始善终，都必须有 PDCA 循环原则，而且要螺旋上升；比较分析原则——纵向与自己的过去比，横向与同行业比，没有比较就没有发展；不断优化的原则——根据木桶理论，找出薄弱项，并及时整改，提高全系统水平。PDCA 四阶段：P—PLAN（计划），D—DO（实施），C—CHECK（检查），A—ACTION（总结）。P 阶段——根据用户要求并以取得最佳经济效果为目标，通过调查设计试制，制定技术经济指标、质量目标、管理项目，以及达到这些目标的具体措施和方法。D 阶段——按照所制订的计划和措施付诸实施。C 阶段——在实施了一个阶段之后，对照计划和目标检查执行的情况和效果，及时发现问题。A 阶段——根据检查的结果，采用相应的措施，或修正改进原来的计划或寻找新的目标，制订新的计划。

　　这里有个案例：1999 年 7 月中旬，美国洛杉矶地区的气温高达 40 多度，连路上也少有人在这么热的天气里走动。一次，因运输公司驾驶员的原因，运往洛杉矶的洗衣机零部件多放了一箱，这件事本来不影响工作，找机会调回来即可，但美国海尔贸易有限公司零部件经理丹先生不这么认为，他说：当天的日清中就定下了要调回来的内容，哪能把当日该完成的工作往后拖呢？于是丹先生冒着酷暑把这箱零部件及时调换了回来。

　　从上例可以看出海尔人的素质。因为这张所谓"日清卡"，使他们把工作、目标分解落实到了每个员工身上，每个零部件都有一个责任人，要使产品保质保量，每个员工的素质尤其关键。有专家认为，OEC 管理对任何企业都适合，但要坚持做才行，要有几百次、成千上万次重复做同一件事的韧性和恒心，企业中每个人要具备这样的素质。很多企业要求的管理目标和人员素质的差距一直解决不好，什么原因？我们分析认为，要把一般员工的素质提高起来，管理人员要天天下工夫去做这件事才行，不是出了事或有了危机感便狠抓一阵，之后又不了了之，这件事还是没有从根本上解决。企业中员工的素质是靠高素质管理人员肯下大工夫抓出来的。

　　我们再回头分析，这种管理模式并不是每一个企业都能拿来就用的，很多企业反映"海尔的管理模式到我们企业根本就落实不下去，员工受不了如此严格的管理"。其实，海尔实行 OEC 管理是以海尔的企业文化作为基础的，不同的管理制度需要不同的文化背景。也就是说，文化不同，落实这种管理可能会"水土不服"。另有资深专家认为，之所以有的企业坚持不下来，是因为执行 OEC 太困难、太累。此管理法要和企业里的每个人发生关系。相对而言，与敌人（对手）斗争很容易，但和自己斗争特别是和自己顽固的思想斗争则是非常枯燥、非常艰辛的，更何况还得坚持。这是一次自我挑战、自我革新、自我超越，其难度可想而知。当然，这不是不可实现的，关键是企业要首先战胜自己。

　　（二）斜坡球体定律

　　即为"海尔定律"，企业发展的加速度，与企业发展动力之和与阻力之和的差值成正比，与企业的规模成反比。公式：$A = F(合) / M$。这里，A——企业发展的加速度；M——企业的质量，即规模；日事日毕解决基础管理问题，使 F 动 1 > F 阻 1。日清日高解决加速度的问题，使 F 动 2 + F 动 3 > F 阻 2。这个理论主要是根据中国的实际情况而提出的。

　　中国企业里，最麻烦的问题就是一种标准的贯彻或一种规章制度的要求，今天达到了明天就可能达不到，个人没有"可持续性"，导致团队没有"可持续性"，一个企业也就没了"可持续性"！比如，要求某员工把桌子擦干净，今天他擦干净了，明天就差点，后天可能就不擦了。而在外国发达企业里，这种情况就很难看到。所以经营中国的企业，就要不停地要求员工，海尔把这叫做"反复抓，抓反复"。"斜坡论"形象地说就是，基础工作稍微差一点，就要滑下去，一旦滑下去，这个名牌就完了。因为就名牌而言，如果每个人的工作都差一点，这个名牌就差太多了，所谓小差距和大差别，就差一点，恰恰看出了一个企业在管理和人员素质上的巨大差异。所以，海尔的这个"斜坡理论"就是要顶住，不要让它滑下去，在这个前提下，才能谈别的。

（三）领导素质及人力资源赛马机制

竞争上岗选人才，"赛马场上挑骏马"，实行管理人员公开招聘。即建造人才机制，给每个人相同的竞争机会，像运动比赛一样，赋予每个人参与竞争的可能，关键看你的能力。海尔设有干部处，他们的任务不是去发掘干部，而是研究现行机制能不能把所有人的潜能发挥出来。他们的干部每年都有调整，都有人上来，有人下去。在这里对企业领导人提出了非常高的要求，他们认为企业的领导者，其任务不是去发现人才而是建立一个可以发现人才的机制，这个人才机制自身就能源源不断地产生人才。对于一个大型企业来说，这种机制的建立要比老板具有敏锐的发掘能力更为重要。

将来企业成败靠的是人才，谁有高素质人才，谁就可以在竞争中获胜，光明白这个道理没用，当务之急是要建立一个完善的、适合本企业的人力资源机制。海尔对企业领导人提出的素质要求有：①善于把握大局的能力，在一堆事里你能找出一个最关键的问题，找出制约发展的根本性问题；②对一件事一抓到底的韧劲，每天只抓好一件事就足够了，因为每件事都不是孤立的，抓好一件事就等于抓好了一批事；③树立"柔弱胜刚强"的思想，弱可以转强，小可以转大，领导人把自己放在一个"弱者"的位置，就有了目标，就可以永远前进。

海尔总设计师——张瑞敏是一个喜欢哲学的企业家、一个读了不少书的学者、一个杰出的人才（浓缩后的结论）。他说现在海尔唯一害怕的只是自己。在张瑞敏看来，没有危机意识和忧患意识的企业家，就不配做现代企业家。对于一个企业决策者来说，危机就是动力。什么时候你丧失了危机意识，就意味着你开始丧失了做企业领导人的资格，就意味着你不再是企业前行的推动力量。企业领导人要有做大事的胸怀，而做大事的人是深邃的，他的事业也是无止境的。

张瑞敏为海尔确立的文化精神是：无私奉献，追求卓越。围绕这一主题，海尔确定的管理战略是：高标准，精细化，零缺陷；确定的生产战略是：唯一和第一；确定的质量战略是：质量是企业永恒的主题；确定的销售战略是：售后服务是我们的天职；确定的市场战略是：生产一代，研究一代，构思一代。这一系列文化战略目标，组成了严密的海尔文化网络，体现了海尔的整体文化战略布局。我们认为这是海尔战胜自我最有效的手段。

（四）SST 市场链体系

"SST"即索酬、索赔、跳闸。海尔成功实施市场链，并用计算机辅助管理，从而使企业中的每个人都与市场连在了一起。海尔的供应体系采用了供应链工程，是一个垂直纵向的供应链，其中外国供应商就有几百家，属于世界500强的有几十家，如果没有物流管理系统，就无法和他们对话。另外，海尔的海外公司如果没有这些管理，就无法在国外开展工作。

海尔"市场链"的提出，受启发于哈佛波特教授的"价值链"理论。两者的不同是，前者是以边际效益最大化为目标的，后者是以顾客满意度最大化为目标的。张瑞敏说："能够最大限度满足用户个性化需求，利润自然就在其中了。"建立这种相互咬合的"市场链"的关键在于每项工作要落到实处。首先，海尔人意识到，SST 仅是市场链的形式，市场链的目标是创市场美誉度，赢得用户的心，其形式要能很好地为目标服务。海尔要到国际市场上竞争，企业必须上规模，而规模就是信誉，有了规模，如果再能机动灵活，这种企业无往而不胜。海尔"市场链"的建立，就是为企业获取信誉度服务的。其次，把工作分解到每个人的每一天，主要包括：①指标的合理性；②数据的真实性；③激励的公正性；④让每一个员工参与；⑤创立即时激励机制。

（五）"休克鱼"理论

吃"休克鱼"是一种兼并模式。鱼处于休克状态，比喻企业的思想、观念有问题，但只是"休克"，其肌体并没有腐烂，所以被兼并企业的硬件还好。海尔要吃符合这些条件的企业，只要注入其管理文化，它就会活起来。海尔兼并红星电器，没有投入一分钱，还是原来的人、原来的设备，只派了3个人去，而且他们第一次进入的并不是财务部门，而是企业文化中心，讲海尔的经营理念和管理模式，革新其管理层的经营观念……顺理成章就搞定了一个亏损企业。

海尔认为兼并能否成功，首先，是看自己的企业有没有一个过硬的经营模式。这方面麦当劳有非常成功的经验，它在全世界都利用其不可改变的经营模式：在那里用餐，享受到的服务全世界都是一样，极其严格。其次，自己的管理模式要非常成功，否则兼并别的企业将是一种灾难。海尔在兼并企业时，灌输一种重要的原则：80/20原则。即在企业里，管理人员是少数，但他是关键的；员工是多数，但从管理角度上说，却是从属地位的。也就是说，关键的少数制约着次要的多数。因此，企业出了问题，管理人员要负80%的责任。如果把管理人员抓住了，就把系统抓起来了，所谓纲举目张，整个企业就有效运转了。

（六）其他管理提示

1. 问题解决三步法：紧急措施——将出现的问题临时紧急处理，避免事态扩大或恶化，紧急措施必须果断有效；过渡措施——在对问题产生的原因充分了解的前提下，采取措施尽可能挽回造成的损失，并保证同类问题不再发生；根治措施——针对问题的根源拿出具体可操作的措施，能够从体系上使问题得以根治，消除管理工作中发生问题的外部环境。

2. 九个控制要素（5W3H1S）：5W——why（目的），what（标准），where（地点），who（责任人），when（进度）；3H——how（方法），how much（数量），how much cost（成本）；1S—safety（安全）。

3. 6S：整理——留下必要的，其他都清除掉；整顿——有必要留下的，依规定摆整齐，加以标识；清扫——工作场所看得见看不见的地方全清扫干净；清洁——维持整理、清扫的结果，保持干净亮丽；素养——每位员工养成良好习惯遵守规则，有美誉度；安全——一切工作均以安全为前提。

4. 6S大脚印："6S大脚印"是海尔在加强生产现场管理方面独创的一种方法。"6S大脚印"的位置在生产现场。"6S大脚印"的使用方法是：站在"6S大脚印"上，对当天的工作进行小结。如果有突出成绩的可以站在"6S大脚印"上，把自己的体会与大家分享；如果有失误的地方，也与大家沟通，以期得到同伴的帮助，更快地提高。

5. 着眼于市场竞争，海尔提出的"三只眼理论"和"浮船法"。企业"三只眼"用来盯员工和用户、盯政府、盯市场变化。要盯紧，并抓住各种变化，使之转化成企业腾飞的机遇。"浮船法"是市场竞争中的一种思维方法，搞产品要尽善尽美，机会可能失去。只要比竞争对手高一块，或者说是高一筹，半筹也行，只要高一点儿，老是保持高于市场的水平，就能处在竞争对手之上。

6. 海尔的价值观：创新。企业好比高速公路上的汽车，稍微遇到一点障碍就会翻车，要不翻车，唯一的选择就是不断创新，不断打破现有平衡，再建一个新的平衡。创新贵在速度，否则"水过三秋，化为无效"！

二、海尔的启示

启示之一：

海尔不断兼并和成立一些新的企业，都是按照海尔的这套管理模式做的，这其中就要求企业高管层要有"咬定目标不放松"的精神，不断和自己较劲儿，不达目的绝不罢休。大部分企业显然缺乏这样一种顽强的持之以恒的耐力。

启示之二：

这里有个事例：深圳某企业的厂长是美国某大学MBA毕业，为学习海尔而推行的是7S管理，比海尔的6S还多1S，有关企业理念及企业精神的横幅挂满企业各处，写得非常好，光从这些表面可以觉得这是一个很优秀的企业，但是一了解根本不是这回事，事实上这个企业的7S管理完全是口号，企业内部贪污腐败，管理一塌糊涂。所以，他们只学了一招半式，并没有学到海尔管理的精髓，或者说虽学得到位，但并没结合本企业实际，下大工夫真抓实干。

启示之三：

企业靠的是一套良好的机制来管理自身。海尔能够把文化和制度紧密结合，文化层面的东西只占到30%，而更重要的执行制度的落实要占到60%~70%。有些企业的市场观念也很新，但是就是落不到实处去，原因就是没有形成一套良好的企业管理机制。

启示之四：

学习海尔，关键是要学习海尔的管理思路，而不是学习海尔的具体做法。因为管理是使理念变成行为的过程，所以在这个过程当中，管理者扮演着重要的角色，必须根据企业的实际情况进行重新的打造与磨炼。另外还应看到，在WTO面前，海尔本身还是一个不成熟的企业，它也不是万能的神，因为它国际化经营的时间还很短，仍然需要在国际化经营的搏斗当中不断积累经验。

启示之五：

在应用海尔经验前，企业要仔细审视一下海尔的制度与你的企业的理念之间有多大的脱节？实际上制度与理念之间是一个函数关系，理念变了，环境变了，那么制度也应该随之发生改变。而环境影响着理念，理念指导着行为，环境制约着理念，理念又影响着行为。当环境改变的情况下，效仿企业将制度依然照搬，这种理念与制度的脱节自然难以避免企业最终的失败。

启示之六：

学习海尔，关键要活学活用，因为海尔管理再好，但它是海尔的，它只适用于一种特定的海尔文化。我们要学海尔的管理经验和技巧，就必须结合本企业实情进行必要的扬弃。

三、海尔的未来

基于三点考虑，海尔的未来看起来仍然充满不确定因素。过往成功经验的局限性，整体战略发展的弱持续性，以及企业文化创造的依赖性。

海尔已经成为"中国造"的一面旗帜，但海尔的未来却依然是个谜。这个谜由下面三个悬念组成：①海尔的核心竞争力是什么，这一竞争力是否能支撑海尔的持续增长？②海尔的国际化战略、产业调整战略、持续增长战略是否能统一为一个整体？③海尔文化与国际化能否匹配？

（一）海尔的核心竞争力是什么，这一竞争力能支撑海尔的持续增长吗？

在许多业内人看来，海尔有许多可以让人称赞的优点，比如管理上的日清日高、"斜坡球"理论、张瑞敏本人的优秀，还有优质的服务等。遗憾的是，以上这些被大书特书的优点并不是海尔的核心竞争力，这正如 Clorox 公司战略和规划总监 Dan Simpson 所指出的那样，我们通常用"马后炮"的方式来识别核心竞争力。我们先有实际经历，然后仅仅通过实际经历中成败的描述来界定核心竞争力。

问题的关键在于，核心竞争力并不是某种超越对手的要素，比如产品质量、服务、管理、团队协作、客户满意度等因素，甚至不是核心技术，否则你就无法理解为什么戴尔会打败 IBM 和康柏成为全球计算机的老大。戴尔的成功显然说明了两点：第一，一旦企业有预见性地发现并掌握了先行优势的事实或模式，就能够获得消费潮流的超额利润。第二，在这种模式下精心修炼的操作系统能够获得生产或服务的超额利润。

由此看来，海尔的成功显示的是：它在服务模式上的先行与品牌操作系统上配合，使它能够获得超额利润。因此，海尔的核心竞争能力是它通过服务来支撑品牌的那些经验、技能与知识的组合能力。尽管所有的人都知道海尔是靠服务，知道海尔通过服务来支撑品牌，但没有人能在服务上超过海尔。从海尔的核心竞争能力我们很容易懂得这一点：其实不是不能，而是实行的成本太高，知识、技能与经验都是与时间成正比的。

现在的问题是，这一竞争力能支撑海尔的持续增长吗？答案是，这要看这一核心竞争能力是否与海尔的增长战略一致。

（二）海尔的战略：增长的极限在哪里

按照海尔 CEO 张瑞敏自己的总结：海尔的战略分为三个阶段：第一阶段是 1984~1991 年的名牌发展战略，只做冰箱一种产品，通过 7 年时间做冰箱，逐渐建立起品牌的声誉与信用。第二阶段是 1991~1998 年的多元化产品战略，按照"东方亮了再亮西方"的原理，从冰箱，到空调、冷柜、洗衣机、彩色电视机，每 1~2 年做好一种产品，7 年来重要家电产品线已接近完整。第三阶段是从 1998 年迄今为止的国际化战略发展阶段，即海尔到海外去发展。

如果我们认真去看一下海尔的产品结构的话，则会发现用国际化来概括目前海尔的战略至少是不全面的。因为海尔在计算机、手机、生物制药、家庭整体厨房之类的投入，明显地从多元化产品领域，进入了多元化产业经营的格局。一句话，海尔目前显然在进行着以多元化战略来谋求企业增长。海尔最先以冰箱业务起家，凭借着良好的品牌形象和市场口碑，成功进入到多个市场领域，尤其在冰箱、洗衣机等行业里一举奠定了霸主地位，一度被人认为是无敌的。事实上，海尔也曾有多次失败的教训。下面我们列举的就是其中一些。

电风扇：1997 年，当海尔刚刚进入这一市场的时候，曾经雄心勃勃，力图在群雄乱战却无强势品牌的电风扇市场中占据相当大的份额。伴随着大量广告攻势，取名为海尔"自然"风的海尔电扇上市了。然而事后证明，这是海尔所遭到的最大的"滑铁卢"之一。目前,市面上几乎已经看不到海尔的电风扇产品了。

药业:1995年,海尔投资的第一个非家电生产企业海尔药业诞生了。有三株等企业的巨大成功榜样作指引,海尔药业当时也力图成为一个三株、太阳神那样的保健品企业。海尔药业针对亚健康,力图囊括所有的适用人群。然而在投入了大量金钱之后,海尔药业的生存依旧是十分艰难的,始终在亏损的边缘挣扎。

微波炉:在这一领域里打败海尔的其实只有一家企业,那就是格兰仕。凭借刚猛的价格战术,格兰仕事实上将所有进入微波炉行业的对手都打败了。据统计,格兰仕在微波炉产业里的市场份额已经高达60%左右。

餐饮:海尔投资餐饮业曾经给人眼前一亮的感觉,海尔大嫂子面馆依靠统一的CI设计、明亮整洁的店堂、规范周到的服务,短时间赢得了许多的赞誉,许多人对其都抱有很大的期望,希望它能够成为中式快餐业的典范,并发展壮大。但随着餐饮业竞争的加剧,曾经辉煌一时的海尔大嫂子面馆却逐渐走向无声无息了,大多数都已被关闭。

彩电:或许多数人不同意这种说法,在一个很短的时间里,海尔就从一个电子产业里的门外汉,一举成为国内最重要的彩电生产商之一,这样的成就原本值得大书特书的,怎么会是失败呢?必须指出,海尔彩电业务的成功更多依靠的是海尔的品牌威名,因此在进入这一行业之初,其业绩的增长已不是以几何级数来衡量了,而是以火箭般的速度在增长。但随后海尔彩电的增长便停滞了下来,到现在也完全没有实现张瑞敏所说的要在每一个产业里都做到前三名的目标。与四大彩电巨头——长虹、TCL、康佳、海信相比仍有很大的距离。

电脑:截至目前,海尔的PC业务已被证明是一次完全的失败。自海尔进入电脑市场以来,就一直持续大规模亏损,使整个海尔集团不堪重负。据悉,海尔设在青岛信息产业园内的PC生产线已被关闭,大多数员工也已被裁减,而曾经经销海尔电脑的各经销商更是深受打击。即便海尔电脑希望东山再起,但已深受重挫的经销商还会有信心吗?

这是一个真正充满陷阱的增长之路。因为在多元化期间的业务模式,只有两种出路:第一,是谋求业务转型的多元化,这要求海尔接下来要出售或关闭其家电部门,在新业务上选取一点成为行业老大,就像当年的诺基亚一样;第二,是像通用一样,通过卓越的战略控制,在各个点上成为行业老大,成不了的就撤销。

在明确的选择之前,不管往哪儿走,海尔持续的增长取决于对相关业务纳入三个层面进行协调平衡,进而将其纳入管道式管理:①提供利润的核心业务(比如冰箱、电视、空调、洗衣机)。②充满机会的新兴业务(计算机、手机、家庭整体厨房)。③创造未来的种子项目(生物制药等)。

如果海尔持续的增长有赖于在战略上对这三个层面进行合理协调的话,那么海尔就需要建立相应的机制来完成从第一个层面到第二个层面的战略转移，并注意从研发上保持对第三个层面的培育。我们不知道海尔是否正在做这方面的努力，我们的注意力放在另一个更为基本的问题上，那就是它的核心竞争能力是否能够支撑三个层面的协调管理，或者说这三个层面增长的核心竞争力是否一致。

很显然，从计算机业戴尔在全球的成功，从诺基亚在手机业的成功模式，海尔在服务支撑品牌上积累的知识、技能或经验，恐怕都难以在计算机或手机上有什么大的作为，也看不出这一能力与海尔的国际化战略有什么大的联系，"真诚到永远"恐怕对老外并不一定有多大的作用。当海尔在第一层面的增长衰落之时，也许海尔增长的极限就到来了。

（三）海尔文化与国际化能否匹配

海尔模式基本的特点可以概括为：对内实行以企业忠诚为中心的核心价值体系,对外实行以消费者为中心的服务体系。值得重视的是，海尔将其企业忠诚的价值体系上升到"中国造"的位置。而事实上，其企业运作却明显地依赖于总裁张瑞敏的个人思想和哲学。

海尔模式背后的资源首先是当地政府的支持，海尔无所不在的服务体系也体现着中国传统价值观中"大家庭"的那种温暖：东西不一定是最好的，但服务一定是最好的。在中国人的日常生活中出现不满是正常的，但关键是要有"体现面子的理由"——五星级服务。这种服务背后的哲学思想实际上与现代企业质量体系的哲学思想并不完全一致。

这是一个有时代意义的企业经营策略的胜利，同时也是有环境意义的企业成长战略的胜利，或者更直接说是经营机缘与卓有眼光创业者结合的胜利。然而，这却不是有持续意义的企业文化的胜利。把张瑞敏思想或海尔竞争战略上升到企业文化的地步，并赋予其"核心竞争力"的地步，这是中国职业化环境营造过程中最大的一个误解。试想，一个尚不能产生职业经理人的竞争环境中，强人操作所产生的文化只会是再进一步前进的阻力，很难成为海尔经理职业化孕育的环境，更难成为进一步关注消费需求变化和组织变革的动力。

GE 的韦尔奇留给企业文化建设一个重要的思想是，他不仅善于反省自我，并给其他自我意识的成长留有余地，不仅将定位于企业自身成长与应变所需的哲学观而非他个人的思想，并且用文化去支持战略，更重要的是，他能够清楚地将适应市场变化的企业文化与维持当前良好经营状况的竞争战略分开。没有这种差别，只具有短期成功意义的战略或战术就会演变成为某种"攻无不胜的法宝"，只具有暂时稳定作用的主张或偏好就会演化成某种"一句顶一万句"的核心价值观或文化。

海尔过分强调短期对市场适应的服务至少是对 GE 韦尔奇上述思想的挑战，这也许是海尔总是念念不忘哈佛或瑞士 IMD 将其列为案例的原因。其实，哈佛或

IMD 对海尔的关注，并不比这些年巩俐频频被国际影坛请去当评委或嘉宾特别多少。巩俐不是国际级的影星，海尔也不是，只是巩俐即将被淘汰，海尔却可能获得新生，前提是懂得它真正的国际化道路必须在后张瑞敏时代开始。

儿童学习新的技能为什么比成人快得多，很重要的原因是他们需要忘记的东西少。音乐和体育对早期正确技能的重视，说明学习比忘记要容易得多。对那些上了一定年纪而又身居要职的企业家来说，最困难的不是学习而是忘记：一个人过去愈成功，要他忘记这些成功经验愈难。

张瑞敏并不能帮助你解开海尔这个谜，因为他就是这个谜的制造者。

案例思考：

从管理学角度思考，海尔带给我们什么启示？

飞龙的困境

飞龙集团总裁姜伟曾经相当辉煌，被冠以"杰出青年企业家"、"十大杰出青年"等荣誉。在 1991~1994 年这 4 年期间，该公司已累计完成销售额 20 亿元，实现利润 4.2 亿元。用当时一名记者的说法，飞龙的成功秘诀在于：不追求产值，追求利润；追求市场占有率，破除生产能力扩大之传统模式；破除大规模负债经营模式，依靠自身滚动经营……

飞龙的真正秘诀在于：广告轰炸、人海会战。姜伟当年的口号是："最优秀的人是商人；最优秀的商人是广告人。"我们看下面一组数据：飞龙 1991 年投入 120 万元广告费，其利润是 400 万元；1992 年投入 1000 万元广告费，其利润是 6000 万元；1993 年投入 8000 万元广告费，其利润是 2 亿元。

但从 1994 年下半年起，保健品市场竞争日益激烈且混乱，例如当时市场上共有保健品 2.8 万种。"只要大肠杆菌不超标就可生产（姜伟语）。"这时候，飞龙开始感受到市场经济的残酷一面，市场的萎缩使得姜伟开始把眼光转向内部管理。这才发现飞龙内部管理一片混乱，根本无法应付此时的竞争状况。

香港一家咨询公司对飞龙进行诊断分析后指出其四大缺陷：一是管理混乱；二是缺乏长远规划；三是无高科技拳头产品；四是资本不实。

姜伟这才意识到问题的严重，并痛下决心改进。

案例思考：

1. 阐述一下管理在公司经营活动中的地位和作用是什么？
2. 从管理学角度分析，文中记者的话存在哪些问题？
3. 你认为导致一家企业成功的因素有哪些？

街道委员会主任的烦恼

这个案例带有一定的普遍性。新任街道委员会主任庄辛为打破工作的僵持局面，绞尽脑汁，做了大量工作。结果却事与愿违，原因在哪里？为了便于分析，本案例分析采用了分段解剖法，即把案例过程分成六个阶段，逐段进行剖析。文尾则附有若干思考题。

一、接受使命

1985 年 12 月 10 日，刚刚跨入而立之年的庄辛接受了一项新的任命。这个两年前仅是某区团委组织部未明确职务的负责人（相当于科级），经过两年干部专修班脱产学习之后，居然一跃而成为处级干部——某街道主任。他倍感组织对自己的信任和重用，一种跃跃欲试的热情使他全力以赴地投入到新的岗位上。

某街道是一个人事关系复杂、矛盾纠葛多的街道，区政府曾为这个街道的人事安排费了不少心，也换了几位负责人，但都无济于事。这次派庄辛到这个街道任主任，既是对他的锻炼和考察，也是希望他能打破这个街道的僵化状态。为了让他不带任何框框，组织部在交谈中，没有把街道的复杂情况同他交代，只说了句要注意处理好同志间的关系。

[工作热情是取得成功的要素之一，但更重要的是对复杂的工作对象或环境有足够的认识。从案例上看，庄辛缺少在复杂环境下工作的经验。上任前，组织上也没有帮助他对即将面临的困难局面做充分的思想准备。行政领导的一个基本前提是对问题了解的明确程度以及相应的心理准备。缺乏这两点的庄辛，为以后工作受挫埋下了伏笔。]

二、一周调查

庄辛是一个事业心强、肯动脑筋、心胸豁达，富有创新精神，又不失为稳重的青年干部，他到街道后，除了参加机关干部欢迎会和原主任交换工作等例行公事外，花了足足一周的时间，分别邀请全机关25位同志谈心，进行摸底调查。他确定的调查目的有三个：①沟通思想，他要了解自己的下属，也让下属了解自己；②提高工作效率，寻找突破口；③寻找街道目前工作的强点和弱点。一圈谈心下来，他对自己的调查结果进行了测定。他认为：第一项沟通思想，下属对自己基本了解，自己了解下属不够，但可以在工作中加深了解，目标基本达到。第二项，泛泛而谈，基本无效。第三项，出人意料，用干部的话说，优势一条，干部牌子较老，个个有主见，人人能独当一面；弱点也是一条，庄辛概括为：在机关内存在两个非正式小团体。这两个小团体虽然不是正式组织，但影响很大，有举足轻重的作用，有时甚至左右全街道干部的思想。

　　[决策的第一项程序是发现问题。庄辛不是"下车伊始，指手画脚"，而是通过广泛找人谈心、了解情况，这是可取的。问题出在：①一周调查只是开始熟悉情况，由此即将问题概括为小团体活动未免失之轻率。②如庄辛所说，自己初来乍到，上下属之间尚不了解。在这种情况下，由于复杂的利害关系，人们在谈心中说的未必就是心里话。此时若仓促行事，则失败的可能性很大。

　　从该街道工作长期不活跃，几易主任均不见效来看，情况是复杂的。为解决矛盾做的决策属非确定型决策，它要求比在因果关系明确的前提下所做的确定型决策具有更多的弹性，每次决策的幅度也更小一些（即不求"毕其功于一役"），以便随时修正，庄辛过早地对问题关键做了定论，影响了他从其他角度（如群体结构）探索问题所在的积极性。]

三、选择与决策

　　这一调查结果，让庄辛基本摸清了街道的现状，虽然工作有难度，但毕竟让他找到了工作的关键环节。他觉得要打开工作局面，必须首先解决领导班子中非正式小团体的问题。经过一番深思熟虑，他提出了几个方案：①在班子五名成员中，调换二至三名；②集中时间专门解决班子成员间的矛盾，搞好团结；③慢慢做工作；④顺其自然。然后，他对这四个方案分别进行可行性和可能性的推敲。庄辛认为，第一方案结果最为有效，但人事调动绝非易事，上级能否批准很难料定，即使同意考虑，但调配干部也非一朝一夕的事，远水救不了近火。第二方案是解决矛盾的比较有效的方法，缺陷是需要投入很大精力，会挤掉其他工作。第三、第四方案是被动方案，非到无可奈何之时不可采用，于是他选定了第二个方案。

　　方案选定后，他即着手拟订计划，提出几点设想：①集中半个月时间进行思想务虚。②领导班子过民主生活，亮思想、找问题，开展批评与自我批评。③发动全体街道干部议问题、揭矛盾、献计策。④领导班子向干部亮思想，上下左右开展谈心活动。庄辛把这一计划提交街道委员会讨论，没有一人提出异议，一致通过。这大大增强了庄辛的信心。

[排列方案时有两个要求，一是要尽可能穷尽，二是注意反方案的存在。穷尽是指应广开思路，不放过任何具有可行的方案，反方案指的是同一问题可以有两个角度截然相反但目标一致的方案。在案例中，第二个方案提出要集中时间专门解决团结问题。反方案则相反，它不将团结问题人为地加以集中和突出，而是用分散和迂回的办法冲散矛盾。如果严格地执行这两个要求，庄辛本来是可能找到更有成效的解决方法的。]

四、实施方案

紧接着，庄辛充分准备后，在街道全体机关干部会议上将这个计划作为自己的"施政纲领"的主要内容进行了宣讲。他直截了当地提出街道工作打不开局面的症结所在，但又提得十分婉转含蓄，对计划的目的步骤和要求讲得具体明了，足足讲了一个半小时。他边讲边注意观察大家的情绪，见大家都认真地记着笔记，偶尔也有几个低声议论几句，但脸上的神色是严肃和专注的。庄辛实施这项计划的把握更足了。他想，这些干部的基本素质都很好，矛盾的产生由工作而起，只是没有及时抓、有效抓才形成目前这一状况，一旦认真抓，也不难解决。

计划开始实施，首先是开街道委员会的民主生活会，但进行得并不顺利。第一次民主生活会五名委员到齐坐下不到十分钟，庄辛的开场白还未讲完，不是电话找就是人找，一下子走了三个，还有一名委员也坐不安宁，进进出出像走马灯似的。一连三次会议都是如此，庄辛看在眼里急在心里，但又不能加以阻止，他们确实很忙，有一大堆的事情要去处理。但如果民主生活会开不好，整个计划也就付诸东流。第二天是星期天，庄辛无可奈何，临时决定安排半天过民主生活会。他征询其他几位委员的意见，他们都一口应诺。民主生活会总算开成了，从下午一点钟一直开到晚上八点钟，会议的气氛是热烈的，大家的态度也是诚恳的。他们既检查了自己工作及作风中存在的问题，也对其他人身上的问题提出了严肃的批评，同时也对庄辛任职表了态，都表示愿意当好小庄的配角，也希望庄辛能大胆工作。庄辛很激动，感到这些老同志心地坦荡、极好相处，同他们合作一定能把工作做好。

计划的全部内容都得到了顺利实施，原定目标基本达到，区政府办公室为此还发了简报。庄辛很欣慰，感到时间和精力没白费。

[庄辛的努力从表面上看没有落空，但实际上却隐伏着危机。团结问题如真的像庄辛认为的那样严重，靠两次民主生活会是解决不了的。再则团结本身不是目的，不联系具体工作（如提高效率）的团结或和气（更确切说）不会持久。]

五、反复

转眼过去了一个月，每周一次的街道委员会例会又如期举行，讨论的内容是组织人事方面的一件事：讨论街道宣传组组长的人选。这位被讨论的对象，庄辛预先听取过有关同志的意见，基本情况是比较好的，庄辛原以为提交讨论无非是形成个统一意见，没想到讨论中形成了两个对峙的意见，人员是二比二。一方认为×××可以提拔，另一方却认为条件不够成熟还应考察；一方认为这个人条件好，符合德才学识体各方面条件，另一方却另提一人，并认为此人工作经验丰富、能力强，更能胜任。如此你来我往，意见始终没法统一。庄辛按捺不住了，想采取表决的方法以多数票通过，但持不同意见的同志认为人事安排应采取慎重态度，不能贸然表决。会议未决而散。

［庄辛所期待的团结一致的新局面没有出现。原因何在呢？庄辛不得不进行新的思索，反馈是管理中的一条重要原因。从案例中我们看到，庄辛自从下了"决心"，便一意孤行，没有及时地进行反馈的收集，并以此进行必要的修正。］

六、反省

现实告诉庄辛，领导班子内的非正式小团体问题，并非因为自己的努力而消除。只是它的表现需要一定的条件而已，但庄辛绝不是一遇到挫折就泄气的人。他对原来的计划进行了反省，觉得有四点不足：①民主生活会泛泛而谈，缺乏针对性。②对矛盾的成因不清，无法把握解决问题的契机。③自己初来乍到，权威不足，应借助上级组织的力量。④解铃还需系铃人，应在领导班子成员中争取支持者。与此同时，庄辛还积极思索对策，感到应在总体上把握两点：①从组织人事问题入手，就事论问题，融化矛盾，统一思想。②领导班子成员中，个别人员的调动是必要的，应积极向区委组织部争取。但究竟通过何种具体的方法、途径、手段才能最有效地、从根本上解决矛盾，他却一下子还找不到答案。庄辛苦苦思索着，谋求着一个最佳方案。

［遇到挫折后，庄辛在进行反省，这是自然的。问题是他反省的范围还应该再大一些，其中包括个人的领导方式。看来庄辛犯了新干部容易犯的一种通病，即为工作热情所驱，急于把复杂的矛盾简化为黑白分明的对立面，而自己往往自觉或不自觉地站在指挥者的立场上，把其他同志视为棋子在自己理想的棋盘中挪动。事实证明，新任干部要打开工作局面远比冲锋陷阵来得复杂。他应该更多地成为媒介剂——促使各种要素合理地结合，而少做使一人主动众人被动的法官式人物。］

案例思考：

请运用决策步骤的理论分析庄辛成功和失败的原因，并对庄辛下一步的工作提出合理化建议。

松下崛起的秘密

松下公司的电器产品在世界市场上早就闻名遐迩，被海内外企业界誉为"经营之神"的公司创始人松下幸之助，也因畅销书《松下的秘密》而名扬全球。现在，松下电器公司已被列入世界50家最大公司的排名之中，由此可见它的实力之雄厚、企业王国之庞大。1990年，由日本1500多名专家组织评选的该年度日本"综合经营管理最佳"的15个公司，其中松下电器公司名列榜首。人们对该公司经营管理水平和社会形象予以高度评价，而作为该公司最高顾问的松下幸之助更是备受推崇。

贫民出身的松下幸之助，刚踏入社会时是在一家自行车商行当学徒，当时每天的收入大约相当于0.25美元，生活之艰辛可想而知。美国著名科学家发明电灯的消息传到日本时，松下幸之助受到很大鼓舞。于是，他决定辞去原有的有固定收入的工作，和妻子两个人在没有资金、工作经验几乎是零的情况下，着手创办新企业。1918年，松下电器公司正式成立。他的第一项产品是双插座接合器，制造工厂就在他家的客厅。这种电器可用螺纹固定在日光灯插座上，使得日本式房屋一个插座可同时插上两个插头，方便了广大居民，所以生意十分兴隆，在不到10年时间内电器公司的业务就一跃而起，成为日本电器行业的领导者。松下公司之所以能有今天，是和松下先生管理有方、经营得法分不开的。

若把松下电器公司与差不多同时创办的美国通用汽车公司、电报电话公司等加以比较，就会发现这些公司因缺乏活力而落在松下公司之后。可以说，松下电器公司获得成功的一个重要因素是"精神价值观"在起作用。松下幸之助规定公司的活动原则是："认清实业家的责任，鼓励进步，促进全社会的福利，致力于世界文化的繁荣发展。"松下先生给全体员工规定的经营信条是："进步和发展只能通过公司每个人的共同努力和协力合作才能实现。"进而，松下幸之助还提出了"产业报国、光明正大、友善一致、奋斗向上、礼节谦让、顺应同化、感激报恩"七方面内容构成的"松下精神"。在日常管理活动中，公司非常重视对广大员工进行"松下精神"的宣传教育。每天上午8时，松下公司遍布各地的87000多名职工都在背诵企业的信条，放声高唱《松下之歌》。松下电器公司是日本第一家有精神价值观和公司之歌的企业。在解释"松下精神"时，松下幸之助有一句名言：如果你犯了一个诚实的错误，公司是会宽恕你的，把它作为一笔学费；而你背离了公司的价值规范，就会受到严厉的批评，直至解雇。正是这种精神价值观的作用，使得松下公司这样一个机构繁杂、人员众多的企业产生了强劲的内聚力和向心力。见过松下电器的人知道"NATIONAL"，它不仅是松下公司电器产品商标，而且成为日本产品形象和经济起飞的象征。

与此同时，松下电器公司建立的"提案奖金制度"也是很有特色的。公司不仅积极鼓励职工随时向公司提建议，而且由职工选举成立了一个推动提供建设的委员会，在公司职员中广为号召，收到了良好的效果。仅 1985 年 1 月到 10 月，公司下属的技术工厂仅有 1500 名职工，而提案多达 7.5 万个，平均每人 50 多个。1986 年，全公司职工一共提出了 663475 个提案建议，其中被采纳的多达 61299 个，约占全部提案的 10%。公司对每一项提案都予以认真地对待，及时、全面、公正地组织专家进行评审，视其价值大小、可行性与否，给予不同形式的奖赏。仅 1986 年一年，松下电器公司用于奖励职员提案的奖金就高达 30 多万美元。当然，这一年中合理化提案所产生的效益则远远不止 30 万美元。正如松下电器公司劳工关系处处长阿苏津所说："即使我们不公开提倡，各类提案仍会源源而来，我们的职工随时随地在家里、在火车上，甚至在厕所里都在思索提案。"

松下幸之助经过常年观察研究后发现：按时计酬的职员仅能发挥工作效能的 20%~30%，而如果受到充分激励则可发挥至 80%~90%。于是松下先生十分强调"人情味"管理，学会合理的"感情投资"和"感情激励"，即拍肩膀、送红包、请吃饭。

——拍肩膀。车间里、机器旁，当一个员工兢兢业业、一丝不苟操作时，常常会被前来巡视的经理、领班们发现。他们先是拿起零件仔细瞧瞧，然后会对着你的肩膀轻轻拍几下，并说上几句"不错"、"很好"之类赏识的话。

——送红包。当你完成一项重大技术革新，当你的一条建议为企业带来重大效益的时候，老板会不惜代价地重赏你。他们习惯于用信封装上钱款，个别而不是当众送给你。对员工来说，这样做可以避免别人，尤其是一些"多事之徒"不必要的斤斤计较，减少因奖金多寡而滋事的可能。

——请吃饭。凡是逢年过节，或是厂庆，或是职工婚嫁，厂长经理们都会慷慨解囊，请员工赴宴或上门贺喜、慰问。在餐桌上，上级和下属可尽情唠家常，谈时事，提建议，气氛和睦融洽，它的效果远比站在讲台上向员工发号施令好得多。

更令人叫绝的是，为了消除内耗，减轻员工的精神压力，松下公司公共关系部还专门开辟了一间"出气室"，里面摆着公司大大小小行政人员与管理人员的橡皮塑像，旁边还放上几根木棒、铁棍。假如哪位职工对自己某位主管不满，心有怨气，你可以随时来这里，对着他的塑像拳脚相加棒打一顿，以解心中积郁的闷气。过后，有关人员还会找你谈心聊天，沟通思想，给你解惑指南。久而久之，在松下公司就形成了上下一心、和谐相容的"家庭式"氛围。在与国内外同行的竞争中，松下公司的电器产品总是格外受人青睐。

案例思考：

1. 试分析松下先生的管理之道。
2. "出气室"的作用何在？这种做法能给我们什么启示？

艾珂卡的难题

在20世纪80年代，李·艾珂卡因拯救濒临破产的美国汽车巨头之一克莱斯勒公司而声名鹊起。今天，克莱斯勒公司又面临另外一场挑战：在过热的竞争和预测到的世界汽车产业生产能力过剩的环境中求生存。为了度过这场危机并再次成功地进行竞争，克莱斯勒不得不先解决以下问题。

第一，世界汽车产业的生产能力过剩，意味着所有汽车制造商都将竭尽全力保持或增加它们的市场份额。美国的汽车公司要靠增加投资来提高效率，日本的汽车制造商也不断在美国建厂。欧洲和韩国的厂商也想增加他们在美国的市场份额。艾珂卡承认，需要对某些车型削价。为此，他运用打折扣和其他激励手段来吸引消费者进入克莱斯勒的汽车陈列室。可是，艾珂卡和克莱斯勒也认为，价格是唯一得到更多买主的方法。但从长期来看，这不是最好方法。克莱斯勒必须解决的第二个问题是改进它所生产汽车的质量和性能。艾珂卡承认，把注意力过分集中在市场营销和财务方面，而把产品开发拱手让给了其他厂家是不好的。他还认识到，必须重视向消费者提出的售后服务的高质量。艾珂卡的第三个问题是把美国汽车公司（AMC）和克莱斯勒的运作结合起来。兼并美国汽车公司意味着克莱斯勒要解雇许多员工，这包括蓝领工人和白领阶层。剩余的员工对这种解雇的态度从愤怒到担心，这给克莱斯勒的管理造成了巨大的压力：难以和劳工方面密切合作，从而确保汽车质量和劳动生产率。

为了生存，克莱斯勒承认，公司各级管理人员和设计、营销、工程和生产方面的员工应通力协作，以团队形式开发和制造与消费者的需要相匹配的产品。克莱斯勒的未来还要以提高效率为基础。今天，克莱斯勒一直注重降低成本、提高质量并靠团队合作的方式提高产品开发的速度，同时发展与供应商、消费者的良好关系。在其他方面，艾珂卡要求供应商提供降低成本的建议——他已收到上千条这样的提议。艾珂卡说，降低成本的关键是"让全部员工都考虑降低成本"。

艾珂卡现已从克莱斯勒公司总裁的职位上退休。有些分析家开始预见克莱斯勒的艰难时光。但一位现任主管却说，克莱斯勒有一项大优势：它从前有过一次危机，却度过了危机并生存下来。所以，克莱斯勒能够向过去学到宝贵的东西。

案例思考：

1. 如何用当代管理学的方法解决克莱斯勒面临的问题？
2. 如何用权变管理的思想解决克莱斯勒面临的问题？
3. 克莱斯勒在今天该怎么做？

华为基本法

华为技术有限公司成立于1988年，是由员工持股的高科技民营企业，主要从事通信网络技术与产品的研究、开发、生产与销售，是中国电信市场的主要供应商之一，并已成功进入全球电信市场。2002年，华为的销售额为220亿元人民币，目前有员工22000多人，85%的员工有大学以上学历。

总结华为二十多年来的迅速发展的历史，其独特的企业文化功不可没。从1996年年初开始，华为公司开始了《华为基本法》的起草工作。

《华为公司基本法》（摘要）

一、核心价值观

（追求）

第一条　华为的追求是在电子信息领域实现顾客的梦想，并依靠点点滴滴、锲而不舍的艰苦追求，使我们成为世界级领先企业。

（员工）

第二条　认真负责和管理有效的员工是华为最大的财富。尊重知识、尊重个性、集体奋斗和不迁就有功的员工，是我们事业可持续成长的内在要求。

（技术）

第三条　广泛吸收世界电子信息领域的最新研究成果，虚心向国内外优秀企业学习，在独立自主的基础上，开放合作地发展领先的核心技术体系，用我们卓越的产品自立于世界通信列强之林。

（精神）

第四条　爱祖国、爱人民、爱事业和爱生活是我们凝聚力的源泉。责任意识、创新精神、敬业精神与团结合作是我们企业文化的精髓。实事求是是我们行为的准则。

（利益）

第五条　华为主张在顾客、员工与合作者之间结成利益共同体。努力探索按生产要素分配的内部动力机制。我们绝不让"雷锋"吃亏，奉献者定当得到合理的回报。

（文化）

第六条　资源是会枯竭的，唯有文化才会生生不息。一切工业产品都是人类智慧创造的。华为没有可以依存的自然资源，唯有在人的头脑中挖掘出大油田、大森林、大煤矿……精神是可以转化成物质的，物质文明有利于巩固精神文明。我们坚持以精神文明促进物质文明的方针。

（社会责任）

第七条　华为以产业报国和科教兴国为己任，以公司的发展为所在社区作出贡献。为伟大祖国的繁荣昌盛，为中华民族的振兴，为自己和家人的幸福而不懈努力。

二、基本目标

（质量）

第八条　我们的目标是以优异的产品、可靠的质量、优越的终生效能费用比和有效的服务，满足顾客日益增长的需要。

（人力资本）

第九条　我们强调人力资本不断增值的目标优先于财务资本增值的目标。

（核心技术）

第十条　我们的目标是发展拥有自主知识产权的世界领先的电子和信息技术支撑体系。

（利润）

第十一条　我们将按照我们的事业可持续成长的要求，设立每个时期的合理的利润率和利润目标，而不单纯追求利润的最大化。

三、公司的成长

（成长领域）

第十二条　我们进入新的成长领域，应当有利于提升公司的核心技术水平，有利于发挥公司资源的综合优势，有利于带动公司的整体扩张。顺应技术发展的大趋势，顺应市场变化的大趋势，顺应社会发展的大趋势，就能使我们避免大的风险。

（成长的牵引）

第十三条 机会、人才、技术和产品是公司成长的主要牵引力，这四种力量之间存在着相互作用。机会牵引人才，人才牵引技术，技术牵引产品，产品牵引更多更大的机会。加大这四种力量的牵引力度，促进它们之间的良性循环，就会加快公司的成长。

（成长速度）

第十四条 我们追求在一定利润率水平上的成长最大化。我们必须达到和保持高于行业平均的增长速度和行业中主要竞争对手的增长速度，以增强公司的活力，吸引最优秀的人才，以及实现公司各种经营资源的最佳配置。在电子信息产业中，要么成为领先者，要么被淘汰，没有第三条路可走。

（成长管理）

第十五条 我们不单纯追求规模上的扩展，而是要使自己变得更优秀。因此，高层领导必须警惕长期高速增长有可能给公司造成的脆弱和隐藏的缺点，必须对成长进行有效的管理。在促进公司迅速成为一个大规模企业的同时，必须以更大的管理努力，促使公司更加灵活和更为有效，始终保持造势与做实的协调发展。

四、价值的分配

（价值创造）

第十六条 我们认为，劳动、知识、企业家和资本创造了公司的全部价值。

（知识资本化）

第十七条 我们实行员工持股制度。一方面，普惠认同华为的模范员工，结成公司与员工的利益与命运共同体。另一方面，将不断地使最有责任心与才能的人进入公司的中坚层。

（价值分配形式）

第十八条 华为可分配的价值，主要为组织权力和经济利益。其分配形式是：机会、职权、工资、奖金、安全退休金、医疗保障、股权、红利，以及其他人事待遇。我们实行按劳分配与按资分配相结合的分配方式。

（价值分配原则）

第十九条 效率优先，兼顾公平，可持续发展，是我们价值分配的基本原则。

按劳分配的依据是：能力、责任、贡献和工作态度。按劳分配要充分拉开差距，分配曲线要保持连续和不出现拐点。股权分配的依据是：可持续性贡献、突出才能、品德和所承担的风险。股权分配要向核心层和中坚层倾斜，股权结构要保持动态合理性。按劳分配与按资分配的比例要适当，分配数量和分配比例的增减应以公司的可持续发展为原则。

（价值分配的合理性）

第二十条　我们遵循价值规律，坚持实事求是，在公司内部引入外部市场压力和公平竞争机制，建立公正客观的价值评价体系并不断改进，以使价值分配制度基本合理。衡量价值分配合理性的最终标准是公司的竞争力和成就，以及全体员工的士气和对公司的归属意识。

案例思考：

1. 华为文化的重要特征是什么？
2. 企业应如何发展有自身特色的企业文化？

参考文献

1. ［美］哈罗德·孔茨、海因茨·韦里克著:《管理学》(第十版),经济科学出版社,1998年。

2. ［美］斯蒂芬·P.罗宾斯、玛丽·库尔特:《管理学》(第七版),中国人民大学出版社,2004年。

3. ［美］安德鲁·J.杜伯林:《管理学精要》(第六版),电子工业出版社,2003年。

4. ［美］德鲁克:《卓有成效的管理者》,机械工业出版社,2005年。

5. 林永顺:《企业管理学》,经济管理出版社,2002年。

6. 黄渝祥:《企业管理概论》,高等教育出版社,2000年。

7. 胡宇辰、李良智等:《企业管理学》(第三版),经济管理出版社,2003年。

8. 刘仲康、郑明身:《企业管理概论》,武汉大学出版社,2005年。

9. 孙耀君:《西方管理学名著提要》,江西人民出版社,2003年。

10. 周三多、陈传明等:《管理学——原理与方法》(第三版),复旦大学出版社,1999年。

11. 周三多、陈传明:《管理学》(第二版),高等教育出版社,2005年。

12. 张兆响、司千字:《管理学》,清华大学出版社,2004年。

13. 邵冲:《管理学概论》(第三版),中山大学出版社,2005年。

14. 郭跃进:《管理学》(第三版),经济管理出版社,2005年。

15. 周三多、贾良定:《管理学——习题与案例》,高等教育出版社,2005年。

16. 杨文士、李晓光:《管理学原理》,中国财政经济出版社,1999年。

17. 刘松柏:《管理学原理》,高等教育出版社,2001年。

18. 王荣科、吴元其:《管理学概论》,中国商业出版社,2001年。

19. 谷照明、闫红玉:《海尔:中国的世界名牌》,经济管理出版社,2002年。

20. 吴晓波:《大败局》,浙江人民出版社,2001年。

21. 王重鸣:《管理心理学》,人民教育出版社,2003年。

22. 吴照云:《管理学》(第三版),经济管理出版社,2000年。

23. 都国雄:《管理原理》,东南大学出版社,2003年。

24. 刘志坚、徐北妮：《管理学——原理与案例》，华南理工大学出版社，2002年。

25. 毛国涛、袁南宁：《人力资源管理》，吉林大学出版社，2005年。